Daniel Pecaut e Corey Wrenn

A Universidade *da* Berkshire Hathaway

Lições aprendidas durante mais de 30 anos com

WARREN BUFFETT & CHARLIE MUNGER

na reunião anual de acionistas

ALTA BOOKS
E D I T O R A
Rio de Janeiro, 2020

Produção Editorial Editora Alta Books **Gerência Editorial** Anderson Vieira	**Produtor Editorial** Illysabelle Trajano Juliana de Oliveira Thiê Alves **Assistente Editorial** Adriano Barros	**Marketing Editorial** Livia Carvalho marketing@altabooks.com.br **Editor de Aquisição** José Rugeri j.rugeri@altabooks.com.br	**Vendas Atacado e Varejo** Daniele Fonseca Viviane Paiva comercial@altabooks.com.br	**Ouvidoria** ouvidoria@altabooks.com.br
Equipe Editorial	Ana Carla Fernandes Ian Verçosa Keyciane Botelho	Larissa Lima Laryssa Gomes Leandro Lacerda	Maria de Lourdes Borges Paulo Gomes Raquel Porto	Rodrigo Dutra Thales Silva Thauan Gomes
Tradução Alberto G. Streicher	**Copidesque** Jana Araujo	**Revisão Gramatical** Hellen Suzuki Fernanda Lutfi	**Revisão Técnica** Paulo Portinho Autor e palestrante de finanças pessoais	**Diagramação** Joyce Matos

Dados Internacionais de Catalogação na Publicação (CIP) de acordo com ISBD

P364u	Pecaut, Daniel A Universidade da Berkshire Hathaway: lições aprendidas durante mais de 30 anos com Warren Buffett e Charlie Munger na reunião anual de acionistas / Daniel Pecaut, Corey Wrenn ; traduzido por Alberto G. Streicher. - Rio de Janeiro : Alta Books, 2020. 368 p. ; 17cm x 24cm. Inclui índice Tradução de: University of Berkshire Hathaway ISBN: 978-85-508-1058-4 1. Investimentos. 2. Decisões estratégicas. 3. Negócios. I. Wrenn, Corey. II. Streicher, Alberto G. III. Título.
2020-251	CDD 341.752 CDU 336.581

Elaborado por Odilio Hilario Moreira Junior - CRB-8/9949

Rua Viúva Cláudio, 291 — Bairro Industrial do Jacaré
CEP: 20.970-031 — Rio de Janeiro (RJ)
Tels.: (21) 3278-8069 / 3278-8419
www.altabooks.com.br — altabooks@altabooks.com.br
www.facebook.com/altabooks — www.instagram.com/altabooks

ASSOCIADO

Este livro é dedicado ao meu herói, Russell B. Pecaut (1902–2000, Dow Jones Industrial Average: 67–11.551). Papa, como nós, seus netos, costumávamos chamá-lo, era um senhor de boa natureza, honesto e entusiasta incansável. Ele me encorajou enormemente em minha carreira. Ensinou-me que o otimismo é uma escolha e que minha palavra é um juramento. Este mundo poderia ter mais algumas pessoas como Russell Pecaut. Papa, este é para você.

—Daniel Pecaut

SUMÁRIO

O
REGISTRO ELETRÔNICO

Ao ser perguntado por que aparece tanto na TV, Buffett respondeu que gosta de ter o registro eletrônico, para não haver chances de usarem mal suas palavras ou de ser mal compreendido. Quando vai ao programa de Charlie Rose, ele sabe que os registros serão permanentes e fiéis ao que ele disse.

— TRECHO DE NOSSAS NOTAS NA
REUNIÃO DE ACIONISTAS DE 2010

O conteúdo a seguir neste livro não é um registro eletrônico, e sim o resultado de anotações frenéticas que foram tomadas durante 32 anos nas reuniões anuais dos acionistas da Berkshire Hathaway. Embora nós, os autores, acreditemos que essas notas capturam o significado essencial e a intenção que carregam, pedimos desculpas de antemão por quaisquer distorções.

AGRADECIMENTOS

Daniel Pecaut

Agradeço profundamente ao meu parceiro e melhor amigo, Corey Wrenn, que foi fundamental para minha compreensão da Berkshire. Obrigado, Corey, pelas copiosas anotações feitas por você que, juntamente com as minhas, formaram a matéria-prima para este livro. Participar dessas reuniões ao seu lado foi o máximo. Muito obrigado por acreditar em mim, especialmente quando eu mesmo não acreditava. Seu apoio foi inestimável.

Agradeço também aos nossos clientes na Pecaut & Company. Sem vocês, estes boletins nunca teriam sido escritos. Muitos de vocês passaram conosco por muitos altos e baixos dos mercados — e da própria vida. Agradecemos profundamente por nosso relacionamento com vocês.

Quero registrar minha gratidão a Austin Pierce por ter tido a visão sobre a possibilidade desse livro. Você me inspirou a transformá-lo de uma ideia em uma realidade. Não teria feito isso sem você, Austin.

Um obrigado ainda maior à minha assistente, Shelby Pierce, que de fato deu início a tudo isso quando me apresentou ao seu marido, Austin. Shelby me apoia todo santo dia com sua ética incansável de trabalho e com sua disposição radiante. Todo mundo deveria ter uma Shelby em sua vida.

Agradeço a Gayle Rupp, nosso administrador de longa data na Pecaut & Company, que mantém as coisas fluindo tão suavemente que consigo realizar projetos absurdos, como este livro. Temos uma ótima equipe trabalhando, e agradeço seu apoio dia após dia.

Muito obrigado aos nossos leitores beta: David Aycock, Dan Boyle, Helen Burstyn, Frank Franciscovich, Andrew Henshon, Phil McLaughlin, Mary Pecaut e Robert Roy. Suas contribuições melhoraram muito esse livro. Sou profundamente grato a todos vocês.

Profunda gratidão a meus pais, Dick e Dottie, que me ensinaram tantas lições de vida e criaram um ambiente de amor e curiosidade para o crescimento de nossa família. Embora não estejam mais vivos, seus ensinamentos e encorajamento ainda ressoam.

Agradeço aos meus filhos, John, Charlie e Danielle, que me ajudaram a crescer de milhares de maneiras. Até pouco tempo, sempre achei que meu maior desejo para eles fosse sua felicidade. Agora, vejo que meu real desejo era que assumissem 100% de responsabilidade por suas próprias vidas. E foi o que fizeram. Não poderia estar mais feliz por eles.

Acima de tudo, meu maior amor e agradecimento vai para minha esposa, Kay, minha paixão do colégio e a melhor professora. Ela tem me amado e apoiado completamente. Ela não liga muito para dinheiro, mas, sim, que eu demonstre integridade, generosidade e amor.

Um enorme obrigado a Warren Buffett e Charlie Munger. Não poderíamos ter feito esse livro sem vocês. Obrigado pelas últimas três décadas. Vejo vocês no próximo ano.

Corey Wrenn

Gostaria de agradecer ao meu parceiro e querido amigo Daniel Pecaut por ter acreditado em mim e me recebido na família Pecaut & Company 24 anos atrás. Acredito que ele é uma das melhores pessoas que já conheci. Ele é um excelente escritor, professor e investidor. Aprendi e continuo aprendendo muito com ele.

Também gostaria de agradecer aos nossos clientes, que são como família para nós. Tem sido um privilégio e uma honra trabalhar com e para eles durante todos esses anos.

Sinto-me incrivelmente sortudo por ter trabalhado com tantas pessoas na Pecaut & Company, incluindo Dick Pecaut, que era inteligente, tinha uma memória enciclopédica, e era perspicaz e apaixonado por investimentos.

Sou muito agradecido a Gayle Rupp, a quem minha família se refere como meu braço direito. Ela demonstra uma incrível atenção aos detalhes, é uma trabalhadora incansável e alguém com quem posso contar há mais de 25 anos.

Gostaria de agradecer a Shelby Pierce, que traz uma energia jovial e um espírito alegre para a Pecaut & Company. Ela é fora de série e, de maneira admirável, consegue gerenciar a mim e Daniel sem qualquer esforço.

Muito obrigado, Austin Pierce, pelo esforço dedicado a esse livro. Você tem um conjunto único de habilidades e a capacidade de guiar uma equipe incontrolável até um destino final.

Sou muito grato por todos os caminhos trilhados na Berkshire. É uma organização incrível, repleta de pessoas brilhantes, talentosas e focadas. Aqueles que se preocupam com a sucessão claramente não entendem quantas pessoas extremamente talentosas há lá. Foi uma honra trabalhar nesse lugar.

Sou extremamente grato à minha mãe, que, sozinha, criou vários filhos. Ela construiu um negócio de sucesso que servia seus clientes — com US$0 de capital inicial, mas com muito suor, mão na massa e determinação pura. Ela foi amada por todos que cruzaram seu caminho, por seus funcionários e clientes. Aprendi com ela a arte de lidar com as pessoas, a ser íntegro e a tirar o melhor de qualquer situação.

Sou extremamente grato por minhas três filhas e por meu genro. Cada um deles tem forças, talentos e dons únicos que me ajudaram a me tornar, de várias maneiras, o homem que sou hoje. Morro de amor por eles e tenho muito orgulho dos caminhos que escolheram.

Por fim, sinto-me honrado e extremamente grato por minha amada esposa, Lisa, que sempre acreditou em mim. Ao me apoiar durante os altos e baixos, ela é o elo que mantém nossa família unida. Je t'aime, ma chérie.

INTRODUÇÃO

*Meu pai também foi meu herói, assim como o seu foi para você.
Dick claramente foi um cara fantástico e um pensador sensato. Você
teve sorte de tê-lo como pai, professor e fonte de inspiração.*

—Warren E. Buffett
(escrito na parte de trás de um boletim da Pecaut & Company)

Após meu pai, Dick Pecaut, falecer em 2009, escrevi uma afetuosa homenagem a ele no boletim mensal de minha empresa de investimentos. Dias depois, recebi um dos boletins de volta. Manuscrita na parte de trás dele havia uma nota do *Oráculo de Omaha*, Warren Buffett. O homem cujos pensamentos, estratégias e insights de investimento foram objetos de estudo de meu parceiro de negócios, Corey, e meu por mais de três décadas. O homem cuja sabedoria temos a honra de compartilhar com você nas próximas páginas.

A curta mensagem de Buffett serviu como uma nota de rodapé comovente para o trabalho da vida do meu pai como consultor de investimentos. Ela também serviu como validação dos boletins que compõem este livro e de nosso trabalho como consultores de investimentos.

Fomos comentaristas da Berkshire Hathaway por muito tempo. Nossas análises sobre seu presidente, Warren Buffett, e sobre o vice-presidente, Charlie Munger, ganharam destaque em canais de comunicação como *The New York Times, Money Magazine, Schiff's Insurance Observer* e em muitas outras publicações influentes sobre investimentos. Um dos nossos boletins foi mencionado como referência no livro de James O'Loughlin, *The*

Real Warren Buffett: Managing capital, leading people ["O Verdadeiro Warren Buffett: Administrando capital, liderando pessoas", em tradução livre"].*

Por vários anos, enviávamos nosso boletim, de forma não solicitada, para a sede da Berkshire Hathaway. Porém, até essa última resposta atenciosa, não fazíamos ideia se alguém realmente abria os envelopes.†

Corey e eu ficamos elétricos. Buffett lia *nosso* boletim! Era um reconhecimento de que aquilo que escrevíamos e nossos insights sobre investimento em valor eram de interesse do próprio mestre. No âmbito pessoal, enlutado por meu pai, foi uma das mensagens mais acolhedoras e encorajadoras que já recebi. Sou eternamente grato por esse momento.

Mas não foi sempre assim. Nem sempre recebíamos mensagens pessoais do maior investidor do mundo.

Como Chegamos Aqui?

Graduei-me em filosofia em Harvard em 1979. Enquanto estava por lá, fiz apenas uma disciplina de economia. Achei muito teórica, nada parecido com os investimentos que via acontecer na empresa da minha família.

Meu avô, meu pai e meu tio fundaram a Pecaut & Company, uma corretora de ações, em 1960. Meu avô, Russell, com frequência se maravilhava pelo fato de eles terem ganhado dinheiro desde o primeiro dia em diante.

Meu envolvimento no negócio da família começou no fim dos anos 1970, quando trabalhei durante os verões no escritório dos fundos, onde fazia o trabalho pesado, incluindo a atualização dos índices S&P 500.

Naquela época, o S&P enviava para seus clientes fichários coloridos em ordem alfabética como se fossem enciclopédias. A cada mês, chegava um pacote pelos correios com folhas coloridas que combinavam com os fichários. As verdes eram as ações de grandes empresas. As amarelas eram as ações de empresas pequenas. As azuis eram dos bonds, ou títulos de dívidas. Era necessário que alguém atualizasse manualmente os fichários, trocando as folhas velhas pelas novas. Esse era meu trabalho. Aprendi muito lendo aquelas folhas.

Após me graduar, comecei a trabalhar em tempo integral na empresa. Sentia-me um peixe fora d'água e sem saber o que fazer. Nossa pequena

---

* Uma escolha da lista de leitura aprovada pela Berkshire e que estava à venda na reunião de 2015.

† Quando Corey e eu estávamos no México no início de 2016, ele conheceu um corretor de Omaha que havia negociado com a Berkshire no início dos anos 1980. Corey lhe disse que trabalhava para uma empresa de investimentos, a Pecaut & Company, em Sioux City, Iowa, que fica a 90 minutos de Omaha. O corretor respondeu: "Pecaut? Ah, claro, leio seu boletim." Corey perguntou: "Acho que não o enviamos para você, não é?" Ele replicou: "Não. Eu pego com outra pessoa."

operação, controlada pela família, não oferecia qualquer programa ou estrutura de treinamento. Eu me torturava com meu próprio autojulgamento, achava que estava fazendo tudo errado. Aprendi por tentativa e erro.

Um dos erros foi o mercado de opções, que era rápido, cheio de emoção e, em teoria, era possível triplicar seu dinheiro em pouco tempo. Faça isso algumas vezes e o ano está ganho. Passei um ano tentando desenvolver uma boa estratégia para negociar opções. E no fim daquele ano? Ganhei cerca de US$100. Calculando isso pela quantidade de tempo que gastei, havia ganhado cerca de US$0,10 por hora.

Obviamente, não valia a pena. Negociar no curto prazo pode dar certo para algumas pessoas, mas não era para mim. Precisava de uma abordagem melhor.

Então, em 1982, li o livro *The Money Masters* ["Os Mestres do Dinheiro", em tradução livre], de John Train, no qual ele faz uma biografia de nove investidores brilhantes, incluindo John Templeton e Warren Buffett. Uma luz se acendeu quando terminei a leitura. Eu disse: "Vou voltar a estudar. Esses investidores serão meus professores. Minha grade curricular será tudo que eles disserem e escreverem." Estava empolgado. Estudaria a respeito dos investidores mais brilhantes do mundo como se fossem meus professores de Harvard. Estava a ponto de bala para aprender tudo que pudesse sobre eles e descobrir como investir da mesma forma que eles.

A partir daquele momento, passei a ver minha função na empresa basicamente como um organismo de aprendizagem. Minha ideia era que, quanto mais aprendesse, melhor seria minha tomada de decisões e melhor eu poderia servir meus clientes.

Com o passar do tempo, meus professores favoritos incluiriam Sir John Templeton (do Templeton Growth Fund)*, George Michaelis, da Source Capital (uma das melhores empresas de fundos fechados), Jean-Marie Eveillard (que comandava a empresa agora denominada First Eagle Global Fund), Bob Rodriguez (da First Pacific Advisors) e Marty Whitman (da Third Avenue Value Investors). Esses especialistas ofereceram insights e direcionamentos extraordinários.

Porém, de todos os "professores" brilhantes, nenhum foi mais instrutivo que Warren Buffett e Charlie Munger, da Berkshire Hathaway.

Após perceber que Buffett era um *dos* caras com quem aprender, devorei todas as suas cartas anuais enviadas aos acionistas da Berkshire.

---

* Em 1987, viajei com um grupo de investidores para a sede de John Templeton nas Bahamas para nos encontrarmos com ele. Em seu escritório com painéis de mogno, ele se mostrou gentil e distinto, exatamente como eu imaginava. Aquele encontro fabuloso ainda é um dos ápices da minha carreira.

Quando conheci um amigo que tinha as cartas de Buffett, de sua parceria antes de assumir a Berkshire, devorei-as também. Adorava lê-las.

De onde morava, levava apenas 90 minutos de carro até Omaha, onde aconteciam as reuniões anuais da Berkshire. Mas, para participar, você tinha que ser um acionista.

Intrépido, comprei uma única ação da Berkshire Hathaway por US$2.570 naquele ano. Aquela ação pagou os custos por mais de 30 anos de um ensino de primeira classe com os melhores professores que alguém pudesse imaginar.

A "Universidade da Berkshire Hathaway"

Lembro-me claramente da primeira reunião em 1985. Foi um evento instigante, porém agradável, no Museu de Arte Joslyn de Omaha.

Um contador certificado (CPA) da região e meu conhecido, Corey Wrenn estava recebendo os bilhetes na porta.* Ele era um funcionário relativamente novo que havia sido contratado pelo departamento de auditoria da Berkshire em 1983.

Após terminar a faculdade e ter trabalhado por dois anos como contador público em Sioux City, Iowa, Corey decidiu que não era aquilo que queria para sua vida. Enquanto procurava outro emprego, ele recebeu uma ligação de um recrutador de Omaha que lhe disse que a Berkshire Hathaway estava buscando um auditor interno. Corey perguntou: "Berkshire o quê?" O recrutador então respondeu: "É o Warren Buffett quem comanda." Corey soltou: "Warren quem?" Ele não fazia ideia de quem e o que Buffett e sua empresa eram. Mesmo assim, aceitou o emprego e começou a trabalhar com seis ou sete outros funcionários no departamento de auditoria, cuidando das empresas subsidiárias da Berkshire e preparando cronogramas usados para as demonstrações financeiras trimestrais e por Buffett.

---

* Corey foi apenas um observador na reunião de 1984. Com pouco mais de 50 pessoas participando, ele não precisava fazer nada. Porém, no ano seguinte, o número de pessoas cresceu significativamente, então ninguém ficou parado. Corey ficou responsável por receber as entradas dos acionistas ao chegarem no local. Mas não demorou até ele que não conseguisse mais dar conta de tanta gente. Irv Blumkin, um dos executivos da Nebraska Furniture Mart, percebeu o sufoco de Corey e começou a ajudá-lo a receber os bilhetes.

Enquanto Corey estava olhando para baixo, recebendo os bilhetes freneticamente, um cara tentou entrar sem bilhete. Corey exclamou: "Com licença! Você precisa de um bilhete." O homem parou e o jovem olhou para ele. Era Warren Buffett. Corey desculpou-se e Buffett continuou. Mais tarde, uma mulher, acompanhada por seis ou sete pessoas, entrou sem bilhete. Novamente, Corey exclamou: "Com licença, mas você precisa de um bilhete!" Ela olhou para ele e respondeu: "Sou Susie Buffett." Assim, em um só encontro, Corey havia impedido tanto Warren quanto sua esposa de entrar em sua própria reunião. Ele ficou bastante envergonhado.

Senti uma pontada de ciúme quando descobri que ele tinha sido contratado lá. Invejava o fato de que ele estaria aprendendo em primeira mão com Buffett.*

Mas meu foco não era Corey naquele momento. Meus olhos estavam no palco.

Warren Buffett e Charlie Munger sentaram-se no palco do auditório à frente de 300 acionistas (que me parecia uma multidão naquela época).

Percebi que, caso quisesse aprender, teria que me levantar e perguntar a respeito de minhas dúvidas. Escrevi páginas e páginas com perguntas detalhadas, esperando chegar ao microfone.

Todo nervoso, fiz minha pergunta. A claridade de pensamento e alto intelecto que eles demonstraram ficaram óbvios em sua resposta. Pensei: *Nossa, que resposta fantástica. Eles pegaram minha pergunta idiota e a transformaram em uma obra de arte.*

Continuei pensando: *Por que demorei tanto para chegar aqui? Por que não vim aqui antes?*

Naquela reunião, descobri que a Berkshire era dona de 80% da Wesco Financial, na qual Charlie Munger era o presidente. Sendo assim, peguei um voo até Pasadena para participar de reunião da Wesco. Foi um evento muito menor.

A primeira reunião da Wesco da qual participei tinha apenas 15 pessoas, e metade trabalhava para a empresa. Novamente, tinha preparado minhas perguntas. Após fazer três, ficou claro que faria muitas outras.

Sentia-me nervoso. Munger tinha uma presença imponente atrás de seus óculos fundos de garrafa. Ele se parecia com aqueles professores velhos que não toleram perguntas idiotas. Levantei-me e, gaguejando, falei: "Sinto muito, tenho muitas perguntas. Parece que só eu faço perguntas. Não foi minha intenção tomar tanto tempo da reunião."

Ele amavelmente respondeu: "Estamos aqui para isso. Responderei a todas as perguntas que você tiver. Se as pessoas quiserem sair, podem sair. Mas ficarei aqui."†

---

* Mal sabia eu que, oito anos depois, Corey sairia da Berkshire para ser meu sócio.

† Embora eu tenha feito muitas perguntas para Munger ao longo dos anos, Corey só lhe fez uma. Sua pergunta, juntamente com a resposta de Munger, foi reimpressa em outro livro que estava na lista de leitura aprovada pela Berkshire: *Poor Charlie's Almanack: The wit and wisdom of Charles T. Munger* ["Almanaque do Pobre Charlie: A sagacidade e sabedoria de Charles T. Munger", em tradução livre].

Sabendo que Munger tinha uma fazenda com lago na qual sua família passava os verões, Corey escreveu e enviou uma pergunta de pescador espertalhão: "Vou pescar percas na abertura da temporada em Eagle Lake, Minnesota, na sexta-feira à noite. Alguma recomendação de qual isca ou anzol possa usar?" Munger soltou uma gargalhada e respondeu: "Parei de pescar percas; agora, na minha idade, só pesco robalos. Mas, no meu lago, as iscas funcionam melhor para as percas à noite."

Pensei: *Nossa! Tudo bem, então. Aqui vamos nós.* Não sei quanto tempo levou, mas me sentia no paraíso. Não há dúvidas de que ter aquele nível de expertise sendo passada diretamente para mim acelerou meu aprendizado.

A "Universidade da Berkshire Hathaway" foi como apelidei a abundância de sabedoria dispensada por Warren Buffett e Charlie Munger.

A grade curricular de cada ano é formada pelos relatórios anuais da Berkshire Hathaway e pelas palestras durante as reuniões anuais. Esse programa de estudos, agora disponível nestas páginas, ensinou a Corey e a mim muito mais sobre investimentos do que qualquer outra fonte.

Mergulhar nos relatórios da Berkshire, ler a carta anual de Buffett e ouvir Buffett e Munger na reunião anual foram atividades centrais para nosso crescimento como investidores em valor. Foi a grade curricular essencial de nossa educação em negócios — e uma que facilmente pode competir com a maioria dos programas de MBA.* É o fundamento de nossa educação continuada.

É, sem sombra de dúvidas, o melhor investimento que já fizemos.

Uma vez por ano, você tem, indiscutivelmente, a melhor equipe de investimentos de todos os tempos à sua disposição para sanar suas dúvidas. É um tutorial anual fantástico sobre o mundo dos negócios. Buffett admitiu, no início, que ele tinha pavor de falar em público. (Ele sofria fisicamente só de pensar nisso.)

Felizmente, ao longo dos anos, Buffett e Munger passaram a ficar cada vez mais confortáveis como educadores. Hoje, eles são professores excelentes. Sua sabedoria e disposição em compartilhar fazem com que cada reunião anual seja um capítulo valioso em uma sublime série de palestras.

A Ascensão Incontrolável da Berkshire Hathaway

Poucos em Wall Street questionariam o argumento de que Warren Buffett e Charlie Munger são os maiores investidores de nossa época. Sua genialidade em avaliar e identificar fatores intangíveis os diferencia.

Como investidor em valor, a situação ideal é encontrar uma empresa que esteja aumentando seu valor intrínseco. De preferência, a empresa teria o preço de suas ações caindo, criando, assim, um negócio ainda melhor com o tempo. Ninguém aplicou melhor esses conceitos do que Buffett

---

* O autor Timothy Ferriss disse: "Como vários veteranos me dizem antes de iniciar sua peregrinação, 'é como um MBA em um fim de semana'. Pensei que era uma hipérbole e uma admiração extrema aos heróis, mas agora levaria isso ainda mais adiante: acredito que é um fim de semana que entrega mais do que a maioria dos MBAs. Estratégias do mundo real obtidas a partir da experiência? Presente. Networking? Superpresente. A única coisa que parecia estar faltando na meca de Buffett era o preço de mais de US$100 mil que os MBAs cobravam."

e Munger. Ao longo dos últimos 50 anos, eles buscaram sistematicamente possuir partes ou a totalidade de um bom negócio, adquirido por um bom preço. Além disso, para alcançar o sucesso usando essa abordagem, é necessário estar no controle de suas emoções. Buffett e Munger se distinguem por sua maestria na avaliação de um negócio e pela racionalidade implacável na aplicação dessa abordagem.

Os resultados disso inspiram admiração.

Sob a liderança de Buffett e Munger, a Berkshire Hathaway tornou-se uma das principais histórias de negócios dos séculos XX e XXI.

Uma Breve História

Buffett estudou na Universidade de Nebraska. Posteriormente, matriculou-se na Columbia Business School. Ele buscou essa instituição para aprender com o pai dos investimentos em valor, Benjamin Graham. Buffett tornou-se o melhor aluno de Graham, que, depois disso, o convidou para fazer parte de sua sociedade de investimentos, a Graham-Newman.

Buffett colocou em prática o que aprendera com essa experiência para começar sua própria parceria em Omaha. Ele se deu fenomenalmente bem desde o princípio. Um investimento de US$10 mil feito em seu negócio no ano de 1956 se transformou em US$200 mil em 1969. Isso significa um retorno anual composto de 25,9%. Incrivelmente, a parceria nunca teve um ano ruim, mesmo que o mercado tenha passado por seis baixas durante o período.

Em 1959, Buffett conheceu Charlie Munger, que também era de Omaha, em um jantar. Os dois reconheceram de imediato a inteligência um do outro. Munger havia trabalhado com direito, mas Buffett o convenceu de que ele deveria estar na área de investimentos se quisesse ganhar dinheiro de verdade.* Munger começou sua própria sociedade de investimentos, a Wheeler, Munger & Co., em 1962. Dali em diante, ele e Buffett trabalharam juntos em várias ideias de investimentos, tanto formal como informalmente.

A Berkshire Hathaway era, a princípio, uma empresa têxtil da Nova Inglaterra. Ela tinha ações altamente descontadas, com um valor patrimonial por ação (VPA) de US$19. Seu capital de giro líquido estava acima de US$11 por ação. Buffett comprou ações por cerca de US$7–US$8 cada. Ele estava comprando ações com desconto em relação ao caixa e aos itens de elevada liquidez (quase caixa).

---

* Munger queria ficar rico: "Não porque queria Ferraris — mas queria a independência. Desesperadamente. Achava que era algo indigno ter que enviar cobranças para outras pessoas. Não sei de onde tirei essa noção, mas era o que sentia."

O declínio da indústria têxtil estava em curso. A Berkshire Hathaway estava se consolidando e vendendo ativos. Então, com o dinheiro, passava a comprar suas próprias ações — algo inteligente, pois o preço estava muito baixo. Em 1963, a Berkshire fez uma aquisição enorme de quase um terço de suas ações. Os proprietários da Berkshire Hathaway perceberam a posição de Buffett e não o queriam em seu pequeno feudo. Eles o chamaram e ofereceram-lhe pagar US$ 11,50 por ação. Buffett concordou. Em um curto período, ele obteve um lucro de 40%.

No entanto, quando chegou a carta de oferta, o valor estava abaixo do combinado — mas eram apenas centavos. Não obstante, a desonestidade deles irritou Buffett. Eles estavam tentando ficar com 12,5 centavos por ação. Então, Buffett tomou o caminho contrário e começou a comprar cada vez mais ações da Berkshire até assumir o controle. Sua primeira iniciativa foi despedir o homem que tentara enganá-lo. Em 1964, Warren Buffett assumiu o controle da pequena companhia têxtil da Nova Inglaterra, tornando-a sua nova base para fazer investimentos.

Naquela época, a jogada não fazia sentido. Buffett comprara um negócio em declínio que ele não sabia como gerir. Tempos depois, ele brincou dizendo que deveria ter aceitado o dinheiro. Teria sido a coisa mais inteligente a fazer.

Como constatado depois, essa empresa têxtil foi o veículo ideal para investir. Com as ações da Berkshire Hathaway, Buffett tinha uma companhia aberta com ações negociadas no mercado, com capital proveniente de financiamento cativo. Os benefícios dessa estrutura corporativa para a gestão de dinheiro são significativos.

Em sua estrutura anterior, caso os acionistas resgatassem suas ações, o dinheiro sairia diretamente do caixa. Agora, quando eles vendem suas ações na Berkshire Hathaway, isso não afeta seu capital disponível. O capital não sai da empresa, a menos que Buffett pague um dividendo. Ele poderia usar esse capital permanente de financiamento cativo para investir em longo prazo ao comprar partes ou a totalidade de empresas. A estrutura da Berkshire também permite a realização de investimentos oportunos em situações especiais.

Com o tempo, Buffett eliminou progressivamente a porção têxtil do negócio, e vendeu ativos para gerar mais dinheiro. Com o qual começou a construir sua máquina produtora de riqueza.

Em 1967, ele comprou uma corretora de seguros, a National Indemnity. Desde então, os seguros passaram a ser uma operação central na Berkshire Hathaway. Ele adora a indústria de seguros. Com suas características de float (capacidade de receber prêmios de seguro, criar uma reserva que geral juros e dividendos e só pagar as indenizações devidas depois), cria-se uma plataforma poderosa para a produção de riqueza.

As empresas de seguros coletam prêmios, dos quais uma parte significativa vai para reservas para pagar futuros pedidos de indenização. Essa reserva (o "float") gera lucro para a Berkshire, alavancando o retorno sobre o capital para a empresa. Se for possível operar de uma forma que o float seja gerada com um custo baixo e que possa ser aumentada com o tempo, então uma máquina produtora de riqueza foi criada. Nas palavras de Munger: "Basicamente, somos um porco-espinho que sabe de uma coisa. Se você puder gerar um float de 3% por ano e comprar empresas que gerem 13% por ano com as receitas do float, descobrimos uma ótima posição para se estar." Poucos investidores entendem que o float é um dos segredos do sucesso da Berkshire.

Para cada US$1 investido na Berkshire, com o tempo, há aproximadamente mais US$0,50 investindo nas reservas (float). Ao investir US$1,50 para cada US$1 de capital ao longo dos anos, a Berkshire alavancou seus retornos. Uma porção significativa da performance superior de longo prazo da empresa pode ser atribuída à habilidade de Buffett e de Munger para executar esse insight brilhante. Isso não é algo que você e eu conseguimos simplesmente ir e fazer.

Em 1972, a Berkshire comprou a See's Candy. Embora Buffett tenha pagado mais do que normalmente faria, ele descobriu como uma grande marca poderia ser um poderoso gerador de dinheiro. Isso lhe ensinou sobre o poder das marcas e sobre as virtudes das empresas que não necessitam de muito capital para crescer. Vender chocolate não exige muita inovação. Não é algo que ficará obsoleto. Caso tenha uma boa marca, os clientes sempre voltarão na Páscoa ou no dia dos namorados para comprar mais.

Esses dois componentes — a empresa de seguros como uma plataforma e marcas de alta qualidade como geradores de dinheiro — construíram a base para a máquina produtora de riqueza que é a Berkshire Hathaway.

Outra empresa significativa adquirida por Buffett foi a GEICO, com a qual ele havia tido uma longa história. Seu mentor, Ben Graham, possuía ações da GEICO na Graham-Newman. Na Universidade de Nebraska, Buffett escreveu sua tese sobre a GEICO. Analisando naquele momento, ele compreendeu que, com um modelo de base de negócios excelente, a empresa apenas necessitava ser gerida da forma certa para ter sucesso.

No meio da década de 1970, a GEICO passou por problemas e o preço de suas ações despencou. Um novo CEO, Jack Byrne, foi contratado e Buffett estava confiante de que ele era a pessoa certa para consertar a situação, portanto, comprou toneladas de ações da GEICO.*

---

* Com o passar do tempo, a GEICO constantemente comprava mais ações, então a Berkshire tornou-se uma acionista cada vez maior. Assim, em 1996, a Berkshire comprou 100% de controle da GEICO, permitindo que aquela empresa investisse agressivamente nessa. Essa progressão adicionou muita riqueza à Berkshire.

Munger liquidou sua parceria em 1976. A sociedade Wheeler-Munger havia lucrado 24,3% compostos de 1962 a 1975, em comparação com 6,4% compostos pela média Dow Jones Industrial. Em 1978, Munger tornou-se o vice-presidente da Berkshire Hathaway.

Além de sua função como vice-presidente da Berkshire, Munger serviu como CEO e presidente da Wesco Financial entre 1984 e 2011, a holding da Mutual Savings, empresa de poupanças e empréstimos em Pasadena. A Wesco tinha 80,1% de seus ativos possuídos pela Blue Chip Stamps, que, por sua vez, era totalmente possuída pela Berkshire Hathaway.* Com o passar dos anos, a Wesco era vista como um tipo de "mini-Berkshire", conforme Munger realocava os ativos da empresa em resseguros, em equipamentos para a empresa CORT, para a Kansas Bankers Surety e em participações em algumas das ações favoritas de Charlie.

No decorrer dos anos, a Berkshire Hathaway foi acumulando um número cada vez maior de empresas fantásticas que passou a possuir: serviços de eletricidade (Berkshire Hathaway Energy), produtos ao consumidor (ações da Coca-Cola) e até empresas de mídia (o *Buffalo News* e ações do *Washington Post*).

O público há muito tempo via a Berkshire como um tipo de fundo mútuo com enormes participações em ações. Essa percepção subestima ou ignora três coisas: 1) a geração impressionante de float de baixo custo das empresas de seguro da Berkshire; 2) a impressionante e constante capacidade da Berkshire de gerir empresas operacionais geradoras de caixa; e 3) a habilidade da Berkshire em orquestrar negociações que agregam valor.

Com bilhões em caixa e em títulos de renda fixa, a Berkshire é agora uma fortaleza impenetrável. Durante a primeira década do século XXI (mais conhecida como a "década perdida"), Buffett foi criticado por segurar quantidades enormes de dinheiro e de bonds. Durante a crise de crédito hipotecário de alto risco [subprime], Buffett e Munger iniciaram uma maratona de investimentos.

A Berkshire estava em uma posição de ver cada negócio que valesse a pena nos EUA como a "última compradora do pedaço" da nação. Enquanto os investidores de varejo estavam vendendo, Buffett e Munger estavam comprando cada vez mais — e, depois, mais ainda. Seus investimentos incluíram as aquisições de uma ferrovia, a Burlington Northern Santa Fe (BNSF) e de uma empresa química, a Lubrizol. Eles concederam empréstimos de high yield com garantias envolvidas. Fizeram investimentos essenciais na BNSF e na MidAmerican Energy. Ao todo, a Berkshire pode

---

* Em junho de 2011, a Berkshire Hathaway adquiriu os 19,9% da Wesco que ainda não possuía.

ter feito girarem US$100 bilhões, com taxas de retorno de dois dígitos, durante a crise de subprime.

Ao longo dos últimos 32 anos, a Berkshire criou uma coleção de grandes negócios fantásticos e independentes que geraram muito dinheiro para fazer o empreendimento crescer. Se a Berkshire estivesse estritamente no negócio de gestão de portfólio de investimentos, seria necessário haver gênios do investimento como Buffett e Munger para supervisionar cada um desses negócios e determinar quando comprar e vender.

Porém, por possuir grandes empresas, não é tão essencial ter Buffett e Munger por lá. A GEICO continuará vendendo seguros de automóveis. A Burlington Northern continuará transportando produtos em suas ferrovias. Essas empresas continuarão a crescer sem eles. Ao fazer isso, eles criaram intencionalmente um mecanismo que faz a Berkshire ultrapassar seus sucessos para além de suas próprias expectativas de vida.

Hoje, a empresa é um dos conglomerados mais poderosos do mundo. Em 2017, a *Fortune* classificou a Berkshire como a segunda maior empresa dos EUA (atrás apenas do Walmart), esbanjando receitas de US$223 bilhões, lucros de US$24 bilhões e ativos somados de US$620 bilhões. Com o valor da empresa estimado em US$283 bilhões e com US$91 bilhões em float, a Berkshire possui capital considerável para financiar suas operações.

Em termos de valor de mercado, no momento, ela só perde o título de empresa mais valiosa dos EUA para Apple, Google/Alphabet, ExxonMobil e Microsoft. Ela continua a representar um valor sólido, um risco menor que a média e uma qualidade incomparável. É uma empresa magnífica com um valor relativo melhor que qualquer outra no mercado de ações dos EUA.

Berkshire versus S&P 500 (ou 884.319% versus 12.717%)

Desde que Buffett assumiu a Berkshire 52 anos atrás, seu valor contábil por ação cresceu de US$19 para US$172.108. Isso significa uma taxa acumulada de 19,0% ao ano. Vamos comparar isso ao S&P 500. Como o S&P abarca uma grande representatividade dos negócios dos EUA (o contrário de ter todos os ovos em apenas uma cesta), ele é grandemente considerado uma escolha segura. Como justificativa pelo risco de possuir uma empresa como a Berkshire, é necessário ter um desempenho melhor que o mercado em geral.

Missão cumprida: 19,0% é praticamente o dobro dos 9,7% dos ganhos do S&P 500 durante o mesmo período de 52 anos.

A Berkshire teve um desempenho sistematicamente melhor que o S&P 500 durante os anos negativos. O S&P teve 11 anos de baixa nesse período de 52 anos. A perda acumulada durante os 11 anos chega a 251,4%. Em comparação, a Berkshire Hathaway teve apenas dois anos de perda durante o mesmo período, com um ganho acumulado de 117,8% para esses 11 anos. É uma vantagem incrível de 369,2% sobre o S&P.

Mais de dois terços dessa vantagem da Berkshire sobre o S&P foram conquistados durante os anos de baixa. Isso é o fruto da filosofia de Buffett e de Munger de "não perder". São as ideias de perda evitadas, mais o dinheiro ganho com mercados em alta que construíram a riqueza superior da Berkshire em longo prazo.

Utilizando os juros compostos, uma pequena vantagem na taxa anual dos ganhos cria uma vantagem enorme no valor total ao longo do tempo. Em termos da porcentagem geral que foi ganha no período 1965–2016, um dólar investido na Berkshire em 1965 passou por um ganho espetacular de 884.319%, em comparação ao ganho de 12.717% do S&P 500.

Embora Corey e eu soubéssemos dos resultados por vários anos, ainda ficamos maravilhados com a incrível conquista de Buffett e Munger. Eles presidiram um dos maiores registros de construção de riquezas na história. Por cinco décadas, o dinheiro que esteve sob o controle de Buffett cresceu em uma taxa fenomenal.

"Woodstock para Capitalistas"

Conforme a fama e a riqueza de Buffett e de Munger cresceram, o frenesi ao redor das reuniões anuais da Berkshire, outrora humildes, também cresceu.

Como mencionei, a primeira reunião da qual participei, em 1985, foi um aconchegante evento com 300 participantes. Desde então, a reunião sofreu várias mudanças. Primeiro, foi um evento, depois, um espetáculo e, agora, é uma festa completa de três dias. Mas, em 1985, um evento com 300 participantes era considerado grande, uma vez que só 13 pessoas haviam participado apenas seis anos antes. Avancemos até 2015, quando a participação foi de 45 mil pessoas.*

Em um curto período, as reuniões anuais da Berkshire se transformaram de uma pequena série de palestras particulares em um evento dos sonhos da câmara de comércio. Pode ser um sinal dos tempos que tantas pessoas agora se dirijam à Omaha para ouvir Buffett e Munger. O evento é geralmente chamado de "Woodstock para capitalistas". Isso comprova o interesse crescente do mundo na área de investimentos.

Buffett e Munger ficam felizes por acomodar multidões de fãs, amigos, alunos e compradores que se dirigem para Omaha a cada ano. Na verdade, eles conseguiram estender todo o evento, transformando-o em um fim de semana repleto de atividades.

---

* O Apêndice II relata o crescimento incrível da Berkshire ao longo desses 32 anos.

É um pacote de férias de fim de semana em que não faltam descontos para os acionistas. Lojas como a Borsheim's (joias) e a Nebraska Furniture Mart (móveis) fazem demonstrações e festas exclusivas. Por toda a cidade de Omaha, sempre há eventos especiais, como o jogo de beisebol Omaha Storm Chases, no qual Buffett dá autógrafos e faz o arremesso inicial.

Durante o fim de semana, os acionistas são encorajados a patrocinar tudo que traz um interesse econômico para a Berkshire — o que nos leva ao "Shopping Berkshire", um festival de vendas com marketing direcionado às subsidiárias da empresa.

O hall do CenturyLink Center se transforma em um minishopping para os acionistas da Berkshire. Dezenas de subsidiárias formam um aglomerado de estandes vendendo suas mercadorias.*

E temos a reunião em si, que começa com um curta original. Ao longo dos anos, esses filmes apresentaram sátiras com todos os tipos de celebridades, incluindo a lenda da ópera, Susan Lucci, o boxeador Floyd Mayweather e o ator Bryan Cranston (estrelando como Walter White, seu papel em *Breaking Bad*).

A Reunião em Si

Com todo o furor em torno da sessão de perguntas e respostas, você pode ser perdoado caso a tenha considerado de menor importância, mas não poderia estar mais longe da verdade. Esses dois homens sempre são a atração principal.

As pessoas se importam de maneira profunda com o que eles têm a dizer e esperam durante horas para fazer uma única pergunta. Em 1985, a sessão de perguntas e respostas durava duas horas e meia. Agora, ela é considerada curta caso termine em menos de seis. Este é o valor que os participantes depositam na sapiência combinada desses dois sábios de nossa época moderna.

Reconhecidamente, ajustar a sessão para um número maior de participantes foi, bem, um ajuste. Com tantas pessoas disputando para conseguir fazer suas perguntas, sua qualidade parece — para Corey e eu — ter caído. Porém talvez estejamos sendo injustos. Como somos participantes de longa data,† sentimos falta das reuniões mais calmas e íntimas do passado. Felizmente, em 2013, a qualidade das perguntas aumentou signifi-

---

* Para obter um panorama completo da orgia de gastos que acontece no saguão, veja o Apêndice III.

† Lembre-se de que vimos Warren Buffett e Charlie Munger antes de se tornarem populares e modernos — como os Beatles tocando em um bar em Hamburg antes de ficarem famosos.

cantemente com a adição de um painel com três jornalistas e três analistas, que agora fazem a maioria das perguntas.

Mas, apesar de seu tamanho, as reuniões são sempre informativas e repletas da sagacidade e dos insights de Buffett e Munger.

Uma Conversa ao Longo do Tempo

Corey e/ou eu fizemos copiosas anotações durante cada uma das reuniões da Berkshire desde a primeira, em 1984. Em 1985, decidi que não deveria mantê-las somente comigo e comecei a enviá-las como um boletim para clientes e amigos.

Enquanto trabalhava para a Berkshire, Corey ainda estava na minha lista de endereços de envio do boletim. Ele se lembra de os ler e gostar deles enquanto estava por lá. Ele os considerou informativos e práticos e acreditava que captavam a essência das reuniões. Conversávamos por telefone de vez em quando, e eu sempre lhe fazia perguntas. Ele dizia que eu compreendia o negócio da Berkshire, com um olhar de fora, melhor que ninguém.

Ainda na Berkshire, Corey muitas vezes considerou escrever o que aprendera lá em um diário, mas parte dele achava que isso o tornaria desleal à empresa, então desistiu.

Embora ele não tenha formalmente se dedicado a tomar notas, Corey ainda captava pérolas de sabedoria conforme conversava com colegas de trabalho e com executivos das subsidiárias, observando o pensamento dessas pessoas extraordinárias. Como exigência de seu trabalho, Corey sempre estava focado em aprender. As subsidiárias com as quais trabalhava variavam bastante em seus modelos de negócio. O ramo da Nebraska Furniture Mart, afinal, é muito diferente do ramo da National Indemnity, da See's Candies e do *Buffalo News*.

Enquanto trabalhava lá, Corey também fez MBA e estudou teoria organizacional como parte de sua pós-graduação. Assim, durante seu trabalho, ele observava, através das lentes daquilo que estava estudando, o grau de eficácia com que a organização descentralizada da Berkshire funcionava.

Corey tornou-se meu sócio em 1992. Embora ele não revelasse quaisquer informações confidenciais às quais tinha acesso, nós falávamos sobre a Berkshire o tempo todo. Ele compartilhou uma profunda compreensão da cultura, dos valores e dos players envolvidos.

Naquela época, ele conhecia pessoalmente várias das pessoas envolvidas e entendia intimamente o negócio que a Berkshire possuía. Ele havia passado muito tempo viajando para encontrar-se com as subsidiárias.* Ajit Jain, frequentemente mencionado como sendo o substituto de Buffet no presente, convidou Corey para jantar após ele ter passado o dia trabalhando em seu escritório em Nova York. Corey até teve algumas breves interações com Buffett, conversando rapidamente com ele duas ou três vezes.†

Corey havia testemunhado em primeira mão os altos padrões éticos da Berkshire. Ele viu como Buffett, lá de cima, dava o exemplo que seria seguido pelos funcionários da Berkshire, que monitorariam e respeitariam todas as leis e regras. Quando começou na auditoria interna, computadores podiam ser comprados pela internet sem o imposto sobre vendas. Porém, na Berkshire, quando qualquer coisa desse tipo era comprada, era necessário reportar à corporação para que eles pudessem preencher a declaração fiscal. Ele era inflexível em termos de garantir que a Berkshire pagasse seus impostos — nada além do necessário, mas aqueles sobre os quais tinha responsabilidade.

Reunindo tudo que entendeu dessa experiência, Corey contribuiu com as notas todos os anos desde que veio trabalhar na Pecaut & Company, em 1992. Nos anos em que ele foi às reuniões sozinho, usei suas anotações e insights no boletim. Enquanto eu escrevia os boletins; Corey rigorosamente editava cada um deles.‡

Escrevendo de forma frenética durante cada reunião, Corey e eu anotávamos aquilo que achávamos ser os comentários e os insights mais significativos de Buffett e Munger. Nosso método sistemático de tomar notas nos permite destacar, refletir e transmitir as minuciosidades do que aprendíamos.

Chegando em casa, fazíamos uma descrição condensada, mas detalhada, de todas as anotações das reuniões para nossos clientes. Essas descrições foram a matéria-prima deste livro.

Além do que haviam dito, geralmente mencionávamos o que ficava subentendido, implícito, e o que não fora dito. Nossa própria competência como investidores adiciona uma profundidade aos insights que vai além de uma comunicação seca, estática e literal dos eventos.

Muitas das reportagens feitas sobre Buffett nos principais meios de comunicação são produzidas sem nenhum insight profundo sobre o mundo

---

* As viagens exaustivas foram o motivo principal para Corey decidir sair da Berkshire. Sua primeira filha nasceu em 1987. Após chegar em casa, retornando de uma viagem de duas semanas, Corey percebeu naquele momento que sua filha havia crescido e "parecia estar diferente". Aquilo realmente o incomodou, então ele estava pronto para uma mudança quando falei com ele sobre a possibilidade de se tornar meu sócio.

† Como Munger estava fora tocando a Wesco Financial na Califórnia, Corey nunca o viu, exceto nas reuniões anuais.

‡ É por este motivo que sou a voz da "primeira pessoa" em nossos boletins.

do trabalho em investimentos.* Nestas páginas, você terá o benefício de receber nossa avaliação crítica sobre as reuniões.

Pegamos centenas de horas de palestras e as destilamos em sua forma mais concentrada. Economizamos seu esforço de ter que, penosamente, mergulhar em todos os arquivos para trazer o ouro à superfície.

Você ficará encantado pela coletânea de destaques daquilo que tem sido uma jornada fascinante, informativa e, muitas vezes, hilária ao longo de 32 anos do show de Warren e Charlie.

Esse livro não trata de "teorias de investimento" velhas e empoeiradas. É uma coleção com curadoria dos melhores conselhos e insights que Buffett e Munger compartilharam ao longo das últimas três décadas. Revelações chocantes. Momentos engraçados. Estratégias cheias de insights matadores.

Estes boletins formam uma conversa com Warren Buffett e com Charlie Munger ao longo de três décadas. Não temos dúvidas de que qualquer investidor sério ficará fascinado e informado, em igual medida, com essas informações. (E o desafiamos a não gargalhar com as intrigas entre Munger e Buffett, ao estilo de irmãos briguentos.)

Acreditamos que estas anotações (excluindo os relatórios anuais) são o melhor substituto de estar presencialmente nas reuniões anuais da Berkshire ao longo dos últimos 32 anos. É claro, caso tenha estado nelas, esse livro será uma recapitulação perfeita. As páginas que seguem adicionarão cor e definição à sua memória dos eventos.

O formato do livro é simples. Ele foi projetado para colocar você na sala de reuniões com Buffett e Munger em cada um dos últimos 32 anos (1986–2017).† Você verá como eles reagiram a seus próprios erros e encararam desafios conforme o mundo mudava ao seu redor. O livro se desdobra como uma jornada.

Caso decida subir a bordo, você verá a incrível e surpreendente ascensão da Berkshire Hathaway. Passará a compreender os gênios por trás disso. Você tem em mãos análises feitas em tempo real nos 32 anos das reuniões anuais.

---

* A reunião de 2015 foi iniciada com Buffett proativamente esclarecendo uma questão. Um repórter importante, que não entendia de contabilidade, relatou o lucro bruto de um dos negócios de Buffett como sendo seu *lucro líquido*. A diferença entre os dois era enorme. O incidente destacou a importância de haver uma compreensão de primeira mão a respeito de escala, terminologia e contabilidade.

† Como você perceberá, conforme as reuniões ficavam cada vez mais extensas, nossos boletins também ficaram. Uma vez que havia mais perguntas feitas e respondidas, tínhamos mais dados para usar.

Sem dúvidas, para a maioria das empresas, isso será chover no molhado. Mas a Berkshire Hathaway é um tipo diferente de fera.* O sucesso único da empresa e as estratégias que o possibilitaram são lendários.

Como Usar Estes Boletins

Este livro não é para o investidor de primeira viagem. É para aquele informado que entende o valor de poder mergulhar nas cosmovisões de Warren Buffett e de Charlie Munger. Se quiser estar na pele deles pelas últimas três décadas, absorver as coisas que dão certo e aplicá-las em seus próprios investimentos, então este livro é para você.

Além disso, um benefício pessoal significante do investimento em valor é a paz de espírito. Muitos investidores dão duro nos mercados durante anos, vivendo uma vida repleta de ansiedade e estresse. Eles têm um medo constante de que seus investimentos desapareçam da noite para o dia. Por outro lado, os grandes investidores em valor, como Buffett e Munger, dormem como bebês — com a condição de que sigam simples princípios atemporais.

Esperamos que, ao término da leitura, esses princípios fiquem arraigados em sua consciência. Esperamos que suas decisões de investimentos tenham uma tal qualidade e profundidade que lhe darão uma séria vantagem competitiva.

Este livro não é um "manual". A obra se esforça para responder a pergunta: "Por que dois dos maiores investidores do mundo fazem o que fazem?" A resposta está nestas páginas. Caso a compreenda, você se tornará um investidor melhor. Se conseguir pensar e se comportar como eles, especialmente sob pressão, você será um investidor grandioso e rico.

Este livro lhe proporcionará um insight mais profundo a respeito de como dois dos maiores investidores do mundo lidam com problemas de investimento à medida que eles vão surgindo. Você testemunhará, em tempo real, suas reações a eventos como a soberana crise da dívida, a crise do subprime e o terrorismo nuclear. Passando por tudo isso, você terá um relato franco e honesto dos erros cometidos e dos obstáculos superados. Você verá, em primeira mão, o raciocínio sólido como rocha de Buffett para investir na Coca-Cola e na See's Candy.

Você também terá uma boa análise da mente morbidamente divertida e, contudo, surpreendentemente astuta de Munger em uma variedade de questões. Passando por futilidades, como plantar milho para produção de

---

* Quais outras reuniões anuais você conhece que tomam uma cidade inteira durante um fim de semana e que começam com um filme? Ou, a propósito, que podem se gabar de ter seu próprio shopping? Obviamente, nem sempre foi assim.

combustível até a surra anual na teoria moderna de portfólio, Munger não perde uma.

Caso esse livro fosse apenas uma coleção de anedotas extraídas dos últimos cinco a dez anos, teria sido um período muito curto para que fosse significativo. Em vez disso, cobrimos um período de três décadas, ano a ano, com análises do desdobramento histórico. Você poderá observar o processo de decisão de Buffett e Munger a partir de um ponto de vista único e vantajoso. Você tem uma coleção de insights sobre o que aconteceu sob a superfície dessas decisões ao longo do tempo e poderá observar como os mesmos princípios atemporais são aplicados a cenários e circunstâncias vastamente transitórios (isto é, a internet, a extinção do jornal, ascensões e quedas, e assim por diante).

Durante a leitura, talvez você se pergunte: *Se a Berkshire saiu do mercado, eu não deveria fazer o mesmo?* Ou: *Se a Berkshire comprou algo, eu deveria comprá-lo também?* Buffett e Munger são muito claros em seu conselho: as pessoas devem aprender com eles e usar sua orientação como modelo, em vez de copiar seus comportamentos. A razão principal para isso é que, a menos que você esteja na posição invejável na qual a Berkshire opera, seria muito bom *não* copiar suas jogadas.

A Berkshire Hathaway representa agora meio trilhão de dólares em ativos. Ela faz compras diretas e negociações de acordo com seus próprios interesses. Às vezes, compra empresas inteiras. Buffett e Munger fazem suas jogadas em tal escala que a maioria dos investidores não consegue se igualar. Portanto, em vez de copiar, entenda por que eles tomaram tais decisões. Depois, aplique esses insights em suas próprias decisões e posição.

Em mais de uma reunião anual, Buffett sugere que o melhor investimento que você pode fazer é em si mesmo. Após um vida inteira seguindo seus ensinamentos e observando o sucesso em nossas próprias empresas, nós concordamos com ele de todo nosso coração.

Esses boletins são um recurso valioso de aprendizado e análise que você pode adaptar para suas próprias decisões de investimento.

Contudo, antes de mergulhar de cabeça, entenda que está prestes a colher as recompensas do melhor investimento que fizemos, como aluno da Universidade da Berkshire Hathaway.

Assim, convidamos você a virar a página e dar o primeiro passo no universo fascinante da *maior equipe de investimentos do mundo...*

Tudo de bom,
Daniel S. Pecaut
Pecaut & Company
Abril de 2018

1986

Local: Museu de Arte Joslyn

Participação: Aproximadamente 500 pessoas

Detalhes Sobre Este Ano:

- A ordem do dia foi concluída em poucos minutos, sendo aberta, na sequência, a sessão de perguntas e respostas com duração de 2h30.

Preço da Ação: US$2.475

Um dólar investido em 1964 valeria hoje **US$200**.

O valor patrimonial por ação da Berkshire subiu de US$19,46 para **US$2.073,06** (uma taxa de retorno composta de **23,3%** a.a.).

O S&P 500 acumulou **8,8%** anuais durante o mesmo período.

DESTAQUES DAS ANOTAÇÕES DE 1986

Antes de apresentar minhas reflexões sobre a reunião, vamos rever a estrutura filosófica de Buffett.

Investimento em Valor

Warren Buffett é o maior investidor de nossa era e o mais proeminente de um grupo de investidores em valor extremamente bem-sucedidos que compartilham de um mesmo mentor intelectual, Ben Graham. Os livros de Graham — *Security Analysis* ["Análise de Valores Mobiliários", em tradução livre] (1934) e *O Investidor Inteligente* (1949) — tornaram-se as bíblias do investimento em valor.

Basicamente, Graham reduz a arte de investir a duas variáveis simples — preço e valor. O valor é aquilo que uma empresa vale; preço é o que você precisa pagar para obtê-la. Levando-se em conta o comportamento maníaco-depressivo do mercado de ações, surgem incontáveis ocasiões nas quais o preço de mercado de uma empresa está distintamente desalinhado com seu real valor de negócio. Em tais circunstâncias, um investidor pode conseguir comprar um dólar de valor por apenas 50 centavos de dólar. Perceba que não há qualquer menção aqui a taxas de juros, previsões econômicas, gráficos técnicos, ciclos de mercado etc. As únicas questões são preço e valor.

Também devo observar que Graham enfatiza uma grande *margem de segurança*. A estratégia é não comprar um dólar de valor por 97 centavos de dólar. Em vez disso, a diferença deve ser tão acentuada que absorva os efeitos de cálculos malfeitos e de uma sorte abaixo da média. Nas palavras de Buffett: "Ao construir uma ponte, você deve insistir que ela suporte o peso de 12 toneladas, mas permitir que apenas os caminhões com peso abaixo de quatro toneladas passem por ela." Com o tempo, portfólios diversificados dessas ações demonstraram ter retornos superiores com um risco abaixo da média.

O Histórico de Buffett

Ninguém conseguiu aplicar esses princípios com mais eficácia do que Warren Buffett. Ao longo das últimas três décadas, ele sistematicamente buscou possuir a totalidade de boas empresas, ou partes delas, por um preço justo ou descontado. Os resultados são inspiradores.

Um investimento de US$10 mil na sociedade de Buffett em 1956 transformou-se em US$200 mil em 1969, um retorno acumulado com base anual de 25,9%. Incrivelmente, a sociedade nunca teve um ano de baixa, mesmo com a existência de *seis* anos de baixa no mercado durante o período. Retornos superiores com risco abaixo da média, realmente.

Em 1969, a sociedade se desfez e a Berkshire Hathaway — originalmente uma pequena empresa têxtil da Nova Inglaterra — tornou-se sua base para fazer investimentos. Na época, o preço da ação da Berkshire era de US$40. Hoje, ela vale cerca de US$2.850, uma taxa de crescimento por ano acumulada de 28,5%. Dessa forma, por três décadas, o dinheiro sob a tutela de Buffett cresceu em uma taxa fenomenal.

Embora os resultados sejam de meu conhecimento há vários anos, ainda fico maravilhado com a realização.

A Reunião Anual da Berkshire Hathaway

Logo, foi com muito entusiasmo que participei da minha primeira reunião anual da Berkshire Hathaway.

A ordem do dia foi concluída em poucos minutos, sendo aberta, na sequência, a sessão de perguntas e respostas com duração de 2h30. Considerando os comentários de Buffett e de Munger, aqui estão aqueles que achei mais significativos.

Sobre o Valor Intrínseco da Empresa

Esse conceito é o aspecto central da abordagem de Buffett, que o define como "aquilo que uma empresa traria caso fosse vendida para um comprador capacitado". Essa definição afasta-se da avaliação orientada aos números de Ben Graham, pois dá valor a itens intangíveis, como o talento de gestão e o valor de franquia.

É a genialidade de Buffett para identificar e avaliar esses intangíveis que o diferencia dos demais.

Sobre a Inflação

Buffett diz que esse é um fenômeno político, e não econômico. Enquanto os políticos não forem comedidos, eles vão imprimir muito dinheiro em algum momento. Embora estejamos possivelmente falando de dois anos ou mais no futuro, Buffett vê uma "inflação substancial" e "taxas nunca antes vistas".

Essas são palavras poderosas para Buffett, um homem muito dado à subestimação e autodepreciação, portanto, não as entenda como superficiais. Se Buffett estiver certo, títulos de longo prazo e outros investimentos vulneráveis à inflação devem ser evitados.

Sobre as Previsões Econômicas

Leal aos princípios de Graham, Buffett diz que não dá bola às perspectivas econômicas. Suas decisões são baseadas apenas nos valores intrínsecos das empresas.

Curiosamente, apesar de suas impressões a respeito da inflação, Buffett não tem planos de mudar sua estratégia (que deu certo para ele por três décadas). No máximo, ele tentará encontrar empresas que consigam manter o ritmo com a inflação.

Sobre a Capital Cities/ABC

"A gestão da Cap Cities é a melhor em comparação a qualquer outra companhia aberta do país". Foi dessa forma que Buffett explicou a maior aquisição do ano anterior.

A Berkshire ajudou a financiar a fusão dessas duas gigantes da mídia, investindo US$517 milhões em três milhões de ações (US$172,50 por ação) da nova empresa.

Cada ação CCB é negociada atualmente por U$240.

Sobre o Mercado de Ações

Quando todos estão caminhando na mesma direção, Buffett observa que é possível ganhar mais dinheiro no mercado do que na compra de empresas inteiras. No entanto, esses momentos são raros. Neste instante, "não vemos nada nos mercados de valores mobiliários que nos traga o menor interesse".

Buffett e Munger estão saindo do mercado. Seus negócios favoritos — mídia, bens de consumo e seguros — tiveram os preços remarcados dramaticamente para cima durante este momento de alta.

Talvez você possa perguntar: "Se Buffett está saindo do mercado, eu não deveria fazer o mesmo?" Essa é uma pergunta muito difícil. É crucial aprender com ele, não imitá-lo.

Ao vender, Buffett não está prevendo um declínio, embora seja certo que isso ocorrerá algum dia. Ele está simplesmente agindo conforme sua observação de que os valores intrínsecos das empresas de seu portfólio estão totalmente refletidos nos preços do mercado atual.

A Berkshire Hathaway representa agora US$3,1 bilhões em ativos. A quantidade de empresas grandes o suficiente para chamar a atenção de Buffett é pequena. Os bons preços entre as ações de primeira linha são praticamente inexistentes. No entanto, não estamos tão restritos. Há milhares de pequenas empresas maravilhosas que podemos considerar.

1987

Local: Museu de Arte Joslyn

Participação: Mais de 500 pessoas

Detalhes Sobre Este Ano:

- A reunião teve como destaque uma sessão de perguntas e respostas de três horas de duração com os acionistas.

Preço da Ação: US$2.827

Um dólar investido em 1964 valeria hoje **US$229**.

O valor patrimonial por ação da Berkshire subiu de US$19,46 para **US$2.477,47** (uma taxa de retorno composta de **23,1%** a.a.).

O S&P 500 acumulou **9,2%** anuais durante o mesmo período.

DESTAQUES DAS ANOTAÇÕES DE 1987

Dando uma Volta

Nos últimos dois meses, tive o grande privilégio de ver vários dos investidores mais sábios do país:

- George Michaelis, da Source Capital, os fundos fechados com o melhor desempenho na última década, 28 de abril, Santa Mônica, Califórnia;

- Charles Munger, presidente da Wesco Financial, 28 de abril, Pasadena, Califórnia, e vice-presidente da Berkshire Hathaway;

- Warren Buffett, presidente da Berkshire Hathaway, 19 de maio, Omaha, Nebraska;

- Como talvez se recorde, também tive a felicidade de me encontrar com John Templeton em fevereiro.

Basicamente, meu associado, Mark Staal, e eu adotamos uma abordagem "o mundo como sala de aula". Sendo assim, continuaremos a buscar pessoas incríveis como nossos "professores". Esperamos que isso nos torne investidores melhores. No mínimo, certamente teremos menos desculpas para nossos erros.

Aqui está uma amostra de sua sabedoria coletiva.

Sobre o Mercado

Como a maioria dos investidores em valor (value investors), eles não veem muitos negócios com preços atraentes. "Michaelis mantém cerca de 40% em caixa ou equivalentes no portfólio do Source Capital. Buffett e Munger são ainda mais extremos. Eles venderam todas as suas posições não permanentes em ações e investiram US$1 bilhão em títulos de renda fixa de 8 a 12 anos, livres de impostos.

Como Buffett destaca no relatório anual da Berkshire Hathaway:

> "... surtos ocasionais daquelas duas doenças supercontagiosas, o medo e a ganância, sempre ocorrerão na comunidade de investidores. O momento dessas epidemias será imprevisível. E as aberrações de mercado produzidas por elas serão igualmente imprevisíveis quanto à sua duração e grau. Portanto, nunca tentamos antecipar a chegada ou partida de qualquer uma dessas doenças. Nosso objetivo é mais modesto: apenas tentamos ser

temerosos quando os outros são gananciosos, e ser gananciosos quando os outros estão temerosos.

No momento em que escrevo isso, há pouco medo visível em Wall Street. Pelo contrário, a euforia prevalece — e por que não seria assim? O que poderia ser mais emocionante do que participar de um mercado em alta no qual as recompensas aos donos de negócios se tornam gloriosamente desatreladas do baixo desempenho dos próprios negócios? Porém, infelizmente, o desempenho das ações não pode superar os retornos dos negócios reais indefinidamente."

Percebendo que o mercado de ações japonês havia chegado a extremos selvagens, Buffett jocosamente citou Herb Stein: "Qualquer coisa que não dure para sempre, terminará."

Ele acrescentou: "Não conseguimos ser mais sofisticados do que isso."

Sobre a Inflação

Assim como John Templeton, Buffett acredita que a inflação significativa é inevitável devido à atitude do governo de dar soluções rápidas. "A disponibilidade de ter uma impressora de dinheiro como um curativo de curto prazo é muito tentadora… A inflação é um narcótico." Na reunião, Buffett chegou até a dizer que ainda teremos muito mais inflação, muito mais até do que tivemos cinco anos atrás.

Isso apresenta sérias implicações para os investidores em renda fixa.

Observe que, para minimizar o risco de mercado, os títulos de Buffett chegarão à maturação em 12 anos. Você deveria considerar fazer o mesmo.

Conheça Suas Limitações/Seja Humilde

Esse parece ser o tema principal para todos esses grandes investidores. Templeton falou sobre ser humilde como o portal para a compreensão.

Munger observou que Tom Murphy, CEO da Capital Cities/ABC e considerado por Buffett como o melhor gestor empresarial do país, reza todos os dias por humildade. E descobrimos que George Michaelis é modesto e autodepreciativo.

Munger negou ser humilde (é claro), mas observou que a chave para seu próprio sucesso, bem como o de Buffett, tem sido o fato de que "temos uma opinião bem ruim sobre nossas habilidades". Ele disse que preferiria estar com alguém que tem um QI de 130, mas que pensa que é de 128, do que com alguém cujo QI é de 190, porém acha que é de 240. Essa segunda pessoa lhe dará muitos problemas.

Uma Falsa Precisão

Buffett alegou que é um erro terrível pensar que as coisas que não estão no computador são precisas. Se for necessário trabalhar com três casas decimais, é complicado demais.

Consequentemente, em seus 35 anos de investimentos, Buffett diz que não viu melhoras na nova safra de gestores de investimentos. Eles não têm um grau maior de inteligência, não são mais psicologicamente estáveis e dificultam as coisas ainda mais.

Munger adicionou que os piores erros são cometidos a partir dos melhores gráficos e que o realmente necessário é um "senso comum esclarecido".

Novamente, conhecer suas limitações e as limitações de suas informações parece ser a chave. Ou, como postula Keynes: "Prefiro estar vagamente certo do que precisamente errado."

Sobre o Uso Indevido de Informações Privilegiadas

Embora aplauda os esforços da Comissão de Valores Mobiliários dos Estados Unidos (SEC) até o momento, Munger observou: "Quando recompensas incríveis vão para operadores de cassinos, é extremamente improvável que a civilização tenha alcançado o nirvana."

Sobre o Ramo de Seguros

Buffett diz que a festa acabou e que a ressaca vai durar mais do que a curtição.

As empresas de seguro da Berkshire Hathaway observam uma queda radical no volume de prêmios. Os ganhos serão bons durante um ou dois anos ("o bar fechou, mas você consegue terminar seu drinque"), mas o negócio está se tornando intrinsecamente menos rentável em uma tendência muito discernível.

Curiosamente, uma das ações favoritas de George Michaelis é da maior corretora de seguros, a Marsh & McLennan.

Wall Street já chegou à conclusão de que a festa acabou, e derrubou as ações de seguros a níveis deprimentes.

Em nosso portfólio, Hanover e RLI estão sendo negociadas a um múltiplo de aproximadamente seis vezes o lucro.

Sobre o Negócio Ideal

Buffett: "Algo que custe um centavo, seja vendido por um dólar e seja viciante."

Local: Museu de Arte Joslyn

Participação: 580 pessoas

Detalhes Sobre Este Ano:

- As questões formais da reunião foram concluídas em alguns minutos. Foi aberta, então, uma sessão de três horas de perguntas e respostas com os acionistas.

Preço da Ação: US$2.957

Um dólar investido em 1964 valeria hoje **US$239**.

O valor patrimonial por ação da Berkshire subiu de US$19,46 para **US$2.974,52** (uma taxa de retorno composta de **23%** a.a.).

O S&P 500 acumulou **9,1%** anuais durante o mesmo período.

DESTAQUES DAS ANOTAÇÕES DE 1988

Sobre a Inflação

Conforme Buffett vem dizendo há vários anos, teremos uma inflação significativa em algum momento. Embora não saibamos quando nem o grau, ela parece ser inevitável. A razão é que "imprimir dinheiro é fácil demais. Eu faria isso, se pudesse". E isso não é exclusividade dos EUA. Há uma propensão mundial rumo à inflação.

Hedges contra a Inflação

Levando-se em conta que teremos uma inflação alta, várias pessoas perguntaram se imóveis, moedas estrangeiras, alavancagem ou bens tangíveis deveriam ser considerados. Buffett e Munger basicamente desconsideraram todos:

Imóveis
Munger: "Todos falam sobre a grande quantia ganha com imóveis, mas se esquecem de falar sobre a grande quantia perdida com eles."

Moedas Estrangeiras
Munger: "Já é difícil o bastante compreender a cultura na qual você cresceu, imagine a cultura de outro país."

Alavancagem
Buffett: "Você pode fazer alavancagem até a altura de seus olhos, mas talvez não consiga atravessar o rio."

Bens Tangíveis
Munger: "Alguém descobriu que o quadro de Van Gogh que foi vendido por US$40 milhões deu um retorno de 13% de lucro acumulado no ano. Os acionistas da Berkshire conseguiram muito mais."

O Hedge Supremo contra a Inflação

O que podemos fazer, portanto, para mitigar os efeitos da inflação? A mesma coisa que Buffett e Munger fariam caso não houvesse inflação. Compraríamos ótimas empresas que tivessem uma gestão excelente a um preço justo ou baixo e as deixaríamos funcionando sozinhas.

Embora a inflação seja indesejável, negócios bem geridos que empregam um capital relativamente baixo, com muito fluxo de caixa e que possuam flexibilidade de precificação lidarão bem com a inflação.

Sobre as Transações Programadas

Buffett observou que sempre que duas commodities se unem, haverá arbitragem e isso, na verdade, é uma função boa e necessária nos mercados de capitais.

A questão é se instrumentos derivativos como as opções baseadas em índices deveriam sequer existir. A opinião arriscada de Munger: "É uma ideia totalmente de jerico."

Para ilustrar a questão, Buffett sugeriu que imaginássemos que a reunião anual estivesse acontecendo em um navio de turismo que saiu de curso e naufragou em uma ilha deserta. Poderíamos eleger Buffett como o presidente da ilha, com um mandato para maximizar a vida no local. Ele provavelmente colocaria metade dos acionistas para produzir alimentos, alguns para construir abrigos e outros, mais inventivos, para desenvolver ferramentas e novas tecnologias para o futuro. Agora, imagine que um teste de QI foi feito para que Buffett pudesse pegar 30 ou 40 dos melhores e mais inteligentes, dar a cada um deles um terminal da Quotron e fazer com que negociassem, no mercado futuro, os resultados dos alimentos produzidos na ilha. É absurdo, obviamente.

Sobre a Previsão de Ciclos de Negócios

Buffett: "Se eu viver um número X de anos, passarei por um número X de recessões. Porém, se passasse todo meu tempo tentando adivinhar os ciclos, a ação da Berkshire Hathaway valeria US$15. Não dá para ficar entrando e saindo de negócios com base nas previsões."*

Sobre o Salomon Brothers

Diferentemente de outros negócios da Berkshire, como a Nebraska Furniture Mart ou o World Book, Buffett disse que não faz ideia de como o mundo dos bancos de investimento será em dez anos. No entanto, haverá muita captação de recursos e o banco Salomon deverá preencher uma função importante.

---

* Atualmente, a ação da Berkshire vale US$3,8 mil.

Buffett também reafirmou que eles gostam muito de John Gutfreund, o presidente do Salomon Brothers.

Munger (cuja expressão favorita parecia ser: "É um negócio difícil") lançou um de seus comentários entusiasmados do dia: "O Salomon tem muitos talentos — a meritocracia suprema — e, com esses talentos, pode se dar muito bem ao longo do tempo."

Para mim, parece que o Salomon Brothers, que está sendo negociado abaixo de seu valor patrimonial, pode se tornar uma posição essencial para o longo prazo.

Sobre Negócios Substitutos

Em resposta a uma questão sobre o impacto dos CDs nos negócios da World Book, Buffett caracterizou-se como "entusiasta da velha guarda" e sugeriu que as enciclopédias terão mudado muito pouco em 20 anos.

Em uma divagação fascinante, Buffett observou que "o fato de você estar ficando obsoleto não significa que você deve entrar no negócio que está substituindo-o".

Como exemplo, ele explicou que, se você fosse um visionário nos empreendimentos de trens de passageiros em 1930, talvez tivesse predito a chegada dos aviões. Mas a resposta não foi entrar nos negócios de aviões, que é um ramo terrível. A resposta foi sair dos negócios de transporte de passageiros de uma vez.

Sobre a Resiliência da Economia dos EUA

Buffett e Munger resolutamente recusaram-se a entrar em um longo debate sobre macroeconomia.

Buffett observou que o sistema econômico dos EUA é forte e consegue aguentar muitos abusos. Ele disse que a diferença entre uma política econômica ótima e uma ruim poderia ser de apenas 1% anual no PNB. Isto é, o PNB pode crescer com uma taxa de (X-1%) em vez de X% devido a políticas mal orientadas.

John Templeton compartilhou ideias semelhantes.

Em outras palavras, em vez de se preocupar com as projeções econômicas, esses investidores brilhantes se concentram em descobrir ótimos negócios com preços baixos dentro de nossa economia resiliente.

Sobre o Deficit Comercial

Buffett vê o deficit comercial como um problema muito mais sério do que o deficit orçamentário federal.

Para esclarecer seu ponto, ele observou que Peter Minuit pagou quinquilharias por Manhattan. Agora, estamos pagando uma Manhattan por quinquilharias! A ABC vendeu seu prédio comercial em Nova York por US$750 milhões. Em troca, compramos videocassetes.

Dito de outro modo, ele explicou, estamos trocando o certo pelo duvidoso. Emitimos promissórias que estão sendo lentamente resgatadas em troca de partes daquilo que temos como certo. Isso é a consequência de um deficit comercial significativo.

Biografias: Melhore Suas Amizades

Meus comentários favoritos são aqueles que passam uma visão interior daquilo que Munger e Buffett realmente são.

A uma pergunta sobre quais livros ler, Munger respondeu que ele adora biografias e as recomenda profundamente como uma maneira de "fazer amizade com mortos eminentes". Buffett brincou: "E eles não respondem."

Munger continuou explicando que as biografias nos dão uma experiência maravilhosa, ampliam nossos horizontes e podem até melhorar a qualidade de nossas amizades. Ele observou que *Golden Arches* ["Arcos Dourados", em tradução livre] e *The Big Store* ["A Grande Loja", em tradução livre] apresentam ótimas lições sobre negócios.

Local: Museu de Arte Joslyn

Participação: Mais de mil pessoas

Detalhes Sobre Este Ano:

- A reunião deste ano sofreu um atraso de 15 minutos enquanto mais de mil pessoas se acomodavam no auditório Witherspoon Concert Hall. Buffett observou: "Muito mais pessoas vêm para falar sobre seu dinheiro do que para ver quadros antigos."

Ranking na Fortune 500: 205º

Preço da Ação: US$4.711

Um dólar investido em 1964 valeria hoje **US$381**.

O valor patrimonial por ação da Berkshire subiu de US$19,46 para **US$4.296,01** (uma taxa de retorno composta de **23,8%** a.a.).

O S&P 500 acumulou **9,4%** anuais durante o mesmo período.

DESTAQUES DAS ANOTAÇÕES DE 1989

O Deficit Comercial:
Nosso Problema Econômico Mais Importante

Buffett explicou que o deficit comercial representa a distribuição de comprovantes que só podem ser resgatados em troca de ativos ou de itens de consumo. Estamos distribuindo US$130 bilhões desses comprovantes por ano, então podemos consumir 103% do que produzimos. Embora isso pareça ser agradável no momento, tal estilo de vida nos levará a um problema realmente sério no futuro.

Ele comparou o problema com a ação de comer uma fatia a mais de pão por dia. Cem calorias a mais por dia não parecem muito, e nos conferem um prazer imediato. Porém, após um mês, foram consumidas três mil calorias a mais, causando o aumento de meio quilo. Continue assim e, em algum momento, você terá um problema significativo.

Resumindo, o deficit comercial assemelha-se a dar parte daquilo que temos como certo. Conforme esses comprovantes se acabam, os EUA cada vez mais abrem mão de seus ativos produtivos. Peter Minuit pagou quinquilharias por Manhattan. Agora, estamos pagando uma Manhattan por quinquilharias.

Junk Bonds: Quem Será o Pato?

Buffett observou que Ben Graham disse que as pessoas arranjam problemas muito maiores a partir de uma premissa sensata do que a partir de uma insensata.

Como ilustração, se eu recomendasse uma casa de frente para o mar no Alasca, você poderia rejeitar a proposta sob a alegação de ser insensata. Mas caso recomendasse uma casa de frente para o mar na Flórida, talvez você se interessasse, uma vez que a premissa é sensata. Contudo, muitas pessoas perderam até a roupa do corpo ao comprar terras na Flórida.

É isso o que acontece no jogo das aquisições alavancadas (LBO). O sucesso enorme de algumas LBOs sensatas levou a um excesso selvagem. Buffett e Munger não pouparam palavras sobre o "financiamento criativo" gerado por elas.

Os bonds de cupom zero (títulos quitados apenas na maturidade, sem pagamentos periódicos) e os bonds de pagamento em espécie (PIK) (pagamentos feitos com mais dos mesmos títulos que originaram a dívida, e não em dinheiro) apenas adiam o momento da verdade. (Munger observou que, caso a Argentina tivesse PIKs, ainda estariam vigentes.)

Eles disseram que há grandes quantidades desses bonds que não poderão ser pagos sob a maioria das circunstâncias. As energias estão principalmente concentradas em passá-los para outra pessoa, para decidir quem será o pato.

Em resumo, o jogo da aquisição alavancada de junk bonds chegará a um extremo e vai parar apenas quando não puder mais ser jogado. Nesse ponto, "haverá sangue nas ruas".*

Valor Intrínseco da Empresa: A Pergunta Anual

Essa é a essência da abordagem de valor de Buffett.

Ele disse que, para determinar o valor intrínseco de um ativo, apenas pegue o valor presente do fluxo de caixa livre de agora até a eternidade, com base nas taxas dos bonds.

A parte difícil, obviamente, é prever os fluxos de caixa futuros. É mais fácil fazer essa previsão em algumas empresas do que em outras. Mesmo assim, é fácil errar.

Buffett observou que caso ele e Munger tivessem um valor de X a 3X para um ativo, então eles tentariam comprá-lo por 1/2X.†

Perspectiva para o Ramo de Seguros: Vai Piorar antes de Melhorar

Buffett e Munger fizeram duas observações básicas: uma foi que a regulação do ramo de seguros só ficará mais onerosa. O Projeto de Lei nº 103 da Califórnia reflete o antagonismo sentido pela população a respeito do ramo de seguros. A outra foi que as perdas com cobertura continuarão a crescer por no mínimo mais dois anos.

O Jato Minúsculo: Uma Extravagância Ridícula

As reuniões são sempre recheadas com humor e uma sagacidade simples.

Embora Buffett se orgulhe de nunca acrescentar o desnecessário, a Berkshire comprou, de fato, um jato corporativo alguns anos atrás. Ao ser questionado sobre o "jato minúsculo", Munger respondeu: "Desconheço essa extravagância ridícula." Ele viaja na classe econômica.

O Valor das Marcas:
É Ótimo Ter uma

A See's Candy, uma subsidiária da Berkshire Hathaway, está tentando comercializar uma nova calda de chocolate e espera perder dinheiro por algum tempo na empreitada. A Hershey's é uma concorrente dura. É muito difícil entrar no negócio alimentar, e é precisamente por isso que a marca estabelecida de um produto é tão valiosa.

De forma similar, Buffett disse que bebia cinco Pepsis por dia até trocar para a Cherry Coke. Agora, ele bebe cinco Cherry Cokes por dia. Após 50 anos de pesquisa, ele brincou que finalmente percebeu que há apenas duas empresas no ramo. Coca-Cola e Pepsi possuem mais de 70% do mercado de refrigerantes, e sua participação no mercado cresce a cada ano. Ele enfim tomou uma decisão e comprou uma delas.[‡]

O Passado Não É Necessariamente um Prólogo

A história de Wall Street sempre se caracterizou por crescimento e queda.

Uma das razões que Buffett deu para o excesso humano é a confiança irracional no passado recente. Por exemplo, os defensores do junk bond apontam para os últimos 30 anos de desempenho atrativo dos títulos "high yield" e alegam, portanto, que continuarão indo bem. Buffett observou que tal análise é similar a pensar que o sol nasceu porque o galo cantou. Enquanto isso, os junk bonds valem cada vez menos, e um final ruim parece ser cada vez mais provável.

Como Buffett sintetizou: "Se os investidores tivessem apenas que estudar o passado, as pessoas mais ricas seriam os bibliotecários."

[‡] A Berkshire possui 6,3% da Coca-Cola.

1990

Local: Orpheum Theater

Participação: 1,3 mil pessoas

Detalhes Sobre Este Ano:

- Para acomodar o número maior de participantes, um local maior foi escolhido, o Orpheum Theater.

Ranking na Fortune 500: 179º

Preço da Ação: US$8.696

Um dólar investido em 1964 valeria hoje **US$703**.

O valor patrimonial por ação da Berkshire subiu de US$19,46 para **US$4.612,06** (uma taxa de retorno composta de **23,2%** a.a.).

O S&P 500 acumulou **10,2%** anuais durante o mesmo período.

DESTAQUES DAS ANOTAÇÕES DE 1990

Ritos da Primavera

Desde que adotamos a abordagem do mundo como nossa sala de aula, participamos regularmente das reuniões anuais da Berkshire e selecionamos outras também. Este ano, participamos das seguintes "aulas" com alguns dos nossos "professores" favoritos:

- 30 de abril, Omaha, *Berkshire Hathaway*, Warren Buffett e Charles Munger;
- 7 de maio, Los Angeles, *Source Capital*, George Michaelis;
- 8 de maio, Pasadena, *Wesco Financial*, Charles Munger.

Eles compartilharam muitos insights ótimos que, agora, gostaria de compartilhar com você. No entanto, houve uma ênfase marcante em um conceito desses cavalheiros, e achei que seria interessante agora rever este tema.

Compre Empresas Maravilhosas

> *"É muito melhor comprar uma empresa maravilhosa por um preço aceitável do que uma empresa aceitável por um preço maravilhoso."*
>
> — WARREN BUFFETT

De acordo com cada uma das reuniões mencionadas previamente e com o relatório anual da Berkshire Hathaway, a chave para o sucesso nos investimentos é comprar empresas maravilhosas.

Assim como outras grandes verdades, essa pode parecer óbvia, mas não é. Na realidade, é um distanciamento completo da abordagem de valor recomendada pelo pai filosófico do investimento em valor, Benjamin Graham.

Na reunião anual da Source Capital, Michaelis explicou que há dois temas básicos no investimento em valor: 1) compre ativos; e 2) compre capacidade de gerar lucros.

A primeira abordagem concentra-se na compra de uma empresa muito abaixo de seu valor de liquidação.

Ben Graham era um caçador de ativos a um preço baixo, provavelmente a abordagem certa durante a fase de saída da depressão econômica pela qual passou.

O problema em comprar ativos baratos, no entendimento de Michaelis, é que a única maneira de aumentar o valor é por meio de algum tipo de acontecimento.

Buffett expressou praticamente a mesma opinião em seu relatório anual, chamando o estilo de investimento em ativos de a "abordagem da guimba de charuto". A não ser que seja um liquidador, você pode ter que esperar muito tempo pela "baforada" de lucro.

Na reunião anual da Wesco Financial, Munger expressou-se da seguinte maneira: "O que ele quer são negócios 'imunes a idiotas'". Ele mostrou a Coca-Cola e o *Washington Post* como exemplos e os descreveu como "as primeiras garantias contra a passagem do tempo".*

Cegueira Institucional

O fascinante é que esses dois senhores tiveram por si só a ideia de comprar boas empresas.

Michaelis me confessou que o assunto nunca foi discutido na Harvard Business School.

Na reunião da Wesco Financial, Munger observou que, quando Ben Graham, um dos professores mais brilhantes, ensinou Warren Buffett, o aluno mais brilhante de Graham, o assunto *nunca foi mencionado*.

Munger lamentou que as escolas de negócios não preparam gestores melhores, e que poderiam fazê-lo caso estudassem o que torna uma empresa boa, assim como o que torna uma empresa ruim. Mas eles não estudam.

Ao ser questionado sobre por que elas não fazem isso, Munger respondeu que, para isso, as escolas de negócios teriam que pôr em dúvida a moral e o desempenho falhos das maiores corporações dos EUA, as mesmas que empregam muitos dos alunos dessas instituições.

Munger explicou que as escolas de negócios estão apenas dando atenção ao conselho de Ben Franklin: "Antes do casamento, os olhos devem estar bem abertos; depois, semicerrados."

"As escolas de negócios são ótimas em manter os olhos semicerrados", concluiu Munger.

---

* No passado, Buffett deu a Munger os créditos por tê-lo direcionado a comprar empresas maravilhosas em vez de ativos baratos.

1991

Local: Orpheum Theater

Participação: 1.7 mil pessoas

Detalhes Sobre Este Ano:

- Os entusiastas foram recepcionados no saguão com um display da Coca-Cola que ia do chão ao teto. O presidente da empresa, Don Keough, juntamente com seu "auxiliar que ganhava um salário mínimo", Warren Buffett, vestiam aventais vermelhos da marca e serviam bebidas.

- As 1.700 pessoas que se acomodaram no antigo Orpheum Theater marcaram um aumento de seis vezes na participação em comparação com 1984. O tamanho da multidão já criava uma atmosfera festiva (e, acreditamos, influenciou para que as perguntas fossem menos incisivas). Fora isso, a reunião foi informativa como sempre, repleta de sagacidade e insights de Buffett e Munger.

Ranking na Fortune 500: 170º

Preço da Ação: US$6.687

Um dólar investido em 1964 valeria hoje **US$541**.

O valor patrimonial por ação da Berkshire subiu de US$19,46 para **US$6.437** (uma taxa de retorno composta de **23,7%** a.a.).

O S&P 500 acumulou **9,6%** anuais durante o mesmo período.

DESTAQUES DAS ANOTAÇÕES DE 1991

Coca É Isso Aí

Para explicar a compra feita pela Berkshire de 7% da Coca-Cola, Buffett demonstrou respeito ao presidente da empresa, Don Keough, que observou que sua empresa tem vendido um "simples prazer" há 105 anos e está presente agora em 170 países. Um grande crescimento deve vir das vendas internacionais. Embora venda 300 refrigerantes por pessoa/ano nos EUA, ela vende apenas 59 refrigerantes por pessoa/ano fora dos EUA.

Buffett tem mencionado frequentemente o valor das franquias de consumo ao longo dos anos. Seu elogio à Coca-Cola é inequívoco: "A franquia mais valiosa do mundo."

Posições Permanentes

Buffett classificou as posições detidas pela Berkshire nas empresas Capital Cities/ABC, Coca-Cola, GEICO e *Washington Post* como "permanentes" e listou três aspectos delas:

1. Boas características econômicas;

2. Gestão capaz e confiável;

3. Gostamos do que a empresa faz.

Ele admitiu que a questão econômica não é a única em sua consideração ("De que vale ficar rico se você descarta as associações de que gosta?"). Porém, mesmo que fosse, provavelmente as posições permanentes também seriam. Ele observou que há poucas empresas grandes maravilhosas e duradouras — ainda menos do que ele achava 15 anos atrás.*

Comprar Ações: É o Mesmo que Comprar Comida

Buffett deixou claro em sua declaração anual que ele não comentaria sobre quaisquer ativos que a Berkshire possa estar adquirindo para seu portfólio, com exceção daqueles exigidos pela lei dos mercados de capitais. As boas ideias são raras e a concorrência para acumular posições sobre o mesmo ativo pode levar a um aumento no preço das ações.

Buffett observou que muitos investidores ficam eufóricos de maneira ilógica quando o preço das ações sobe, e ficam abatidos quando caem. Isso é tão sem sentido quanto comprar um hambúrguer certo dia, voltar e com-

---

* A Berkshire Hathaway certamente preenche os critérios de "posição permanente": seu aspecto econômico é poderoso, e a gestão não poderia ser mais capaz ou mais íntegra.

prar outro no dia seguinte por um preço mais alto, e se sentir eufórico porque comprou mais barato no dia anterior. Se for um comprador vitalício de comida, você gostará quando os preços caírem e lamentará quando subirem, então deve pensar da mesma forma em relação aos investimentos.

O Mundo das Finanças

Buffett e Munger tiveram muito a dizer sobre as quedas de nosso sistema financeiro nos últimos anos. Eles previram problemas no mercado de junk bonds, na área de poupança, empréstimos e bancária.*

Buffett explicou que os desastres financeiros ocorrem porque decisões idiotas nas empresas financeiras não são acompanhadas de sofrimento imediato como consequência. Pelo contrário, as pessoas lhe dão *mais* dinheiro. Ao observar isso, a concorrência se permite fazer uma imitação irracional. Assim, quando o fracasso vem, ele é enorme.

Buffett e Munger apontaram vários desastres de LBOs e discordaram veementemente da mentalidade de "matá-las no nascimento" que alguns fomentadores demonstravam.

No caso da falência da Interco, Munger achou difícil imaginar uma conduta mais irracional. Alavancada até o pescoço, a Interco tinha sua falência garantida desde o começo.

Buffett também citou a necessidade de um melhor sistema de seguro para a solvência. Assim como a S&Ls (poupança e empréstimos) e os bancos, o sistema atual não pega as empresas até que muito estrago tenha sido feito.

Munger comentou que, apesar da "megalomania idiota" da First Executive Life, ela recebeu nota "A" das agências avaliadoras de risco imediatamente antes de seu colapso. As empresas de financiamento não precisam ser más. Enquanto houver uma gestão independente obstinada — como a de Carl Reichardt e Paul Hazen na Wells Fargo — tais empresas seguirão bem. Infelizmente, gerentes assim são raros.†

Empresas de Comunicação: Nem Tão Maravilhosas Assim

Ainda que haja um efeito cíclico de recuperação, Buffett acredita que a tendência prolongada para a mídia não é boa.

---

* Leia os boletins de Munger dos anos 1988, 1989 e 1990 sobre a Wesco Financial para obter um tratado brilhante sobre a ascensão e queda deste anacronismo econômico.

† Até dia 31 de dezembro de 1990, a Berkshire possuía apenas menos de 10% da Wells Fargo (5 milhões de ações a um preço médio individual de US$57,88) e recentemente registrou interesse de compra de até 22%.

Com mais transmissões eletrônicas de propagandas e substitutos da mala direta, certas áreas da indústria da comunicação estão rapidamente deixando de ser maravilhosas e se tornando medíocres.

Buffett ainda considera as posições detidas no setor de mídia da Berkshire como bons negócios em comparação com a indústria norte-americana em geral, mas consideravelmente menos fantástica do que acharia alguns anos atrás.

Conselho aos Formandos em MBA

Buffett: "Faça o que você mais gosta. Trabalhe para pessoas que você admira. Não tem como errar se fizer isso."

Estou Ajudando o Capitão

Ao ser questionado sobre como passa o dia, Buffett respondeu que vai pulando de alegria ao trabalho (obviamente, seguindo seu próprio conselho profissional), lê muito, conversa um pouco ao telefone, e é só isso.

Quando a mesma pergunta foi feita a Munger, ele contou a história do capitão da Força Aérea na Segunda Guerra Mundial que estava profundamente entediado no Panamá. Enquanto o general passava revista aos oficiais, perguntou ao capitão o que ele fazia. Este, frustrado, respondeu: "Não faço porcaria nenhuma." O general, então, fez a mesma pergunta ao seu tenente, que respondeu: "Bem, senhor, estou ajudando o capitão."

Procurando as Pessoas com Dois Metros de Altura

Ao buscar investimentos e gerentes de negócios, Buffett recomenda uma abordagem de triagem seletiva. Ele sugere adotar a lógica de um treinador de basquete que, em uma multidão, vai imediatamente começar a falar com aquelas com dois metros de altura. Só é necessário um bom jogador para fazer a diferença.

Munger também afirmou que muito pode ser discernido a partir dos "históricos registrados". As informações registradas sobre como as pessoas se comportaram ao longo de muitos anos têm um poder preditivo muito maior do que uma entrevista pessoal. Buffett acrescentou que é por esse motivo que eles não contratam recém-graduados em MBA. Não há registros de seu desempenho na prática.

A Teoria da Ineficiência: Onde Há um Orangotango Quando Preciso de um?

Buffett e Munger criaram, como hobby, o costume de provocar a academia e sua teoria queridinha de investimentos, a teoria do mercado eficiente. Ela sustenta que, uma vez que os mercados são totalmente eficientes, não adianta nada pensar sobre negócios.*

Três professores ganharam o Prêmio Nobel ano passado devido a contribuições feitas à teoria.

Munger a denomina uma grande estrutura construída sobre uma premissa falsa e conclui secamente: "Um orangotango bem instruído conseguiria ver o sucesso de nossa abordagem, e, contudo, ninguém está aplicando-a."

O Ramo de Seguros

Embora Buffett não esteja otimista quanto às perspectivas de curto prazo da Berkshire em seguros, ele o está quanto ao longo prazo.

Munger destacou que um período de grande dificuldade está se aproximando e que o patrimônio em declínio, somado a problemas com ativos, é uma oportunidade para a Berkshire.

De todos seus negócios, Buffett acredita que o de seguros tem o maior potencial.

---

* Se isso for verdade, a Berkshire deve ser uma miragem.

1992

Local: Orpheum Theater

Participação: 2 mil pessoas

Detalhes Sobre Este Ano:

- As duas mil pessoas que se apinharam no Orpheum Theater marcaram um aumento de oito vezes na participação, em comparação com 1984.
- Corey Wrenn, ex-funcionário da Berkshire Hathaway, torna-se sócio na Pecaut & Company.

Ranking na Fortune 500: 158º

Preço da Ação: US$9.068

Um dólar investido em 1964 valeria hoje **US$733**.

O valor patrimonial por ação da Berkshire subiu de US$19,46 para **US$7.745** (uma taxa de retorno composta de **23,6%** a.a.).

O S&P 500 acumulou **10,4%** anuais durante o mesmo período.

DESTAQUES DAS ANOTAÇÕES DE 1992

Guinness: Outra Empresa Internacional

Ao comentar sobre o investimento feito pela Berkshire de US$265 milhões em ações da Guinness PLC, a maior fornecedora de diversas bebidas alcoólicas do mundo, Buffett observou que, assim como a Coca-Cola e a Gillette, a Guinness recebe a grande maioria de seus lucros do exterior.

Munger destacou que as bebidas alcoólicas podem ser um símbolo de status, e que os produtos da Guinness desfrutam de uma qualidade rara e impressionante: quanto maior o preço, maior o valor percebido. Buffett acrescentou que algumas pessoas igualam o preço ao valor em serviços de investimentos bancários e em escolas de negócios. O mesmo se dá com o uísque.*

Mais Sobre a Coisa Real

Buffett mencionou que aproximadamente 20% dos lucros esperados pela Berkshire vêm de vendas internacionais, sendo a maior porcentagem proveniente da Coca-Cola.

A cada dia, um norte-americano comum bebe cerca de dois litros de algo. Em 1991, 25% desses dois litros eram refrigerantes, ultrapassando a água como a bebida número um dos EUA! Isso representa cerca de 730 refrigerantes per capita por ano consumidos, dos quais aproximadamente 42% são produtos da Coca-Cola. O consumo global demonstra padrões incrivelmente similares, e o número de refrigerantes consumidos está continuamente crescendo.

Buffett observou que isso ilustra por que ele dá tão pouca atenção aos fatores macroeconômicos. Possuir a empresa certa é a chave.

A Coca-Cola abriu seu capital em 1919 com US$40 por ação. Em 1920, a ação despencou para 19½ com a mudança no preço do açúcar. Após sete décadas de guerras, depressão etc., os US$40 iniciais da ação valeriam hoje US$1,8 milhão (cerca de 16% acumulados por ano).

É muito mais produtivo decidir se um produto pode se sustentar do que fazer previsões econômicas.†

---

* O custo da Berkshire equivale a US$42,40 por ADR (American Depositary Receipt — recibos de ações emitidos nos EUA para negociar ações de fora do país) da Guinness, que, atualmente, são negociados a US$55. Considerando-se as tentativas de Buffett de comprar empresas por 50% de seu valor, podemos deduzir que ele acredita que o valor intrínseco da Guinness estaria na casa de US$80 ou mais por ADR.

† O fato de que Buffett voluntariamente posicionou a porcentagem dos lucros esperados provenientes do exterior sugere que ele teve a intenção de reposicionar a Berkshire de

Compensação Executiva

Com muitos executivos ganhando dezenas de milhões em compensações em 1991, o assunto viralizou na imprensa. A resposta de Buffett:

1. Não deve haver limites (simplesmente não há como pagar demais por um desempenho realmente ótimo);

2. A longevidade é irrelevante;

3. Relacione a compensação diretamente ao desempenho do negócio. (Os marcos serão diferentes de acordo com o negócio e com a quantia de capital empregado.)

O que ele considera questionável são as grandes somas que estão sendo pagas por um desempenho medíocre.

O Caso de um Presidente Não Executivo

Os comentários sobre as compensações levaram a um debate mais amplo sobre o papel das diretorias corporativas.

Buffett observou que qualquer funcionário corporativo precisa responder a alguém, com exceção do presidente. Frequentemente, o CEO também é o presidente do conselho de administração. Levando-se em conta que é o presidente quem estabelece as reuniões de conselho e define sua agenda, fica difícil para o conselho avaliar o CEO adequadamente.

A questão central é como estabelecer uma instituição cooperativa com um conselho supervisor que emitirá um alerta quando necessário, mas não com tanta frequência que atrapalhe as operações. A ideia de Buffett — sugerida publicamente para o banco Salomon Brothers — é haver um presidente não executivo, que poderia garantir que o CEO fosse avaliado e monitorado adequadamente.

Falando do Salomon Brothers

Buffett foi questionado a respeito de seus esforços heroicos para salvar o banco Salomon Brothers de um escândalo de tesouraria.

Ele respondeu contando uma história sobre o tanque de tubarões no Sea World — no qual, conforme explicava o guia turístico, ninguém havia ousado entrar, apesar do prêmio de US$1 milhão caso o fizesse. De repente, ouviu-se alguém cair na água. Um homem estava nadando intensamente até conseguir sair do outro lado, com os tubarões roçando seu

---

modo a se beneficiar do crescimento no exterior. Falamos sobre o boom dos negócios de livre iniciativa ao redor do mundo diversas vezes neste boletim. Pode ser que Buffett tenha previsto isso anos atrás.

calcanhar. O guia turístico exclamou: "Quanta bravura! Você é a primeira pessoa a nadar no tanque dos tubarões. O que fará com seu prêmio de 1 milhão de dólares?" O homem respondeu: "Vou contratar um detetive para descobrir quem foi o FDP que me empurrou lá."

Mão Leve ao Leme

Ao ser perguntado sobre as decisões de alocação de capital nas corporações investidas pela Berkshire, Buffett alegou que ele e Charlie tinham muito menos influência do que poderíamos supor.

Munger disse que não tinham controle nenhum e citou Clarence Darrow: "Capitão do meu destino? Que diabos, eu não sei nem remar!"

A Teoria Moderna de Portfólio: A Refutação Anual

Buffett mencionou com satisfação que o que é ensinado sobre investimentos regrediu ao longo dos últimos 40 anos.

Munger afirmou que isso se deve ao fato de os professores estarem apaixonados demais pela teoria moderna do portfólio. Para o homem que tem um martelo, todos os problemas se parecem com um prego.

Buffett continuou o pensamento, observando que, como os computadores são capazes de gerar quantidades enormes de dados, os teóricos modernos do portfólio acabam buscando respostas em alguns rabiscos. Eles ignoram o simples fato de que, ao comprar uma empresa, você é *dono dela*.

Na conclusão, Buffett refletiu que ele e Charlie, como compradores de bons negócios, deveriam apoiar o estudo da teoria moderna de portfólio: "Se você está no ramo de navegações, é importante criar bolsas de estudos para terraplanistas."

Sobre o Tempo do Mercado

Achei a seguinte história incrível:

Quando Buffett graduou-se na Universidade de Colúmbia nos anos 1950, tanto seu professor, Benjamin Graham, quanto seu pai lhe disseram que não era um bom momento para entrar no mercado de capitais. A Dow Jones havia acabado de ultrapassar a marca de 200. Buffett tinha US$10 mil na época. Caso tivesse esperado, ele afirma que ainda teria os mesmos US$10 mil.

Munger coloca desta forma: "Estamos prevendo como as pessoas vão nadar contra a corrente, não estamos prevendo a corrente em si."

Considero a história de Buffett impressionante porque as duas pessoas que certamente sabiam que ele era um nadador (investidor) o desencorajaram a entrar na água porque estavam preocupadas com a corrente (o mercado). Até mesmo Ben Graham sucumbiu à sedução de realizar negociações em momentos específicos, o que ilustra o nível de dificuldade em se concentrar na identificação de grandes nadadores, em vez de prever a corrente.

Todos os Investimentos São Investimentos em Valor

Buffett comentou que a distinção entre os estilos de investimentos de crescimento e de valor é besteira.

Valor é a *única* preocupação para qualquer compromisso econômico. Para calcular seu retorno esperado, considere o valor presente descontado do fluxo de todo o caixa da empresa entre agora e o dia da aferição. Para fazer isso, você deve: A) determinar as quantias e a certeza das entradas e saídas do caixa, e B) selecionar uma taxa de desconto.

Buffett observou que o crescimento pode valorizar ou *depreciar* a partir do valor calculado. Por exemplo, os serviços de eletricidade foram forçados a crescer e a investir capital nos anos 1970, o que diminuiu seus retornos.

De forma mais dramática, Buffett observou que o crescimento garantido do ramo das linhas aéreas tem sido uma sentença de morte para os investidores norte-americanos. Desde Kitty Hawk, o ramo perdeu dinheiro todos os anos! Contudo, pedem mais dinheiro aos investidores a cada ano. A ideia é encontrar investimentos que lhe *dão* dinheiro, e não o contrário.

Munger observou que estudar as linhas aéreas lhe ensina sobre a concorrência em um negócio com custos fixos altos que apresenta uma commodity substituível.

Buffett também observou que o valor contábil raramente é significativo ao analisar-se o valor de um negócio. O valor contábil apenas registra o que foi *acrescentado* ao negócio. A chave para calcular o valor é determinar o que *sairá* dele.

Ele explicou que comprar uma empresa é muito parecido com comprar um bond sem maturação e com um cupom em branco. Você deve escrever nesse cupom, e sua precisão é a essência do investimento inteligente. Caso não consiga adivinhar o cupom com qualquer nível de precisão, não invista na empresa.

Retornos Corporativos sobre o Patrimônio: O Cupom do "Patrimônio"

O retorno sobre o patrimônio (ROE) de uma empresa pode ser visto como a taxa de um cupom de seu patrimônio.

Dessa forma, minha pergunta foi se o retorno de 13% sobre o patrimônio, que foi a média da indústria norte-americana nas últimas décadas, teria alguma possibilidade de mudar substancialmente nas próximas décadas.

Buffett citou seu artigo publicado na *Fortune* em 1977 (no qual ele discutiu sobre sua análise de ações como bonds), observando que o retorno médio sobre o patrimônio era de 12% na época. Ele percebeu poucas mudanças nisso. Talvez 13% fosse aceitável.

Então, ele e Munger começaram a detalhar a questão dos 13%, observando o seguinte:

- Os benefícios médicos pós-aposentadoria representam um enorme passivo para as empresas norte-americanas que tem sido provisionado por 20 anos, porém somente agora está começando a ser relatado nos balanços patrimoniais. Deduza de 1/4 a 3/8 de um ponto;

- As opções de ações e outras compensações executivas que não são declarados na contabilização do PCGA. Mais outros 1/4 a 3/8;

- Pensões superfaturadas que levaram a custos pré-pagos fielmente registrados, que não são o que eles chamariam de lucros.

Ao terminar, eles decidiram que 12% como retorno médio sobre o patrimônio era mais provavelmente o número correto.

Buffett disse haver uma tendência com relação a inflar os números na contabilidade norte-americana. Como Munger tão delicadamente formulou: "A diferença entre 12% e 13% é a corrupção na contabilidade dos EUA... a falência moral e intelectual do sistema contábil norte-americano."

O Mercado Geral: Não Está Barato

Após reiterar que o nível do mercado não tem impacto em suas decisões de compra, Buffett admitiu que o mercado não está barato.

Munger descreveu os últimos 12 anos como paraíso total e afirmou que os retornos futuros não serão tão altos — o capital para investimento no mundo só consegue crescer rápido demais.

Buffett foi ainda mais enfático: "Não há como os retornos dos investimentos se igualarem ao que foi alcançado."

1993

Local: Orpheum Theater

Participação: 2 mil pessoas

Detalhes Sobre Este Ano:

- Um serviço de ônibus foi disponibilizado para transportar os acionistas entre o local, a Nebraska Furniture Mart, a Borsheims, vários hotéis e o aeroporto.

Ranking na Fortune 500: 158º

Preço da Ação: US$11.770

Um dólar investido em 1964 valeria hoje **US$951**.

O valor patrimonial por ação da Berkshire subiu de US$19,46 para **US$8.854** (uma taxa de retorno composta de **23,3%** a.a.).

O S&P 500 acumulou **10,2%** anuais durante o mesmo período.

DESTAQUES DAS ANOTAÇÕES DE 1993

Os Mercados Mundiais

Buffett continua gostando dos mercados mundiais, observando que uma grande porcentagem dos lucros da Coca-Cola (80%), da Guinness (80%) e da Gillette (67%) vêm do exterior.

Com mais de 20% dos lucros esperados da Berkshire provindos do exterior, Buffett intencionalmente posicionou a empresa nos últimos cinco anos para a globalização da economia mundial.

Uma questão interessante — a posição da Berkshire na Guinness do Reino Unido não é coberta. Buffett alegou que a proteção cambial seria desnecessária, cara e consumiria muito tempo, uma vez que a própria Guinness já ganha dinheiro em muitas moedas diferentes. Em longo prazo, os fatores cambiais deverão ser pouco relevantes.*

Munger aproveitou o tema para atacar a "deseconomia de escala" da burocracia. Enquanto uma grande corporação pode enlouquecer e criar um departamento inteiro de operadores cambiais — provavelmente cobrindo a empresa de moedas para as quais ela não tinha exposição —, a Berkshire busca manter as coisas simples "para que o presidente possa ficar sentado lendo relatórios anuais o dia todo".

Investimento em Valor: Uma Aposta Mal Precificada

Como em anos passados, Buffett destacou que o valor racional de qualquer ativo econômico é igual ao valor presente descontado de todos os fluxos de caixa futuros (*de entrada*, bem como de saída).

Ele acreditava que a taxa de um título governamental de longo prazo (mais um ou dois pontos caso as taxas de juros sejam baixas) é a taxa de desconto apropriada para a maioria dos ativos. Embora para as empresas seja muito mais difícil prever os fluxos de caixa do que para os títulos de dívida (bonds), o retorno pode ser muito mais recompensador.

Munger observou que muitos analistas estudam conjuntos enormes de dados passados em busca de pistas, o que resulta em um esforço enorme mal gasto (geralmente proporcional ao QI daqueles que realizam tal tarefa). O investimento real é mais parecido com um sistema de aposta *parimutuel*, no qual se tenta encontrar uma jogada de 2 para 1 que pague 3 para 1. O investimento em valor significa buscar uma "aposta mal precificada".

---

* Mark Holowesko, diretor de pesquisas do Templeton Group, diz praticamente o mesmo.

Buffett interrompeu, dizendo que eles não teriam vantagem se tentassem avaliar cada cavalo, apenas se escolhessem seus lugares. O perigo de depender de estatísticas e fórmulas históricas é que você acaba apostando em um cavalo que tem 14 anos de idade e um ótimo histórico, mas que está pronto para virar churrasquinho.

Taxa "Normal" de Mudanças

Com frequência afirmo para clientes que a taxa de mudança no mundo está acelerando.

Embora eu ainda acredite nisso, Buffett discorda, dizendo que a quantidade de mudanças no mundo dos negócios atualmente é normal. O simples fato é que empresas vêm e vão, e sempre há um certo número de cavalos com 14 anos de idade rumo ao abate. (Ele recomendou o artigo de Carol Loomis, "The Dinosaurs", publicado na *Fortune*, como um bom exemplo disso.)

Genérico versus Marca

Buffett observou que os genéricos são uma ameaça em qualquer área na qual os líderes ganham altos retornos sobre o patrimônio. Em muitas delas, o risco está crescendo.

Os genéricos estão indo bem, mas nem todas as marcas seguem no mesmo ritmo. Onde o limite de fixação de preços foi colocado muito alto (cigarros, cereais de milho e fraldas) e onde muita força de mercado foi perdida para o varejo, as marcas ficam muito vulneráveis aos genéricos.

No caso da Philip Morris, o preço do Marlboro foi aumentado progressivamente para US$2 por maço, permitindo que os genéricos com preço de US$1 por maço (uma diferença de US$500 por ano para o fumante que consome 10 maços por semana) abocanhassem uma fatia significativa de mercado. A Philip Morris reagiu recentemente, cortando de forma drástica o preço do Marlboro.

Em contraste, a Gillette tem um fosso muito maior ao redor de seu castelo de negócios. A diferença anual no custo das lâminas Sensor, em comparação com as mais baratas, pode ser de apenas US$10 por ano. Além disso, há um diferencial considerável de qualidade desenvolvida com muita tecnologia. (Por exemplo, para inserir aquelas molas minúsculas na Sensor, foi necessário desenvolver um laser que pudesse depositar 15 gotas de solda em um décimo de segundo.)

Ocorreu o mesmo com a Coca-Cola, que manteve seus preços baixos. O preço de cada refrigerante era de 0,8 centavos de dólar para cada 30ml muitas décadas atrás, e hoje, é de 2 centavos de dólar. Poucos produtos de alimentação subiram menos o preço. Dito de outro modo, com 700 milhões de porções de 30ml no mundo todo por dia, a Coca-Cola vendeu 250 bilhões de porções no ano passado e ganhou US$2,5 bilhões, ou um centavo de dólar por porção. Isso deixa a Sam's Cola com pouquíssimo espaço. Para acrescentar, a Coca possui uma infraestrutura mundial muito impressionante.

A See's Candy versus chocolate genérico? Buffett diz que espera que poucos homens digam "Aqui, querida, escolhi o mais barato" quando chegar o Dia dos Namorados.

Perigo nos derivativos para o Salomon

Considerando o crescimento alarmantemente rápido dos derivativos, Buffett disse que não restam dúvidas em sua cabeça de que há a possibilidade de uma explosiva reação em cadeia com consequências financeiras enormes.

Munger acrescentou que o mercado de derivativos é maior do que os mercados futuros agora e que o fato de haver dinheiro jorrando para as pessoas que ficam o dia inteiro sentadas na frente de uma tela de computador é uma total fonte de loucura. A pirâmide formada por contratos entrelaçados e a capacidade de pagamento é muito perigosa.

Embora o Salomon Brothers esteja alerta ao perigo, Buffett observou que o banco não conseguirá se proteger contra o risco sistemático de um colapso nos derivativos.

Desdobramento de Ações da Berkshire (Stock Split)?

Todos os anos Buffett explica sua intenção de que a Berkshire tenha acionistas de longo prazo e que a divisão das ações apenas iria contra isso. Pelo contrário, acabaria atraindo pessoas como o homem que pediu uma pizza e ao ser perguntado pelo atendente se queria que a cortasse em oito ou em quatro pedaços, respondeu, "em quatro, não aguento comer oito".

Munger acrescentou que US$13 mil é uma quantia perfeitamente razoável a ser paga pela participação em uma parceria em um bom negócio.

Oportunidades de Resseguro

Buffett observou que com os riscos crescendo mais rapidamente do que o custo de vida, o mundo se esforça para encontrar um novo conceito de resseguro. Muitas empresas precisam do resseguro em uma escala muito grande.

Um dos fatores que contribui para isso é o colapso do Lloyds's of London, que Munger duvida que possa ser resolvido (e cujo colapso, ele acredita, deveria ser analisado mundialmente como um estudo de caso sobre a burrice).*†

A Inflação Voltará

Embora esteja admirado pelo fato de a inflação ter permanecido tão baixa, Buffett disse que, em algum momento, ela voltará. "Ela está apenas se recuperando."

Munger concordou ao observar, todo animado como de costume, que a "taxa de falência de todas as grandes civilizações é de 100%".

Embora nenhuma empresa se beneficie com a inflação, Buffett acredita que a Berkshire está mais bem posicionada que a maioria.

A Chave para Investimentos de Sucesso

Ao ser perguntado sobre quais seriam boas leituras sobre investimento, Buffett citou *O Investidor Inteligente* (como sempre) mas, em seguida, minimizou a ideia de que os segredos sobre os investimentos estão escondidos nos livros.

Investir não é tão complicado assim, explicou. Além de precisar saber sobre contabilidade, que é o idioma dos negócios, a chave real para ter sucesso nos investimentos é possuir a *mentalidade certa* com um temperamento que seja compatível com esses princípios. Desde que você permaneça dentro de seu círculo de competências (e saiba onde está o perímetro), você se sairá bem.

Munger expressou-se sobre o assunto de forma ainda mais sucinta, observando que poucas pessoas têm alguma vantagem caso tentem seguir 40 empresas ou mais (como este que vos fala). Oito ou dez em uma vida toda, ou até mesmo uma, trará seu retorno.

---

* Nossa percepção é de que Buffett e Munger enxergam uma oportunidade enorme aqui e que buscariam a quantidade de resseguros subscritos para expandir.

† A Wesco Financial, que tem 80% de sua empresa adquirira pela Berkshire, recentemente anunciou a venda de sua subsidiária, Mutual Savings, liberando mais de US$300 milhões de capital. Agora, a Berkshire pode ceder quantidades significativas de resseguro para área de seguros da Wes-FIC da Wesco. A ação da Wesco Financials disparou de 90 para 110 nas últimas semanas.

1994

Local: Orpheum Theater

Participação: 3 mil pessoas

Detalhes Sobre Este Ano:

- Após nove anos trabalhando nas reuniões como funcionário da Berkshire, Corey Wrenn pôde finalmente sentar-se e aproveitar o evento.

- Buffett refletiu que o único local grande o suficiente para sediar a reunião do ano seguinte na cidade seria o hipódromo AK-SAR-BEN. Anos antes, as reuniões aconteciam no Museu de Arte Joslyn. Buffett observou que ao sair de um templo da cultura, passando por um antigo teatro de variedades e, possivelmente, indo para um antro de apostas, a Berkshire estava descendo o nível cultural.

Ranking na Fortune 500: 158º

Preço da Ação: US$16.348

Um dólar investido em 1964 valeria hoje **US$1.322**.

O valor patrimonial por ação da Berkshire subiu de US$19,46 para **US$10.083** (uma taxa de retorno composta de **23%** a.a.).

O S&P 500 acumulou **10,2%** anuais durante o mesmo período.

DESTAQUES DAS ANOTAÇÕES DE 1994

Derivativos

Na reunião do ano anterior, Buffett observara que o uso de derivativos foi às alturas e que não o surpreenderia se uma quebra nesses ativos fosse o gatilho de uma catástrofe financeira em algum momento na década à frente. Desde então, o resto do mundo está prestando atenção.

Quando pediram para que o empresário apresentasse uma continuação do caso, ele enfatizou que os derivativos na verdade têm um propósito útil. No entanto, quando a ignorância é combinada com dinheiro emprestado, os resultados são intrigantes.

Fazendo alusão às perdas constrangedoras que a Proctor & Gamble teve com derivativos, Buffett observou que sempre que alguém passa de vender sabonetes para lançar opções de venda sobre bonds, é sinal de que deu um salto grande demais.

Ao ser perguntado se tinha algo a adicionar, Munger, em seu tom habitualmente extrovertido, disse, "Não." Buffett satirizou, "Talvez eu tenha que isolá-lo."

Supercatástrofes

A cobertura de catástrofes no ramo de seguros está uma bagunça.

Buffett observou que o ramo ainda está alheio em relação aos piores cenários possíveis. Muitas seguradoras caem no erro de fazer a análise de risco com base na experiência, e não na exposição.

Buffett afirmou que o ramo de seguros subestimou enormemente o potencial de perdas que uma supercatástrofe poderia causar.

Por exemplo, o terremoto de Los Angeles foi grande (mas não foi o Big One*). As perdas, estimadas em US$4,5 bilhões, pareceram baixas para Buffett.[†] Mas uma catástrofe teria que ultrapassar US$8 bilhões para ativar as políticas de seguro supercat [uma política que limita a perda ao ocorrerem megacatástrofes] da Berkshire. Contudo, essas perdas já ultrapassaram muitas estimativas de empresas para sua "perda máxima provável". Caso tivesse sido o Big One, várias empresas teriam sido devastadas.

Do mesmo modo, Buffett estima que, se um furacão atingisse Long Island ou Miami, poderia facilmente ser um evento de US$15 a US$20 bilhões, evento para o qual as seguradoras não estão suficientemente preparadas.

---

* N.T.: O Big One é um terremoto de escalas catastróficas até hoje aguardado na Califórnia, de escala 8 ou superior e localizado na falha de San Andres.

† Desde então, elas foram corrigidas para US$6 bilhões.

Nadando Pelado na Piscina dos Resseguros

Com a entrada de US$5 bilhões de novos investimentos na área de resseguros no ano passado, Buffett reconheceu que há mais concorrência nos negócios de resseguros para catástrofes.

Em curto prazo, isso levou à deterioração dos preços. Em longo prazo, Buffett permanece otimista, observando que novos concorrentes podem sentir-se pressionados pelos investidores para que "façam algo" (isto é, fazer negócios, esteja o preço certo ou não), enquanto a Berkshire pode encontrar suas melhores estratégias.

Além disso, Buffett observou que a excelência da Berkshire em solidez e reputação constitui uma vantagem competitiva significativa.

Ele lembrou que a natureza dos resseguros parece levar à realização de coisas tolas feitas em massa. De repente, o dinheiro acaba. "Você não sabe quem está nadando pelado até que a maré diminua."

O Jato "The Indefensible"

Buffett acusou Munger de forjar uma pergunta sobre o jatinho corporativo da Berkshire, "The Indefensible" [O Indefensável]. Munger, parcimonioso, aparentemente viaja de classe econômica.

Buffett admitiu que Charlie assinalou para ele que a parte de trás do avião chega invariavelmente no mesmo momento em que a parte da frente, e reconheceu: "Charlie é ainda mais especialista em ônibus."

Avaliação de Gestão

Buffett ofereceu dois critérios para avaliar o desempenho de gestão:

1) O nível de qualidade com que a gestão do negócio é feita; e 2) Como eles tratam os donos.

O desempenho do negócio deve ser comparado com a concorrência, incluir a avaliação das decisões de alocação de capital e considerar o estilo de gestão que foi usado.

Enquanto os bons gestores costumam se preocupar com os acionistas, Buffett disse que descobriu que os maus gestores raramente o fazem. Encontrar bons gestores é uma tarefa difícil, porém necessária.

Munger compartilhou a história do diretor de uma faculdade que disse aos formandos: "5% de vocês se tornarão criminosos. Sei exatamente quem, mas não direi porque acabaria com sua atmosfera de ânimo."

Descrição da Função

Buffett explicou que uma de suas funções é identificar e manter bons gestores. O truque é que, como a maioria deles é financeiramente independente, é necessário um outro motivo para trabalhar.

Buffett tenta deixar a coisa mais divertida e interessante, compensando-os com base em desempenho e deixando-os à vontade para fazer aquilo que fazem melhor.

Munger observou que o conceito de tratar o outro como se os papéis estivessem invertidos funciona bem.

A outra função de Buffett é alocar o capital. "Fora isso, jogamos bridge."

Greenspan

Buffett disse que as ações do presidente do Sistema de Reserva Federal dos EUA, Alan Greenspan, foram muito sensatas, considerando que essa parte de seu trabalho é "reduzir o estímulo da economia".

Buffett comentou que isso não é uma tarefa fácil, porque, estando contra o vento, caso ele mude de direção, você vai de cara ao chão.

Quando Buffett pediu que Munger desse sua avaliação do desempenho de Greenspan, Munger, monossilábico, respondeu: "Boa." Buffett exclamou: "Greenspan está seguro!"

O Que versus Quando

Buffett explicou que o negócio da Berkshire é comprar empresas, e, assim como as pessoas que fazem compras no supermercado ou que compram carros, eles sempre dão as boas-vindas a preços baixos.

Buffett disse que eles sabem como avaliar uma empresa. O que não sabem é como prever as mudanças de mercado. "É loucura abrir mão de algo que sabemos por algo que não sabemos."

Munger acrescentou que eles são agnósticos quanto aos fatores macroeconômicos. "Pensar sobre *o que* vai acontecer, e não *quando*, é uma forma muito mais eficiente de se comportar."

Adquirir 100% do Negócio

Ao adquirir negócios, a preferência de Buffett é pela compra integral da empresa. Infelizmente, aqueles que vendem 100% de um negócio tendem a exigir um preço justo. Ao mesmo tempo, compradores concorrentes que operam com OPM (dinheiro de terceiros — *other people's money*, em inglês) tendem a pagar preços melhores. A maioria dos gestores corporativos acredita que estará em uma situação muito melhor caso esteja gerindo algo maior, especialmente se a compra foi feita com OPM. Eles ficam apenas com os fatores positivos. "Espíritos animais concorrem em 100% das compras."

Como resultado, grande parte das posições corporativas detidas pela Berkshire consistem em participações parciais em empresas, compradas diretamente no mercado de ações, no qual os preços de barganha têm mais chance de aparecer.

Avaliação da Wesco Financial

Parte do jogo da Berkshire é tentar calcular o valor intrínseco de seus negócios. Embora Buffett e Munger ofereçam muitas pistas, os acionistas são desafiados a definir suas próprias avaliações dos valores intrínsecos dos negócios.

Buffett diz estar satisfeito com a maneira pela qual o preço da ação da Berkshire tem refletido seu valor de forma geral ao longo dos anos.

Em uma quebra surpreendente da tradição, Munger de fato calcula o valor da Wesco Financial (80% possuídos pela Berkshire) no relatório anual da Wesco, chegando ao preço de US$100/ação.

Munger explicou que achou que os compradores da ação eram um pouco loucos (a Wesco Financial chegou a 149, e o preço atual está por volta de 117), e que não gostava de atrair as pessoas para dentro com preços altos. Ele denominou isso de "uma excentricidade que acontece uma vez só"‡.

Descrição da Teoria Moderna de Portfólio

Buffett e Munger fizeram sua ridicularização anual da teoria moderna de portfólio.

Buffett definiu o risco como "a possibilidade de dano ou prejuízo".

Na teoria moderna de portfólio, o beta é usado como uma medida da volatilidade e, dessa forma, do risco de um investimento. No entanto, Buffett vê o uso do beta como absurdo, afirmando enfaticamente: "A volatilidade não é uma medida de risco para nós."

Por exemplo, o seguro contra uma supercatástrofe *perderá* dinheiro em determinado ano, porém, em uma década, Buffett espera ganhar dinheiro — mais do que ao negociar algo previsível.

Ele disse que é um absurdo típico de Wall Street dizer que algo com lucro irregular de 20% a 80% é "mais arriscado" do que algo com lucro previsível de 5% ano após ano.

Buffett comentou que, embora seja avesso ao risco, ficaríamos surpresos pelo quanto ele estaria disposto a participar de uma transação arriscada com alto lucro. "Vamos aonde as probabilidades são boas."

Munger resumiu: "Agimos como se nunca tivéssemos ouvido sobre a teoria moderna das finanças, que só pode ser descrita como repugnante."

---

‡ Quando foi a última vez que você ouviu um presidente falar *mal* de sua própria ação?

Qual é Mesmo a Taxa de Impostos em Bangladesh?

Buffett postulou que acredita em impostos progressivos, embora prefira uma escala aguda de impostos sobre o consumo, e não sobre a renda.

Munger observou que há um ponto em que o imposto sobre a renda se torna contraprodutivo, mas ainda não chegamos lá.

Buffett destacou que os ricos são muito bem tratados nos EUA. Para aqueles que sentem-se injustamente sobrecarregados, ele sugeriu levá-los a Bangladesh, para que pudessem perceber quanto de sua riqueza os representa e quanto representa a sociedade.

A Hipervelocidade da Informação

Perguntado sobre o boom na tecnologia da informação, Buffett respondeu que sua fonte principal de informações é a mesma que 40 anos atrás: os relatórios anuais.

Ele enfatizou que são o seu *julgame*nto e a sua *análise* que têm utilidade ao mensurar preço e valor O necessário não é obter informações rápidas, mas boas.

Buffett concluiu que, caso o serviço postal e as cotações ficassem três semanas atrasados, ele não veria problema algum.§

Pense por Si Mesmo

A necessidade de um pensamento independente há tempos é um dos temas nas reuniões da Berkshire.

Este ano, Buffett advertiu que você não pode deixar o mercado pensar por você — "não dá para ficar rico com uma biruta, que gira de acordo com o vento".

Buffett orientou para nos precavermos com as projeções ("Não pergunte ao barbeiro se você precisa de um corte de cabelo") e para mantermos as coisas simples ("Prefiro multiplicar por três do que por pi").

Munger observou que isso é algo bem óbvio, embora muitos acreditem que apenas por contratar alguém podem fazer algo difícil. Ele denominou isso de "uma das ideias humanas mais perigosas" e contou a história de um homem e seu prédio. O homem disse que aprendeu a temer três coisas: um arquiteto, um empreiteiro e um morro.

Munger encerrou dizendo que não precisamos de um pensamento hierárquico.

---

§ Em uma linha similar, John Templeton nos disse que os resultados de seus investimentos melhoraram quando se mudou para as Bahamas, onde o *Wall Street Journal* chegava com três dias de atraso.

1995

Local: Centro de Convenções do Holiday Inn

Participação: 4,3 mil pessoas

Detalhes Sobre Este Ano:

- Vários outros países estiveram representados na plateia este ano, assim como acionistas de 49 dos 50 estados norte-americanos (o pessoal de Vermont, sempre pragmático, ficou em casa).

- Para dar conta do número recorde de participantes, a Berkshire continuou descendo na escala cultural: do Museu de Arte Joslyn anos atrás para o Orpheum Theater e, agora, no Centro de Convenções do Holiday Inn.

- Antes da reunião, telas gigantescas de TV passaram o replay da vitória do Nebraska em Miami no Orange Bowl, campeonato de futebol americano. (Aparentemente, a população local achou isso de extremo bom gosto.)

- A seção de perguntas e respostas durou quase cinco horas.

Ranking na Fortune 500: 295º

Preço da Ação: US$20.435

Um dólar investido em 1964 valeria hoje **US$1.652**.

O valor patrimonial por ação da Berkshire subiu de US$19,46 para **US$14.426 (**uma taxa de retorno composta de **23,6%** a.a.).

O S&P 500 acumulou **9,9%** anuais durante o mesmo período.

DESTAQUES DAS ANOTAÇÕES DE 1995

Comprando Empresas

A parte da reunião que trata de negócios é normalmente finalizada em alguns minutos. Levou mais tempo nesse ano porque os acionistas aprovaram uma moção permitindo que a Berkshire emitisse até um milhão de ações preferenciais. Buffett denominou isso como uma outra forma de moeda com a qual comprar empresas.

Buffett observou que a Berkshire está igualmente disposta a adquirir empresas inteiras ou partes delas. Citando Woody Allen: "As vantagens de ser bissexual é que você dobra suas chances de conseguir um encontro no sábado à noite."

Uma compra recente de 100% que a Berkshire fez foi a da Helzberg, uma rede de 150 joalherias sediada na cidade de Kansas.

Buffett elogiou Barnett Helzberg como exatamente o tipo de operador talentoso e altamente íntegro que a Berkshire busca.

Buffett previu que a Helzberg se tornará um fator de grande importância para a Berkshire com o tempo e acrescentou que talvez tenha mais uma ou duas compras como essa para reportar na reunião do próximo ano.

Perguntado se tinha algo a acrescentar, o taciturno Munger balançou a cabeça negativamente. Buffett gracejou: "Por um segundo, achei que Charlie estava prestes a ter uma experiência de quase vida!"

EVA: Sem Valor Agregado

A cada ano, Buffett e Munger lançam um balde de água fria sobre as efervescentes teorias acadêmicas. A variação desse ano foi uma indagação sobre o "valor econômico agregado", ou EVA.

Munger observou que o assunto é menos ridículo que o modelo de precificação de ativos de capital, mas que força a resposta certa.

Buffett adicionou que as pessoas divulgam essas teorias passageiras para justificar a necessidades de sacerdotes. "Se os Dez Mandamentos são tudo o que precisamos, fica difícil justificar as religiões. A frase 'Ouça seus clientes' como um princípio empresarial não exige um livro de 300 páginas."

Sobre as Projeções

Em outra cutucada no ponto fraco humano, Munger afirmou que as projeções causam mais mal do que bem, uma vez que são preparadas por pessoas que desejam um determinado resultado.

Ele citou Mark Twain: "Uma mina é um buraco no chão cujo proprietário é um mentiroso."

Buffett disse que a preparação meticulosa realizada na maioria das projeções revela que isso é apenas um ritual para justificar o que um executivo quer fazer, de qualquer modo.

Munger concluiu que o registro em papel é fundamental. "Algo com um registro passado terrível e com um futuro brilhante... é uma oportunidade que vamos perder."

Salomon Brothers

Apesar dos problemas recentes, Buffett e Munger demonstraram confiança de que o Salomon Brothers continuará de pé por um bom tempo.

Munger observou que Salomon teve má sorte em um ano ruim justamente quando estava prestes a instalar um novo sistema de compensação.

Com referência ao êxodo de executivos do Salomon, Buffett observou que alguns saíram por vontade própria e outros não. Os que ficaram apresentam uma cosmovisão mais semelhante a de um dono/gestor que o Salomon busca desenvolver.

Munger acrescentou que Wall Street tem muito mais problemas com a inveja do que outros lugares, embora "a inveja seja o único dos pecados com o qual você não tem diversão alguma".

Sobre Jornais e Elevadores

Buffett observou que, embora os jornais não sejam mais tão atrativos quanto há 15 anos, eles ainda têm uma economia excepcionalmente boa. Ele chegou até a dizer que caso possuísse apenas uma empresa, provavelmente seria um jornal em uma cidade onde existisse apenas um jornal.

Munger zombou da paranoia dos donos de jornais que se preocupam com os preços em ascensão do papel-jornal: "As pessoas não se importam em saber em qual andar o elevador está, apenas em saber aonde está indo."

Buffett acrescentou que um gráfico que cobrisse 15 anos com as porcentagens das propagandas em jornais em comparação com os preços do papel mostraria que as propagandas estão se saindo muito melhor.

Valor Intrínseco da Empresa

Um conceito central da filosofia de Buffett é o valor intrínseco da empresa — o que um comprador informado pagaria pelo negócio.

Buffett disse que os acionistas recebem todos os números necessários no relatório anual da Berkshire para estimar o valor intrínseco da empresa.

Ele soltou uma dica ao dizer que a discussão sobre os US$3 bilhões de float da Berkshire era a página mais importante do relatório.

Ele ainda foi além, dizendo que: "O preço Berkshire relativo ao nosso valor intrínseco do negócio oferece mais valor do que qualquer outra ação que conheçamos."

Derivativos

Buffett previu as calamidades com os derivativos dois anos atrás. Desde então, houve várias, de Barings PLC até Orange County.

O empresário notou que, quando transações milionárias não físicas acontecem com uma única assinatura, há potencial para muitas ações maldosas.

Ele acrescentou que os derivativos, em vez de transferir ou moderar o risco, *criam* riscos em uma escala enorme (tornando sem sentido a regulação sobre os limites de empréstimos de títulos).

Munger registrou acentuada desaprovação: "Se eu controlasse o mundo, não haveria bolsas de opções... O mundo está doido."

Mantendo a Simplicidade

Com relação à Berkshire, Munger observou que são pouquíssimas as empresas que exigem tão pouca inteligência para serem mantidas.

Ele recordou que certa vez alguém intimou seu pessoal responsável pela documentação como testemunhas de uma aquisição. "Não somente não tínhamos pessoal responsável pela guarda da documentação, não tínhamos pessoal nenhum!"

Ações

Ao discutir a baixa contábil de US$268 milhões no valor da ação preferencial da Berkshire, a USAir, a partir do investimento original de US$358 milhões, Buffett observou que não é necessário continuar no caminho que levou à perda.

Munger disse que o erro é frequentemente cometido por aqueles que apostam e que continuam apostando quando a coisa certa seria se afastar.

Buffett resumiu enfaticamente sua ilustração sobre como a razão deve prevalecer sobre a emoção: "Uma ação não sabe que você a possui, o preço que você pagou, quem a recomendou, os preços que outros pagaram... a ação não dá a mínima."

Castelos de Negócios

Munger disse que o negócio ideal tem um fosso amplo e duradouro ao redor de um castelo excepcional, com um suserano honesto. O fosso representa uma barreira para a concorrência, que poderia ser baixo custo de produção, uma marca ou uma vantagem de escala ou de tecnologia.

Eles consideram a Coca-Cola como padrão (da qual a Berkshire possui 100 milhões de ações).

Buffett observou que é importante diferenciar uma empresa na qual você precisa ser esperto de uma na qual você tem que permanecer esperto. Por exemplo, no varejo, você está sob ataque o tempo todo em comparação a um jornal, no qual você apenas precisa ser o primeiro.

Buffett citou o editor do jornal *Southern*, que, ao ser perguntado sobre os segredos de seu sucesso, respondeu: "Monopólio e nepotismo."

O Mundo das Finanças

Com participações na Freddie Mac, Wells Fargo, Salomon Brothers, PNC Bancorp e American Express, a Berkshire tem uma participação significativa no mundo das finanças.

Embora as finanças não sejam um ramo inerentemente atrativo, Buffett acredita que haverá oportunidades para operadores perspicazes de escala para que ganhem retornos acima da média enquanto o ramo financeiro se consolida.

Buffett tem a expectativa de que uma mudança significativa ocorrerá nos próximos 20 anos com a Microsoft, talvez até mesmo encontrando uma saída ao sistema atual.

De forma semelhante, a Berkshire construiu uma vantagem duradoura no ramo altamente competitivo dos seguros de catástrofes. A Berkshire tem um patrimônio de US$13 bilhões. Seus maiores concorrentes possuem menos de US$1 bilhão.

Contabilidade

A contabilidade é o idioma dos negócios, e Buffett e Munger são muito críticos com aqueles que dela abusam.

Com relação a uma proposta fracassada do FASB [órgão que regula as normas contábeis dos EUA] para a contabilidade das opções de ações, Buffett expressou bastante decepção com relação aos líderes de empresas norte-americanas que eram muito cínicos na forma pela qual perseveravam em "ver o valor de pi ficar em três".

Munger concluiu: "A corrupção venceu."

De forma geral, Buffett explicou, quando a contabilidade parecer confusa, evite a empresa. A confusão pode muito bem ser intencional e revelar o caráter da gerência.

Dívida Interna

Buffett observou que a dívida não significa nada se não levarmos em conta a capacidade de pagamento.

Com alíquota anual de 35% sobre os ganhos empresariais dos EUA e de 15%–33% sobre a renda de pessoas físicas, o governo tem muita solvência.

Mesmo com uma dívida interna que chega a 60% do PIB (em comparação com uma de 125% do PIB ao final da Segunda Guerra Mundial), Buffett não considera a dívida interna uma grande preocupação.

Aprendizado

Em uma divagação fascinante, Munger destacou que ninguém jamais descobriu uma forma de ensinar, portanto, somos todos sábios.

Ele se lamentou pelo fato de ter grandes dificuldades de comunicação, mesmo com seus próprios filhos. "É extraordinário como algumas pessoas são tão resistentes ao aprendizado."

"Principalmente quando é de seu próprio interesse aprender", Buffet continuou.

Ele concluiu citando Bertrand Russell, "a maioria das pessoas preferiria morrer a pensar. Na verdade, é isso que elas fazem".

1996

Local: Centro de Convenções do Holiday Inn

Participação: Mais de 5 mil pessoas

Detalhes Sobre Este Ano:

- Buffett fez o arremesso inicial no jogo de beisebol do Omaha Royals no sábado: "A bola caiu antes do esperado."
- Um vídeo humorístico foi apresentado antes de uma reunião com a participação, dentre outros, de Tom Brokaw, Susan Lucci e Bill Gates.
- Os participantes fizeram fila horas antes do início para conseguir um bom lugar. O canal por assinatura, CNBC, deixou uma equipe com câmeras do lado de fora fazendo a cobertura da reunião durante o dia todo.

Ranking na Fortune 500: 292º

Preço da Ação: US$32.165

Um dólar investido em 1964 valeria hoje **US$2.600**.

O valor patrimonial por ação da Berkshire subiu de US$19,46 para **US$19.011** (uma taxa de retorno composta de **23,8%** a.a.).

O S&P 500 acumulou **10,7%** anuais durante o mesmo período.

DESTAQUES DAS ANOTAÇÕES DE 1996

As Ações "B" — Um Pseudoacontecimento

Os primeiros 75 minutos da reunião trataram de questões sobre o registro da Berkshire para a emissão de ações "B", que teriam 1/30 do valor e 1/200 dos direitos de voto de uma ação "A".

Buffett explicou que o propósito da emissão das ações "B" era impedir a criação de fundos mútuos por corretoras que comprariam as ações da Berkshire para os titulares desses fundos. As pessoas que comprassem essas unidades acabariam tendo custos desnecessários, consequências em seus impostos e poderiam, possivelmente, ter expectativas irreais sobre os retornos futuros.

Ele observou que as ações "B" criariam um suprimento flexível de ações (uma vez que cada ação "A" seria convertida em 30 ações "B) e evitaria falsos incentivos para a compra. De fato, Buffett enfatizou que nem ele, nem Charlie acreditam que a ação está subvalorizada.

Buffett também enfatizou que o suprimento de ações "B" em subscrição seria expandido para atender a demanda.*

O empresário observou que, em muitas ofertas públicas iniciais (IPOs), as corretoras de Wall Street limitam a oferta intencionalmente, então a ação tem uma explosão no primeiro dia, criando uma "hot issue" [ação muito procurada]. No entanto, isso significa apenas que os clientes favoritos de Wall Street, e não a empresa, estão recebendo os enormes benefícios de um IPO bem-sucedido.

Na Berkshire, eles fizeram um pouco de engenharia reversa: "O que fazer para que as pessoas parem de comprar nossas ações?"

Buffett associou esse processo de pensamento a cantar uma música country de trás para frente... "daí você consegue sua casa e sua esposa de volta".

De acordo com Munger, a oferta das ações "B" era um pseudoacontecimento, chegando a apenas 1% das ações em circulação da Berkshire.

Quando Buffett perguntou se tinha alguma coisa para acrescentar, Munger respondeu: "Não." Buffett zombou: "Charlie não ganha por palavra."

---

* O registro inicial foi de 115 mil ações. A oferta real totalizou 517 mil ações por US$1.110 cada.

Microsoft

O fundador da Microsoft, Bill Gates, e Buffett tornaram-se bons amigos.

O vídeo apresentado antes da reunião tirou sarro de sua viagem recente à China, relatando que um nerd de computador e um vendedor de tapetes de Omaha haviam colocado as relações sino-americanas em risco.

Buffett elogiou grandemente o talento gerencial e o foco em negócios de Gates. Porém, sempre íntegro, afirmou que a tecnologia não é algo no qual eles querem apostar.

GEICO: Estaremos Muito Felizes

Em 1976, a Berkshire começou a comprar ações da GEICO, cujo método de marketing direto para vender seguros de automóveis concede à empresa uma enorme vantagem de custos.

Desde então, ela se tornou a sétima maior seguradora de automóveis nos EUA.

No final do exercício de 1995, o investimento de US$45,7 milhões da Berkshire crescera para US$2,4 bilhões. Em 1995, a Berkshire concordou em comprar o restante da GEICO por US$2,3 bilhões.

Buffett disse acreditar que a compra é uma vantagem enorme para a Berkshire, observando que a GEICO é uma empresa formidável com um método de distribuição de baixo custo e que ampliou sua competitividade ao se concentrar em baixar os custos. Com 2,5% do mercado de automóveis dos EUA, a GEICO tem um enorme espaço para crescer.

Buffett acredita que a companhia pode crescer um pouco mais ao ser totalmente possuída pela Berkshire. "Em cinco anos, estaremos muito felizes com a GEICO."

Valor Intrínseco da Empresa

Todo ano Buffett é questionado sobre o valor intrínseco de negócio da Berkshire. Todo ano ele observa que todas as informações necessárias para a realização de tal cálculo estão no relatório anual.

O que ele destacou é que olhar apenas para a soma dos valores das participações acionárias é um erro. Tal processo deixa passar a dinâmica interessante da coleção de negócios da Berkshire. Um método melhor seria calcular o fluxo de caixa gerado pela Berkshire e descontá-lo a valor presente.

Para exemplificar, ele destacou que uma análise de valor de liquidação de US$8,7 milhões que a Berkshire pagou a Jack Ringwalt para comprar a National Indemnity 29 anos atrás teria deixado passar totalmente despercebido todo o valor das características de geração de float do negócio (float que agora chega a US$7 bilhões!).

Buffett admitiu que o valor daquela aquisição foi muito maior do que sabia na época.

Adicione os US $7 bilhões de float aos US$5 bilhões de impostos diferidos da Berkshire e temos US$12 bilhões extras em "ativos" que uma avaliação de liquidação não perceberia.

Recompras: Intensificam a Participação

Em um tema relacionado, Buffett observou que a recompra de ações pela própria empresa agrega valor ao acionista apenas se as aquisições forem realizadas com preços abaixo do valor intrínseco da empresa. Pague um preço acima do valor intrínseco da empresa e você destruirá valor para o acionista.

Porém acrescentou que, para uma empresa realmente maravilhosa, ele elaboraria um valor intrínseco de empresa muito maior do que a maioria.

Para exemplificar, o empresário observou que a participação inicial de 7% que a Berkshire tem na Coca-Cola agora está em 8%, com cerca de 1% sendo adicionado por meio de recompras.

De forma ainda mais impressionante, a participação de 33% que a Berkshire tem na GEICO cresceu para 50% com 20 anos de recompras de ações.

Essas recompras mostraram-se ser uma atitude muito sábia, mesmo quando a GEICO estava vendendo pelo dobro do valor contábil.

Buffett resumiu: "Com um negócio escasso e poderoso, o encolhimento do preço teto intensifica nossa participação."

Float

Buffett apresentou uma bela explicação sobre o float, comparando-o aos depósitos bancários.

Os depósitos bancários oferecem aos bancos fundos para investir. Eles têm um custo explícito que é a taxa de juros paga ao depositante, mais os custos de operação. De forma similar, as empresas de seguros geram fundos para o investimento (isto é, as reservas, o float) conforme os segurados pagam os prêmios adiantados em troca de uma promessa de cobertura financeira no evento de um sinistro futuro.

Porém, diferentemente dos depósitos bancários, os custos do float não são conhecidos até que a apólice expire e os pedidos de indenização estejam quitados.

Para a Berkshire, o float, em média, tem custo zero. Além disso, cresceu espetacularmente de US$7 milhões em 1967 para US$7 bilhões hoje.

Buffett advertiu que os seguros comuns não são um bom negócio e que o float, por si só, não é uma bênção. Para fazer dar certo, a empresa deve ser gerida de forma correta, idealmente com vantagens competitivas e com a habilidade de maximizá-las. Caso consiga baratear o custo do float e fazê-lo crescer, ele se torna um ativo muito importante — algo ainda mais importante do que Buffett poderia ter imaginado em 1967.

Munger concluiu que um dos truques de Buffett é que ele está sempre aprendendo.

Warren Foi Atropelado por um Caminhão? Que Coisa Terrível

A cada ano, Buffett recebe a pergunta: "E se você for atropelado por um caminhão?"

Munger perguntou, retoricamente: "A Coca-Cola vai parar de vender refrigerantes porque Warren não está mais lá? A Gillette vai parar de vender lâminas e barbeadores porque Warren não está mais lá?"

Ele observou que a coleção de empresas da Berkshire foi cuidadosamente organizada de modo que um intelecto contínuo não seja necessário no quartel-general.

Munger conclui: "E, caso você esteja chateado que a Berkshire perderia as habilidades de alocação de capital que Warren tem, bem, isso é algo terrível."

Buffett brincou: "Sempre um ombro amigo."

Relatórios Anuais

Buffett disse que prefere os relatórios anuais que dão a impressão de serem uma atualização feita por um associado. Infelizmente, ele não vê como seria possível exigir tais relatórios.

Mesmo assim, ele observou que é impressionante o que podemos fazer com informações "de fora". Há informações de todos os tipos disponíveis, mas você mesmo precisa lê-las.

Buffett afirmou que, em 40 anos, ele nunca pegou qualquer ideia de um relatório da Wall Street.

Diversificação: Um Disparate

Buffett e Munger fizeram sua provocação anual a respeito da teoria moderna de portfólio (TMP), concentrando-se nas noções populares de diversificação.

Buffett observou que gosta de colocar muito dinheiro em coisas nas quais acredita firmemente. A diversificação não faz sentido algum para a pessoa que sabe o que está fazendo. "Comprar o número um de sua lista juntamente com o número 37 nos parece loucura. A diversificação é uma proteção contra a ignorância, uma confissão de que você não conhece a empresa que possui."

Ele afirmou que três empresas maravilhosas são mais do que você precisa na vida e lhe dariam muito mais retorno do que 100 empresas comuns.

Munger se preparou para a briga: "Muito do que é ensinado nas aulas de finanças corporativas é um disparate."

Buffett continuou, dizendo que a TMP não tem utilidade. Ela é elaborada com um monte de letras gregas para fazer você sentir que está na elite.

Munger, sempre sutil, afirmou que, se fosse aluno da demência, ele avaliaria a TMP como além da classificação.

Buffett concluiu dizendo que seu trust possui apenas uma ação, e ele está perfeitamente contente com isso.

Borsheim's

Buffett anunciou que no ano passado a abertura especial de domingo para os acionistas da Berkshire Hathaway estabelecera um novo recorde de vendas em um único dia na Borsheim's. A turma deste ano superou aquele recorde em 60%.

Munger relatou com muito apreço que um único acionista comprou US$54 mil em joias da Borsheim's e pediu para que ele autografasse o cupom fiscal.

Munger exclamou: "Vejam, esse é o tipo de autógrafo que gostamos de dar! Ide vós e fazeis o mesmo."

Buffett acrescentou que o caçador de autógrafos não era um membro da família de Charlie.†

Disney: Share of Mind

Com a aquisição que a Disney fez da Capital Cities/ABC, a Berkshire tornou-se a proprietária majoritária da empresa.

Embora haja muita concorrência no ramo de entretenimento, Buffett disse que, sem dúvidas, preferiria começar com a ajuda da Disney e com Michael Eisner tocando o show.

A chave, de acordo com Buffett, é o "share of mind". Que lugar a Disney terá na mente de bilhões de crianças? Ele observou que, embora

---

† Uma história relacionada: quando Bill Gates estava procurando um anel de noivado para comprar, Buffett o levou de avião para Omaha para receber um tratamento especial na Borsheim's. Buffett observou que, quando se casou, gastou 6% de todo seu patrimônio líquido no anel. Assim, ele encorajou Gates a fazer o mesmo.

seja difícil vencer o reconhecimento do nome da Coca-Cola, a Disney não fica longe.

Também é bom dar uma renovada na Branca de Neve a cada sete ou oito anos. Buffett comparou isso a ter um enorme campo de petróleo no qual você o extrai e vende, sendo que em algum momento ele escoa de volta para o chão, e você o vende novamente.

Empresas Maravilhosas

Munger consentiu que o portfólio da Berkshire é um produto de suas "escassas habilidades".

Buffett acrescentou que suas habilidades são poucas para prever aonde a mudança os levará. Desta forma, eles são muito melhores com produtos para os quais a mudança não significará muito: refrigerantes, doces, produtos para se barbear/depilar e chicletes. "Não há muita tecnologia sendo introduzida na arte de mascar."

Buffett afirmou que a cosmovisão de possuir empresas maravilhosas funcionou muito melhor do que ele teria previsto 20 anos atrás.

Amamos o Foco

Buffett foi enfático ao dizer que eles amam uma gestão focada. Tanto a Coca-Cola como a Gillette perderam seu foco ao longo do caminho. Reconquistá-lo fez com que adicionassem bilhões de dólares à riqueza de seus acionistas. A GEICO perdeu seu foco no início dos anos 1970 e quase saiu dos negócios.

Buffett disse que ele ama o foco que a Coca-Cola e a Gillette têm para maximizar seu potencial de distribuição global com 80% e 70% de lucros, respectivamente, vindos do exterior no momento.

Downsizing

Embora não tenha sido bom para o ferreiro quando o carro apareceu no mercado, Buffett observou que é do interesse da sociedade obter o máximo de resultado por unidade de entrada. As empresas devem se tornar mais eficientes, e não o contrário. Desde 1900, a eficiência nas atividades agrícolas liberou muito da mão de obra da fazenda para buscar outras atividades.

Ele encorajou todos a ler um artigo recente da *Forbes* sobre como os trabalhos mudaram ao longo dos últimos 100 anos. Ele afirmou que não há mais deslocamentos hoje do que havia 10 anos atrás, embora esteja no interesse da sociedade cuidar daqueles que foram substituídos.

Munger disse que pensa sobre o problema ao contrário. Embora não conseguisse se lembrar de uma empresa que tenha sido arruinada pelo downsizing, ele conseguia, sim, lembrar-se de várias que haviam sido arruinadas pelo inchaço.

Ele concluiu: "Mão de obra ociosa não traz nenhum benefício social."

Participação e Propriedade: Custo de Capital

Há tempos, Buffett repreende a forma pela qual as opções de ações são apresentadas em salas de diretoria.

Ele disse que a forma que as empresas recompensam os executivos, sem preocupação com o capital, é horrível. Por exemplo, uma opção de dez anos com preço fixo é basicamente um empréstimo sem juros. Um plano de opções mais apropriado estabeleceria o preço da ação de forma que não seja menor do que o justo valor intrínseco da empresa e teria uma cláusula de step-up anual com relação ao custo de capital. Os executivos ainda assim não teriam desvantagens, mas pelo menos haveria um custo sustentado de propriedade.

Munger disse que prefere a moda antiga — que os executivos comprem as ações no mercado.

Buffett encerrou dizendo que há uma maneira muito fácil de pensar como acionista: torne-se um.

1997

Local: AK-SAR-BEN

Participação: 7,7 mil pessoas

Detalhes Sobre Este Ano:

- Em anos recentes, acusamos em particular a Universidade da Berkshire Hathaway de ter se tornado um antro de festas. Esse ano, Buffett admitiu o mesmo, denominando-a de "a versão capitalista de Woodstock".

- Pode ser um sinal dos tempos que tantos milhares de pessoas tenham ido para Omaha para ouvir Buffett e Munger falarem. As pessoas vieram de todos os 50 estados dos EUA e de mais de uma dezena de outros países.

Ranking na Fortune 500: 132º

Preço da Ação: US$34.159

Um dólar investido em 1964 valeria hoje **US$2.761**.

O valor patrimonial por ação da Berkshire subiu de US$19,46 para **US$25,488** (uma taxa de retorno composta de **24,1%** a.a.).

O S&P 500 acumulou **11,1%** anuais durante o mesmo período.

DESTAQUES DAS ANOTAÇÕES DE 1997

McDonald's: Não Inevitável

No relatório anual desse ano, Buffett referiu-se à Coca-Cola e à Gillette como "As Inevitáveis" devido à sua imensa dominância de mercado.

Normalmente, Buffett não fala sobre as compras recentes, mas o fez com a McDonald's (ao final do exercício, a Berkshire possuía mais de 30 milhões de ações da McDonald's a um custo de US$1,265 bilhão).

Ele explicou que com comida nunca é possível ter a total certeza da dominância, como com a Coca-Cola ou a Gillette. As pessoas trocam de restaurantes, buscam variedade. A conveniência é um fator enorme — as pessoas param no local que veem.

Por outro lado, Buffett afirmou que nunca haverá outra grande empresa de refrigerantes. A infraestrutura da Coca é incrível.

Munger observou que muitos falharam em ter uma rede de restaurantes bem-sucedida (por exemplo, Howard Johnson's). O ramo de restaurantes é muito mais difícil do que o ramo de lâminas de barbear. Quando o assunto é comida, as pessoas sempre irão atrás do menor preço. Enquanto isso, a Gillette vê poucos clientes trocando seus hábitos de barbear-se ou depilar-se para economizar uns trocados. A Gillette Sensor é um sucesso enorme.

Exuberância Irracional

Buffett repetiu sua advertência no relatório anual de que você pode acabar pagando demais até mesmo por uma empresa maravilhosa, e o risco de um pagamento em excesso é muito alto.

Munger foi enfático, garantindo que os retornos ajustados pela inflação real serão menores no futuro em longo prazo.

Buffett disse que não ficaria nada surpreso se as ações tivessem um retorno médio de 4% ao longo dos próximos dez anos.[*]

Ele explicou que as taxas decrescentes de juros e uma melhoria enorme nos lucros durante a última década se juntaram para produzir valuations muito altos para as ações dos EUA. Esses fatores são amplamente reconhecidos agora.

Buffett observou ainda que, após um tempo, as pessoas são seduzidas pelos preços crescentes e aí estão as condições para um excesso do tipo bolha.

Retornos sobre o Patrimônio

Sobre um tema relacionado, Buffett admitiu que nunca achou que os retornos médios sobre o patrimônio corporativo chegariam a 22%.

Ele acrescentou que isso não parece ser sustentável com taxas de juros em longo prazo a 7% e com uma taxa substancial de poupança. As forças concorrentes deveriam entrar em cena para fazer com que os retornos baixem.

Munger citou dois fatores de contribuição:

1. Virou moda para as empresas comprar ações;

2. O antitruste tornou-se mais leniente em relação à aquisição de concorrentes.

Munger observou que não é possível que isso dure para sempre. A 15% por ano, os retornos de ações estão crescendo muito mais rápido do que a própria economia. Mais cedo ou mais tarde, algo tem de acontecer.

Buffett acrescentou que, se o PIB real crescer a 3% ao ano e o valor capitalizado da indústria norte-americana crescer a 10% ao ano, chegará um momento em que isso será um absurdo. Com um PIB de US$7 trilhões e com uma capitalização de mercado de US$7 trilhões, ainda não chegamos lá, mas, ao fazermos as projeções, as coisas sairão dos trilhos.

Buffett reconheceu que, caso os retornos atuais sobre o patrimônio sejam sustentáveis e não haja mudança nas taxas de juros, há como justificar os sete mil na Dow. Porém, caso as taxas de juros subam ou os retornos sobre os patrimônios caiam, os valores de mercado seriam puxados para baixo.

Flightsafety International

Ano passado, a Berkshire Hathaway adquiriu a Flightsafety International.

Munger brincou que, devido a uma epifania, eles mudariam o nome do jatinho corporativo da Berkshire de "The Indefensible" [O Indefensível] para "The Indispensable" [O Indispensável].

Buffett disse que os simuladores da Flightsafety são tão bons que um piloto pode fazer 100% de um treinamento de cinco semanas neles. Uma fusão com a Boeing apresenta oportunidades de crescimento global para a Flightsafety.

Risco da Empresa

Possuir uma ação significa possuir uma parte de uma empresa.

Por conseguinte, Buffett observou que há vários riscos principais para empresas.

O primeiro envolve a estrutura do capital. Uma empresa com uma tonelada de dívidas é candidata à falência.

O segundo está relacionado com a natureza da empresa e suas exigências de capital. Com as companhias aéreas, por exemplo, é necessária uma quantidade enorme de capital antecipadamente, e a concorrência é intensa.

Um terceiro risco ocorre com as empresas de commodities. A menos que você seja o produtor com um baixo custo, essas são empresas ruins para se ter.

De forma geral, a Berkshire busca empresas com baixo risco e vantagens competitivas sustentáveis, além de estruturas fortes de capital.

Risco do Mercado

Caso a empresa seja sólida, ainda permanece o risco de se pagar demais. Aqui, o risco é o tempo versus a perda de capital inicial. Se você pagar demais, vai demorar até a empresa se valorizar e chegar ao preço pago.

A chave é lembrar-se de que o mercado existe para servi-lo, não para instruí-lo. A volatilidade é uma enorme vantagem para os investidores reais.

Intel

Buffett observou que uma de suas regras é compreender a empresa, conseguir ter uma ideia muito boa de onde ela estará em dez anos. Isso exclui um grupo grande de oportunidades, desde grãos de cacau até rublos. Consequentemente, a Berkshire quase nunca investiu em tecnologia, deixando até mesmo a Intel e a Microsoft de lado.

Fazendo uma divagação fascinante, Buffett recontou sobre sua participação no comitê de doações da Faculdade Grinnell nos anos 1960, quando a instituição comprou 10% da colocação privada que fundou a Intel. Apesar de conhecer o diretor da Intel, que lhe explicou o funcionamento da empresa em profundidade, Buffett afirmou que ele era um aluno ruim. Alguns anos depois, o comitê de investimentos vendeu as ações da Intel que a Grinnell possuía.[†]

GEICO

Buffett anunciou que a GEICO está indo muito melhor do que ele esperava quando a Berkshire a comprou.

---

† Não chore por Grinnell — é a melhor faculdade particular que funciona com doações em Iowa.

O autosseguro voluntário cresceu 10% em 1996, o melhor ano da GEICO em duas décadas. Os primeiros quatro meses de 1997 foram ainda melhores, com o crescimento de prêmios chegando perto dos 20%.

Com o crescimento do float e resultados excelentes das políticas de retenção de segurados, Buffett observou que o crescimento do valor intrínseco da GEICO é maior do que o crescimento de seus lucros.

Sendo já a sétima maior seguradora de automóveis nos EUA com 2,7% do mercado, a GEICO deve ver ganhos significativos de participação no mercado na década à frente.

A Loteria Ovariana

Quando foi perguntado sobre qual seria a taxação ideal sobre os ganhos de capital, Munger recordou a observação de Aristóteles de que os sistemas funcionam melhor quando são percebidos como justos.

Buffett entregou-se a um intrigante problema filosófico que ele denominou de "a loteria ovariana". Você deverá nascer em 24 horas. Você também deverá escrever todas as regras que governarão a sociedade na qual viverá. No entanto, você não sabe se nascerá inteligente ou estúpido, preto ou branco, menino ou menina, rico ou pobre, saudável ou com deficiência. Como você escreveria as regras?

Ele disse que como a pessoa nascerá nessa loteria é muito mais importante para seu futuro do que qualquer outro fator. Ele e Munger eram enormes vencedores por terem nascidos nos EUA ("no Afeganistão, não valeríamos porcaria nenhuma"), homens (em uma época em que muitas mulheres poderiam, no máximo, ser enfermeiras e professoras), brancos (quando as oportunidades para as minorias eram remotas) e bons na avaliação de empresas (em um sistema que paga por isso de maneira alucinada).

Buffett observou que é importante cuidar dos não vencedores da loteria ovariana. Portanto, algum tipo de taxação é necessário. Considerando que poucas pessoas com dinheiro e talento dão as costas à livre empreitada no sistema atual, o imposto de 28% sobre ganhos de capital está provavelmente ok.

Filtros

No relatório da Berkshire, Buffett afirma que consegue dar uma resposta sobre uma aquisição em potencial em cinco minutos.

Ele consegue tal feito porque, em primeiro lugar, ele já está familiarizado com a maioria das empresas grandes o suficiente para serem consideradas pela Berkshire. Em segundo lugar, filtros simplificam o processo de tomada de decisão. Munger observou que as pessoas subestimam a importância de algumas grandes ideias. Os filtros funcionam muito bem porque são bastante simples.

No decorrer da reunião, eles mencionaram vários desses filtros. Aqui estão alguns:

Custo de Oportunidade — Munger observou que, para qualquer ação corporativa, um bond é uma alternativa. Você deve escolher a melhor oportunidade que possa compreender. Em resumo: "A vida é uma série de custos de oportunidades."

Pessoas de Qualidade — Buffett disse que busca gerentes com resultados excelentes e que amam o que fazem. Munger observou que há muitas pessoas maravilhosas e muitas terríveis. Evite as terríveis. Fique com aquelas que levam a sério as promessas que fazem.

Boas Empresas — Escolha aquelas que compreensivelmente tenham uma vantagem sustentável. O lago que você escolhe é muito mais importante do que o quão bem você nada.

Remuneração de executivos

Buffett e Munger fizeram seus ataques anuais às opções de ações utilizadas para remunerar administradores — seu uso se tornou uma epidemia.

Buffett afirmou que tais opções deveriam ter um aumento progressivo no preço em exercício. De outro modo, elas apenas tornam-se um royalty no acúmulo de lucros retidos da corporação.

Além disso, argumentou que tais opções deveriam refletir o valor intrínseco da empresa, e não apenas o preço de mercado.

Munger destacou que a contabilidade das opções é fraca, corrupta e desprezível.

Buffett interferiu: "Fora isso, estamos indecisos."

Na visão de Munger, o pagamento de opções chegou a um excesso deplorável.

Apesar do excesso, Buffett disse que o pecado real é uma gestão medíocre. É isso que custa dinheiro aos acionistas. É quase impossível pagar demais por uma boa gestão.

Por exemplo, o valor de mercado da Coca-Cola era de US$4 bilhões e estava estagnado quando Roberto Goizueta assumiu em 1981. Hoje, esse valor é de US$150 bilhões.

O gestor certo pode ter um impacto enorme, com certeza. Encontre pessoas inteligentes, com energia e integridade, e você poderá dominar o mundo.

Seguro

A Berkshire assume grandes exposições (chegando a US$1 bilhão) com suas operações de supercat.

Buffett explicou que, embora essas exposições possam ser grandes quantias de dólares, a Berkshire sabe exatamente o que elas são.

Munger observou que uma perda de US$1 bilhão seria apenas 2,5% dos ativos líquidos. Os reais riscos supercat são aqueles assumidos inadvertidamente pelas corretoras que poderiam ser devastadas por um evento imprevisto.

Buffett recordou a Twentieth Century Industries, que praticamente faliu após o terremoto de Northridge.

Ele falou em um tom sério: "As surpresas em uma seguradora nunca são simétricas. São todas ruins."

Com US$7 bilhões de float, um grande desenvolvimento na GEICO e um capital inigualável para supercats (estruturas que envolvem apólices de seguros e resseguros utilizadas como proteção a megacatástrofes), Buffett concluiu: "O ramo de seguros será um negócio muito bom e grande para nós."

Wesco Financial: Cara ou Coroa

Em anos recentes, Buffett e Munger repetidamente advertiram que a Wesco Financial não é uma miniatura da Berkshire. Porém, esse ano, Buffett disse que teria que ser no "cara ou coroa" para decidir qual seria a melhor compra.

Ele reconheceu que a Wesco é o lugar lógico para uma aquisição pequena, a não ser que seja um negócio no qual a Berkshire já esteja presente.[‡]

Sobre o Aprendizado

Munger observou que Buffett é a pessoa mais racional que ele já conheceu e que sua habilidade para aprender tem sido essencial para o sucesso da Berkshire.

[‡] A Wesco Financial comprou a Kansas Bankers Surety ano passado, e os comentários de Buffett deixam a entender que mais pode estar por vir. Essa mudança de tom pode explicar o aumento de 25% da Wesco desde a reunião anual.

Por exemplo, a noção de comprar apenas empresas que podem ser compreendidas e previsíveis veio a partir de duras lições aprendidas após ter possuído lojas de departamento e fábricas de bombas hidráulicas e de moinhos de terceira categoria.

Munger afirmou que a See's Candy os ensinou sobre as virtudes de uma franquia. Ver como a See's se saiu no mercado levou diretamente à sua ousada compra das ações da Coca-Cola em 1988.

Buffett foi enfático: "Sem a See's, não teríamos comprado a Coca."

Munger ficou indignado com a ideia de que ele e Buffett são "executivos que estão envelhecendo", e exclamou: "Não conheço ninguém que esteja indo na direção contrária!"

Não é a idade, mas o aprendizado o que mais importa. Munger observou que é essencial aprender tanto com os erros dos outros como com seus próprios.

Ele citou Patton: "É uma honra morrer por seu país. Assegure-se de que as outras pessoas recebam a honra."

Tanto Buffett como Munger expressaram espanto por quão pouco as empresas de sucesso são estudadas, da GEICO à State Farm (que saiu do nada nos anos 1920 e chegou a 25% do mercado de seguros de carros hoje) e a própria Berkshire.

Buffett encerrou citando Yogi Berra: "Você pode observar muito apenas assistindo."

1998

Local: AK-SAR-BEN

Participação: 10 mil pessoas

Detalhes Sobre Este Ano:

- Durante o evento, o Shopping Berkshire vendeu:
  - 1.678kg de chocolates da See's Candy
  - 4 mil doces Dilly Bars
  - 1.635 pares de calçados da Dexter
- O relatório anual foi impresso em vermelho e branco para celebrar a participação de Nebraska no campeonato de futebol americano, o NCAA.
- Este ano é a exceção que comprova a regra. 1998 foi o único ano em que não publicamos um boletim sobre a reunião. Nessa ausência, enviamos os dois artigos a seguir, de julho e agosto de 1998, sobre a Berkshire Hathaway.

Ranking na Fortune 500: 150º

Preço da Ação: US$46.080

Um dólar investido em 1964 valeria hoje **US$3.725**.

O valor patrimonial por ação da Berkshire subiu de US$19,46 para **US$37.801** (uma taxa de retorno composta de **24,7%** a.a.).

O S&P 500 acumulou **11,7%** anuais durante o mesmo período.

DESTAQUES DAS ANOTAÇÕES DE 1998

A Megafusão da Berkshire Hathaway

"Berkshire Hathaway Inc. e
General Re Corporation Farão uma Fusão

OMAHA, Nebraska e STAMFORD, Connecticut — (BUSINESS WIRE) — 19 de junho de 1998 — A Berkshire Hathaway Inc. e a General Re Corporation anunciaram hoje que chegaram a um acordo definitivo para sua fusão.

No acordo, os acionistas da General Re terão a opção no fechamento de aceitar 0,0035 ações Classe A ou 0,105 ações Classe B da Berkshire. Espera-se que a transação seja livre de impostos para os acionistas da General Re. Com base nos preços no fechamento na quinta-feira, o valor total a ser recebido pelos acionistas da General Re é de aproximadamente US$276,50 por ação da empresa. O valor total para a transação será de aproximadamente US$22 bilhões. A Berkshire contabilizará a fusão como uma compra.

Em uma avaliação *pro forma* para a transação (US GAAP), a Berkshire, após a fusão, terá atingido, em ativos líquidos, um valor de aproximadamente US$56 bilhões em 31 de março de 1998, mais alto do que qualquer outra empresa nos Estados Unidos, e uma capitalização de mercado hoje de cerca de US$120 bilhões."

Assim começa um dos mais notáveis boletins de imprensa.

Warren Buffett há tempos tira sarro dos "espíritos animais" dos CEOs e de sua impressionante insistência para realizar a fusão.

Raramente a expansão de império (e do ego) ficaram tão evidentes do que nesta era de megafusões. Agora, Buffett se juntou à disputa com sua maior negociação até o momento.

Embora nossos números não sejam tão exatos, achamos que a fusão com a General Re é especialmente fascinante em vários aspectos:

Falta de Cobertura

O investidor mais brilhante de nosso tempo acabou de fazer o maior negócio de sua vida, e, contudo, vimos apenas duas reportagens no *Wall Street Journal* desde o primeiro boletim de imprensa. O silêncio é ensurdecedor.

Buffett comprou US$700 milhões de prata e a mídia não parou de falar a respeito durante semanas. Agora ele faz um investimento *30 vezes* maior, e só há silêncio.

Escala do Negócio

Esse não é apenas o maior negócio de Buffett — é seu maior negócio multiplicado por *10*. A transação de US$22 bilhões representa 60% do valor do patrimônio da Berkshire de US$34,8 bilhões (em 31 março de 1998). Esse é um negócio do tipo "apostar a empresa".

História

A companhia comprou a National Indemnity em 1967. Desde então, seguros têm sido a operação principal da Berkshire Hathaway.

Uma das mentes mais perspicazes no ramo de seguros, Buffett agora comprou a terceira maior empresa de resseguros do mundo.

Esse negócio sugere implicações de longo alcance para o ramo.

Buffett Está Vendendo (I): Negociação All-Stock[*]

A emissão de ações é uma questão sagrada na Berkshire.

Buffett disse há muito tempo que nunca emitiria ações a menos que recebesse mais do que o valor de mercado em retorno.

No relatório anual de 1997, Buffett até publica uma "confissão", dizendo que "quando emiti ações, fui um custo para vocês" e conclui: "Podem estar seguros de que Charlie e eu seremos muito relutantes em emitir ações no futuro."

A transação Berkshire/General Re é do tipo all-stock. Ou as ações da Berkshire estão ridiculamente supervalorizadas, ou este é um negócio extraordinário — ou ambas as coisas.

Buffett Está Vendendo (II): Mudando a Proporção Bond x Ação

Com uma alíquota de ganho de capital de 36% e com mais de US$30 bilhões de ganhos de capital a realizar, a Berkshire pagaria um preço altíssimo para vender suas ações. Em grande parte, a Berkshire está encurralada, tendo que esperar.

Apenas em circunstâncias muito extremas Buffett venderia. Contudo, no relatório anual de 1997, ele admite que vender algumas ações[†] em um esforço de "mudar nossa proporção bond x ação moderadamente em resposta aos valores relativos que vimos em cada mercado, um realinhamento que continuamos em 1998". Claramente, Buffett é um vendedor de ações.

A compra da General Re muda drasticamente a proporção de bond x ação da Berkshire.

	Ativos de Investimento	Ações	% de Ações
Berkshire Antes do Negócio (31/03/98)	US$50 bilhões	US$40 bilhões	80%
Adicionado da General RE (31/12/97)	US$24 bilhões	US$5 bilhões	21%
Berkshire Após o Negócio	US$74 bilhões	US$45 bilhões	61%

De um só golpe, a Berkshire reduz suas participações em ações como uma porcentagem de ativos de investimento de 80% para aproximadamente 61%.

De fato, ao fazer uma fusão de ações, a Berkshire está negociando 18% de suas participações na Coca-Cola, American Express, Gillette etc., mas fazendo isso de uma forma que a Berkshire *não pague impostos*.

Como meus filhos diriam: "Muito maneiro."

Float

Nos últimos relatórios anuais da Berkshire, Buffett falou sobre as características atrativas da geração de float presentes em suas seguradoras.

Desde 1967, o float médio da Berkshire cresceu de US$17 milhões para US$7 bilhões.

Buffett argumentou que, se um float assim pode ser gerado sem uma perda de subscrição, um dólar de float vale no mínimo o mesmo que um dólar de patrimônio, mesmo que apareça no balanço como passivo exigível (normalmente na seção "reservas de perda líquida e reservas de ajuste de perdas"). Caso o float seja gerado com um *lucro* de subscrição, claramente vale mais que o patrimônio.

A Berkshire tem alcançado um lucro de subscrição nos últimos cinco anos consecutivos.

No caso da General Re, o recorde de subscrição é magnífico com um resultado médio de ponto de equilíbrio (um índice combinado de 100,4) ao longo dos últimos 50 anos.

Pelos nossos cálculos, a General Re gera mais de US$15 bilhões de float Após o negócio, a Berkshire terá mais de US$22 bilhões de float, o *triplo* do float da empresa. (Além disso, a Berkshire provavelmente poderá elevar o float ainda mais ao estabelecer taxas mais altas de retenção no negócio existente da General Re. É o que o boletim de imprensa dá a entender: "A General Re terá a liberdade de reduzir sua dependência do mercado retrocessionário com o tempo e, dessa forma, ter fundos adicionais significativos para investimento.")

Impostos Diferidos

Como mencionado antes, a Berkshire possui mais de US$30 bilhões de capital não realizado.

Sendo assim, a empresa carrega uma obrigação (sob a seção "Imposto de renda, principalmente diferido" no balanço patrimonial) de cerca de US$11 bilhões para refletir o imposto que pagaria caso realizasse todos seus ganhos de uma só vez.

No entanto, é muito improvável que a Berkshire vendesse tudo de uma vez. Dessa forma, a quantia real dessa obrigação fica entre US$11 bilhões (vender tudo agora) e US$0 (nunca vender).

Considerando a proporção de bond x ação da Berkshire após o negócio, a *probabilidade de nunca vender fica nitidamente maior.*

Portanto, argumentaríamos, a maior parte dos US$11 bilhões da obrigação de imposto diferido pode ser adicionado novamente ao patrimônio.

Patrimônio Ajustado dos Acionistas

Fazendo nossa crítica a esses comentários sobre float e impostos diferidos, veja nossa estimativa do patrimônio "ajustado" dos acionistas (ou seja, patrimônio declarado, mais o float e os impostos diferidos) da nova Berkshire (em bilhões).

	Patrimônio dos Acionistas	Float	Impostos Diferidos	Total
Antiga Berkshire (31/03/98)	US$35	US$7	US$11	US$50
General RE (31/12/97)	US$8	US$15	NM	US$39
Goodwill	US$13			
Nova Berkshire	US$56	US$22	US$11	US$89

O goodwill corresponde ao prêmio sobre o valor contábil que a Berkshire está pagando pela General Re.

Com 1,5 milhões de ações após o negócio e aproximadamente US$89 bilhões de patrimônio ajustado dos acionistas, a nova Berkshire terá cerca de US$59,3 mil de "valor contábil ajustado" por ação.

Valor da Empresa

Em termos de ativos, com a as ações A da Berkshire sendo vendidas por aproximadamente US$78 mil/ação, a empresa está vendendo 1,3 vezes nossa estimativa de "patrimônio ajustado dos acionistas".

Para ativos, 1,3 vezes o patrimônio não é particularmente barato para um fundo balanceado alavancado.

No que se refere ao lucro, adicionar US$995 milhões de lucro líquido da General Re ao US$1,93 bilhão de lucros previstos da Berkshire e presumindo uma taxa de crescimento de 10%, após o negócio, a companhia produziria aproximadamente US$3,2 bilhões de lucros projetados (cerca de US$2.145 por ação após o negócio).

As ações A, então, são vendidas por cerca de 36 vezes os lucros.

Com base nos lucros, uma relação preço/lucro de 36 é algo caro, mas certamente há coisas piores para possuir do que uma coleção de empresas fabulosas supervisionadas por um brilhante alocador de capital.

Especialmente com as ações da internet sendo negociadas por 100 vezes as *receitas*! Nosso comentário favorito sobre a reunião anual da Berkshire deste ano: quando foi questionado sobre o que faria se fosse professor de alunos de administração, Buffett respondeu: "Como prova final, pegaria uma empresa da internet e perguntaria: 'Quanto ela vale?' E qualquer um que desse uma resposta, eu reprovaria."

Uma pequena dica: quem comprar a General Re pelo preço atual em bolsa (cerca de US$258/ação), poderá adquirir uma participação na Berkshire (após a troca de ações) — presumindo que a fusão realmente aconteça — por cerca de 6% de desconto em relação ao preço atual da Berkshire.

Os Contatos de Buffett

Vez após vez, a reputação e os contatos de Buffett renderam dividendos aos acionistas da Berkshire.

Parece ser razoável pressupor que a habilidade de confiar em Buffett era essencial para o negócio. A confiança é uma via de mão dupla, uma vez que Ron Ferguson, CEO da General Re, fará parte da diretoria da Berkshire.

Buffett Está Vendendo Ações

Em nossa análise recente sobre a fusão de US$22 bilhões da Berkshire Hathaway com a General Re ("A Megafusão da Berkshire Hathaway"), nós sustentamos que Warren Buffett está vendendo ações de pelo menos duas maneiras.

Primeira, ele está emitindo $22 bilhões de ações da Berkshire para realizar a compra.

Segunda, especulamos que, com a fusão do portfólio carregado de ações da Berkshire com o portfólio carregado de bonds da General Re, a Berkshire vai diluir ("vender") proporcionalmente à sua participação na Coca-Cola, Gillette, American Express etc.

Isso marca a venda mais importante de ações da Berkshire desde 1969.

A ideia de que Buffett está vendendo provocou apenas uma reação moderada em nossos clientes. Aparentemente, nossa atuação tem sido prudente há tanto tempo que tal informação seria o tipo de coisa que se esperaria ouvir de nós.

No entanto, queremos que você saiba que a ideia gerou interesse na mídia. A edição do *Grant's Interest Rate Observer* de 31 de julho de 1998 destacou a venda em seu artigo principal. O Sr. Grant foi muito gentil ao referir-se ao nosso trabalho como "a análise esclarecedora da transação que marcou a história".

Por sua vez, o *Grant's* é lido por um grupo de investidores consideravelmente sofisticado (dos quais recebemos algumas ligações esta semana).

Esteja preparado para a ideia de que "Buffett está vendendo ações" possa surgir em algum outro lugar na mídia.

Buffett Está Vendendo Bonds

Buffett revelou no relatório anual de 1997 da Berkshire que havia comprado US$4,6 bilhões de bonds de cupom zero de longo prazo, apostando que as taxas de juros cairiam.

Ao anunciar seus resultados do segundo trimestre nesta semana, a Berkshire disse que vendera sua posição total de bonds de cupom zero, obtendo um ganho substancial.

Fica claro que Buffett não acredita que as taxas de juros cairão muito mais.

O Dinheiro É o Rei

O investidor mais brilhante do nosso tempo está vendendo ações e bonds de longo prazo, angariando dinheiro.

E isso em um momento em que os níveis de liquidez dos planos de pensão públicos e privados são os *mais baixos* em 15 e 40 anos, respectivamente. Os níveis de dinheiro dos fundos mútuos de patrimônio estão em uma baixa de 22 anos, a 4,6%.

O que isso significa?

No mínimo que Buffett acredita que nem as ações ou os bonds de longo prazo oferecem uma margem de segurança adequada e/ou um retorno esperado acima da taxa livre de riscos de 5% oferecida pelos papéis do Tesouro. É melhor segurar o dinheiro e estar pronto para ocasiões que ofereçam riscos ou oportunidades melhores.

Por um viés mais perigoso, isso poderia ser um prenúncio de uma liquidação significativa. O medo predominante entre os investidores de hoje em dia faz com que eles não aproveitem um mercado de ações crescente. Expectativas exageradamente otimistas e valuations altos (avaliação do valor justo das empresas) deixam pouca margem para erros. Ninguém deveria se surpreender caso tenhamos uma tremenda queda no mercado.

De fato, de acordo com um artigo recente do *Wall Street Journal*, tal liquidação já está começando a acontecer.

Local: Centro de Convenções do Holiday Inn

Participação: 15 mil pessoas

Detalhes Sobre Este Ano:

- Além de vender doces da See's Candy, calçados da Dexter e facas da Quikut, a Berkshire revelou sua linha de roupas no Shopping Berkshire.

Ranking na Fortune 500: 112º

Preço da Ação: US$70.134

Um dólar investido em 1964 valeria hoje **US$5.670**.

O valor patrimonial por ação da Berkshire subiu de US$19,46 para **US$37.987** (uma taxa de retorno composta de **24%** a.a.).

O S&P 500 acumulou **12,2%** anuais durante o mesmo período.

DESTAQUES DAS ANOTAÇÕES DE 1999

O Mercado

Como nos anos anteriores, Buffett foi questionado sobre o que pensava a respeito do mercado de ações. Assim como nos anos anteriores, ele respondeu: "Não penso nisso."

Seu foco sempre foi encontrar grandes empresas. Ao encontrar uma com ótima gestão, com ótimas finanças e a um preço aceitável, ele a compra inteira (aquisição) ou partes dela (compra no mercado de ações).

No momento, Buffett não vê bons negócios disponíveis entre as ações com grande capitalização. Quando não encontra algo para comprar, o dinheiro se acumula. Quando encontra, ele entra com tudo.

Munger observou que, durante décadas, a Berkshire tinha 100% de seu valor patrimonial líquido em títulos negociáveis, além das empresas do portfólio. Embora possam ter dificuldades para encontrar bons investimentos hoje, realmente não é "dificuldade" alguma ter uma pilha de dinheiro.

Ele concluiu: "Não deve haver lágrimas na casa."

Retornos Futuros

Como disseram no ano anterior, a taxa real de retorno em longo prazo do mercado de ações dos EUA precisa baixar.

Buffett sugeriu que uma redução dramática das expectativas fosse exigida dos investidores. Com um crescimento do PIB de 4% a 5% e com inflação de 1%, é improvável que os lucros corporativos cresçam mais do que 5% ou 6%. De outro modo, os lucros chegarão a ficar maiores que o PIB!

Ele brincou: "Tipo Nova York, tendo mais advogados do que pessoas." Se os lucros não cresceram 5% ou mais, como os patrimônios crescem 15%?

Então sugeriu: imagine uma fazenda (a Fortune 500) avaliada a US$10,5 trilhões que produz US$334 bilhões de lucros. Pagar US$10,5 trilhões por essa fazenda não traria um bom resultado ao investimento.

O Clube de US$200 Milhões

Como nos anos anteriores, Buffett admitiu que duas grandes áreas das quais não participa são a de tecnologia e a farmacêutica.

Porém destacou novamente sua disposição para trocar grandes lucros pela certeza. É muito mais fácil escolher a força relativa da Coca-Cola do que uma empresa de sucesso na área de softwares.

Buffett reiterou a importância de permanecer dentro de seu círculo de competência. A tecnologia de avião a jato está bem parada pelos últimos 20 ou 30 anos, tornando a NetJets muito previsível. O doce Dilly Bar é algo mais seguro e certo do que qualquer empresa de software pelos próximos 10 anos.

O investidor ilustrou isso ainda de outra maneira. Ele observou que há cerca de 400 empresas nos EUA que ganham mais de US$200 milhões em lucros após o desconto dos impostos. Em cinco anos, a lista pode crescer para 450–475. Talvez 20 dessas adições apareçam do nada.

No entanto, dezenas e dezenas de pequenas empresas estão precificadas como se já fizessem parte da lista. Muitas decepcionarão os acionistas.

Assim como as ações de biotecnologia eram superpopulares cinco anos atrás, mas quantas estão ganhando US$200 milhões hoje?

Em uma sociedade capitalista, todos estão observando você. A concorrência é feroz. Empresas de US$3 bilhões de valor de mercado são raras.

Ele concluiu: "Você precisa calcular todas essas questões."

General Re

Ainda estamos surpresos pelo fato de a maior aquisição de todos os tempos feita pela Berkshire receber tão pouca atenção — a compra da General Re ano passado por US$22 bilhões. Um dos elementos mais importantes da máquina produtora de riqueza da Berkshire Hathaway tem sido a geração de float de baixo custo de suas operações com seguros.

Com a General Re, o float atual da Berkshire chega a US$24 bilhões (saindo, de forma impressionante, de humildes US$17 milhões em 1967).

Em curto prazo, Buffett espera um crescimento pequeno no float da General Re devido à maior oferta do que demanda nos mercados de resseguros. A geração de float da GEICO terá uma taxa de crescimento mais significativa.

Além disso, com perspectivas limitadas de investimento no momento, os retornos sobre os investimentos no float permanecerão desinteressantes em curto prazo.

Já para o longo prazo, Buffett e Munger demonstram estar impressionados com o talento e a qualidade das pessoas na General Re e estão na expectativa pelas oportunidades que a principal resseguradora do mundo pode oferecer.

GEICO

Buffett continua entusiasmado com as perspectivas da maior subsidiária da Berkshire, a GEICO.

Sua expectativa é de que a venda direta de seguros alcance 4,5 milhões de segurados até o fim do ano (o dobro do que a GEICO tinha em 1995, um ano antes de ser adquirida pela Berkshire).

Chegando perto de possuir 4% do mercado de seguros de automóveis nos EUA atualmente, Buffett acredita que a GEICO será muito maior em 10 anos.

Ele vê a internet como uma vantagem. Os preços baixos da GEICO e sua reputação nacional já geraram vendas online.

Buffett acredita que, em algum momento, o modelo direto da GEICO deva ficar cada vez mais poderoso.

O Varejo e a Internet

Para Buffett, a internet terá um impacto enorme no varejo.

Em algumas áreas, a ameaça imposta pela internet é tão significativa que ele as evitaria totalmente (e aos cartões de felicitações, por exemplo).

Contudo, em outras áreas, a internet causará um impacto menor. Buffett acredita que as lojas de móveis da Berkshire, por exemplo, serão pouco afetadas.

Os nomes de marcas serão importantes. Buffett duvida que as pessoas não buscarão a marca "X" na internet. Por exemplo, ele acredita que as vendas online de joias serão feitas por uma marca que as pessoas confiam, como Tiffany's ou Borsheim's (acesse Borsheims.com).

Ele também observou que imóveis dedicados ao varejo seriam afetados. Não há despesas com aluguel para os varejistas online. Os imóveis do mundo cibernético são gratuitos.

Difícil de Prever

Com um pequeno viés histórico fascinante, Munger explicou que é delicado tentar prever o que as mudanças na tecnologia farão:

O desenvolvimento do bonde levou ao surgimento da loja de departamento. Como os trilhos dos bondes não podiam ser movidos de lugar, achava-se que as lojas de departamento tinham uma posição imbatível. Oferecendo crédito rotativo e uma variedade impressionante de mercadorias, elas reinavam. No entanto, com o tempo, embora os trilhos permanecessem, os bondes foram desaparecendo. As pessoas mudaram-se para bairros mais distantes, o que levou ao surgimento do shopping center e acabou com o domínio das lojas de departamento.

Agora, a internet representa uma ameaça a ambos.

O Fosso ao Redor da Empresa

Buffett observou que um dólar de lucro da ".com Inc" e um da "Horseshoe Corp" são iguais.

O que realmente importa é o "fosso" ao redor da empresa. Quanto maior ele for, maior será a certeza e a quantia de fluxo de caixa.

Os principais perigos estão relacionados a mudanças na participação no mercado, nas unidades de demanda e nas habilidades de alocação da gerência.

Quanto maior o fosso, menor será a necessidade de uma ótima gestão. Como Peter Lynch afirmou: "Encontre um negócio que qualquer idiota consiga administrar, porque, em algum momento, algum o fará."

Buffett mencionou a Wrigley's e a Coca-Cola como empresas cujo fosso é amplo. Com a Coca, ele observou que o extraordinário é o share of mind da empresa com as 6 bilhões de pessoas do mundo. Até a embalagem é fácil de identificar.

Telecomunicações

Buffett concordou que há muito dinheiro a ser ganho com telecomunicações para aqueles que entendem do ramo.

Embora Walter Scott (membro da diretoria da Berkshire e diretor da Level 3) tenha tentado explicar as mudanças, Buffett sente que ele não tem um grande insight a respeito delas.

Porém o investidor acrescentou que há uma grande diferença entre identificar uma área de crescimento e ganhar rios de dinheiro.

Ele observou que o retorno sobre o patrimônio da AT&T tem sido ruim ao longo dos anos. A mudança trouxe mais prejuízos do que vantagens à empresa.

De forma similar, ele mencionou as indústrias automobilísticas e as linhas aéreas como exemplos de áreas de enorme crescimento nas quais bem poucos ficaram ricos.

Munger se manifestou dizendo que isso o lembrava dos oficiais da aeronáutica na Segunda Guerra Mundial ao serem questionados pelo comandante a respeito do que faziam. O sargento Jones respondeu: "Não faço nada, senhor." O segundo acrescentou: "Eu ajudo o tenente Jones."

Ele concluiu: "Essa foi minha contribuição aos nossos investimentos em telecomunicações."

Vivendo como Rico

Buffett alegou que um aluno de faculdade comum tem o mesmo padrão de vida que ele. A mesma comida. Sem grandes diferenças em roupas, carros ou TVs. (Embora Buffett não consiga resistir a outro mimo, admitindo que viaja de forma mais confortável graças à NetJets.)

Depois de ter o suficiente para o dia a dia, tudo o que importa é sua saúde e aqueles que ama. Da mesma forma, tudo o que importa no trabalho é que você goste do que faça e das pessoas com quem trabalha.

Munger concluiu com humor: "De que vale a saúde? Não dá para comprar dinheiro com ela."

Abuso na Contabilidade

Buffett afirmou que virou moda brincar com a contabilidade das receitas e despesas.[*]

De acordo com Munger o "big bath"[†] e a subsequente liberação de reservas como ganhos foram juntos, provavelmente, o maior abuso.

Buffett acredita que os auditores deveriam ter resolvido o problema, mas agora possivelmente a solução dependerá da SEC e de Arthur Levitt (por quem Buffett tem grande admiração).

Munger advertiu que a corrupção nos sistemas contábeis foi um fator significativo no colapso do Japão na última década — uma lição sobre a importância de não bagunçar o sistema.

NetJets

Buffett está animado com as perspectivas da Executive Jet Aviation (EJA), comprada pela Berkshire por US$750 milhões no ano anterior.

Por meio de seu programa da NetJet, a EJA vende ações fracionadas de jatos e opera a frota para seus inúmeros proprietários.

Conforme Buffett gosta de dizer, a EJA faz com que "chamar" um jato seja como chamar um táxi.

Ele dá os méritos a Rich Santulli, CEO da EJA, por ter a coragem e a visão de transformar a ideia da propriedade fracionada de jatos em um grande negócio.

Tendo a EJA como parte da Berkshire, Buffett acredita que o domínio e a velocidade de crescimento dela foram intensificados.

Em suas expectativas, a EJA será uma grande empresa global dentro de 10 a 15 anos.

---

* O relatório anual de 1998 da Berkshire inclui várias páginas de análise desse tópico.

† N. do T.: Estratégia na qual empresas reconhecem valores altos de perdas não recorrentes.

Seguro Supercat

Embora haja muitas ofertas de taxas premium, Buffett acredita que a posição de proeminência da Berkshire no mercado de resseguro de supercatástrofes está mais forte do que nunca.

Há apenas uma pequena lista de concorrentes para as coberturas de alto nível oferecidas pela Berkshire. Após a próxima supercatástrofe, a reputação inacessível da Berkshire será extremamente valiosa, ele prevê.

Berkshire e o S&P 500

Atualmente, entre 6% e 7% dos fundos de investimento nos EUA refletem algum índice do mercado (fundos indexados).

A Berkshire não está no Índice S&P, embora esteja qualificada para tal, exceto por uma coisa: liquidez.

Buffett sugeriu um processo gradual de 12 meses, que foi usado na Austrália.

Conforme a indexação continua crescendo, problemas de liquidez predominarão na Berkshire e em todo o mercado. Em algum momento, o S&P precisará se ajustar quanto a isso.

Munger concluiu que a Berkshire estará no Índice S&P, mais cedo ou mais tarde.

Sempre Coca-Cola

Sem considerar as preocupações sobre as perspectivas da Coca-Cola a respeito da força do dólar, Buffett disse que o que realmente importa é a participação no mercado e o share of mind.

A participação no mercado que a Coca-Cola possui é maravilhosa, e seu share of mind é surpreendentemente favorável, com uma disseminação de bons sentimentos. As chaves para analisar o progresso econômico da empresa são: 1) unidades vendidas (quanto mais, melhor); e 2) número de ações em circulação (quanto menos, melhor).

Embora seu crescimento real tenha diminuído nos últimos quatro trimestres, Buffett acredita que seja algo temporário e sem importância em uma projeção de 10 anos.

(Munger interrompeu, dizendo que projeções de 10–15 anos podem omitir muitos problemas.)

Buffett concluiu que é difícil pensar em uma empresa no mundo que seja melhor. Pode haver empresas que cresçam mais rapidamente, mas nenhuma que tenha tanta solidez.

2000

Local: Auditório Municipal de Omaha

Participação: Mais de 10 mil pessoas

Detalhes Sobre Este Ano:

- Corey e Dan dividiram suas funções na reunião este ano. Corey participou da reunião da Berkshire em Omaha, enquanto Dan participou da reunião da Wesco Financial em Pasadena, Califórnia.

Ranking na Fortune 500: 64º

Preço da Ação: US$56.177

Um dólar investido em 1964 valeria hoje **US$4.541**.

O valor patrimonial por ação da Berkshire subiu de US$19,46 para **US$40.442** (uma taxa de retorno composta de **23,6%** a.a.).

O S&P 500 acumulou **12,4%** anuais durante o mesmo período.

DESTAQUES DAS ANOTAÇÕES DE 2000

General Re

Apesar das perdas recentes da Gen Re, Buffett e Munger permanecem inabaláveis em seu otimismo quanto ao longo prazo de suas operações de resseguro.

Eles acreditam que a Berkshire tem vantagens em sua habilidade e disposição para pagar, além de sua disciplina em precificação, quando comparada com a concorrência.

Buffett afirmou que ainda teria feito o negócio mesmo se soubesse das perdas que a Gen Re teria antes de a Berkshire assumi-la.

Share of Mind

Buffett voltou a falar de um conceito já mencionado por ele inúmeras vezes, dizendo que "se existe share of mind, o mercado seguirá".

Ele observou que as organizações de produtos ao consumidor entendem isso. Por exemplo, 75% das pessoas no mundo têm alguma ideia a respeito da Coca-Cola e, predominantemente, uma ideia favorável.

De igual modo, a maioria dos californianos tem alguma ideia a respeito da See's Candy e, também predominantemente, a ideia é favorável.

Adicione mais alguns californianos nos próximos anos, torne as ideias um pouco mais favoráveis, e o crescimento futuro da See's estará garantido.

Buffett deleitou os acionistas com os julgamentos e dificuldades da American Express, que manteve uma posição muito especial na mente das pessoas a respeito de integridade financeira e aceitação mundial.

Quando os bancos fecharam nos anos 1930, os Travelers Cheques da American Express substituíram as atividades bancárias até certo ponto. Apesar de alguns erros grandes ao longo dos anos, o nome da gigante do crédito tem um valor e prestígio enormes (e que estão ficando ainda mais fortes sob a gestão atual).

Negociar Ações na Área de Tecnologia: Esquema em Pirâmide

Buffett e Munger foram muito mais agressivos esse ano do que no ano passado em seus comentários sobre o mercado, afirmando que a especulação de ações hoje é provavelmente a maior na história dos EUA.

Munger a denominou de o evento mais extremo no capitalismo moderno.

Para ilustrar tal loucura, Buffett disse que uma empresa pode ter uma capitalização de mercado de US$10 bilhões, mas não conseguiria pegar nem US$ 100 milhões no banco. Contudo, os donos podem conseguir pegar uma quantia muito maior que essa emprestada.*

Buffett comparou o crescimento no setor tecnológico com um "esquema em pirâmide", no qual os primeiros participantes conseguem gordas recompensas às custas dos que virão na sequência.

Ele se referiu ao crescimento drástico nas atividades de day-trade, ao estilo de um cassino, como "ideia de jerico".

Buffett observou que "no ano passado, a habilidade de monetizar a ignorância dos acionistas nunca foi tão grande" e advertiu que os investidores comuns deveriam reduzir suas expectativas.

Munger foi notadamente acerbo a respeito da especulação na internet: "Está havendo a mistura de um bom conceito, como a internet, com excessos irracionais. Porém, se você misturar uvas-passas com fezes, ainda serão fezes."

A Internet Reduz as Margens de Lucro

Na reunião da Wesco Financial, Munger afirmou que o único grande resultado da internet tem sido pouco compreendido: os consumidores são os vencedores. E isso significa que é bem provável que *as margens corporativas reduzirão* quanto mais larga a banda for. E isso, por sua vez, pode não ser bom para o preço das ações.

Munger observou que os altos lucros sobre o capital geralmente se baseiam na ineficiência de informações. Um sistema de leilões realmente eficiente removerá tais ineficiências, pois permite que o consumidor identifique o preço mais baixo.

Ele contou a história dos cartões perfurados de computador da IBM. Com um monopólio do produto, a empresa ganhou 25% em lucros. Após ser forçada a abrir o mercado de cartões perfurados, muitas empresas pequenas entraram no negócio. Os lances eram competitivos. Os preços foram ao chão. O produto se tornou uma commodity. Este pode ser o efeito em rede da internet.

Na reunião da Berkshire, Buffett observou que determinado cruzamento das linhas dos bondes em Omaha fora um imóvel de varejo de primeira. Na época, as pessoas pensavam: "Quem pensaria em tirar as linhas dos bondes?"

E concluiu: "Com a internet, as linhas de bondes são arrancadas todos os dias."

---

* Alguns bancos, ansiosos por conseguir altas comissões nos IPOs, supostamente estão emprestando para os donos de empresas pontocom, aceitando ações pontocom como colateral (garantia).

A Grande Verdade: Saiba o Que Evitar

Na reunião da Wesco Financial, o alvo de Munger foram os caçadores de desempenho, observando que os investidores precisam apenas ter um forma sensata de manter a riqueza crescendo (especialmente se já forem ricos). Qual é o problema caso outra pessoa esteja ficando rica? Alguém *sempre* estará melhor.

Ele garantiu que a noção de que é um "requisito" para um investidor ou gerente de investimento ganhar de todos os demais não faz sentido. A verdadeira chave é saber o que você realmente deve *evitar* e ficar distante dessas coisas (como um casamento ruim, uma morte prematura etc.). Faça isso e a vida será muito melhor, ele aconselhou.[†]

Ir Contra a Corrente

Buffett e Munger acreditam que os acionistas estão muito mal servidos pelos atuais programas de remuneração dos executivos.

Buffett expressou preocupação a respeito da mentalidade de loteria inerente à emissão em massa de opções de ações. Em particular, ele observou que, quando a pessoa do topo recebe uma quantia ultrajante, isso desce pela pirâmide da organização.

Munger concluiu que muitos planos de remuneração de executivos da era moderna funcionam praticamente da mesma forma que as coisas funcionariam para um fazendeiro caso colocasse uma colônia de ratos para cuidar dos celeiros.

O Julgamento da Microsoft

Buffett acha que a tentativa do Departamento de Justiça dos EUA de destruir a Microsoft é insensata. "Temos algo que está funcionando muito bem. Não faz sentido mexer nisso."

Ele observou que, 20 anos atrás, os EUA tinham um complexo de inferioridade a respeito de sua posição no mundo. A indústria norte-americana estava ficando para trás em relação à indústria japonesa ou alemã.

Porém, com o desenvolvimento de softwares agora, "deixamos todos para trás. Estamos tão à frente que fica difícil identificar quem vem em segundo". Ele fez uma previsão de que o setor de software se tornará ainda mais importante.

---

† Parecia que Munger estava respondendo à seguinte citação ao livro de Kindleberger, *Manias, Pânicos e Crises*: "Não há nada tão perturbador para o bem-estar e bom senso de alguém quanto ver um amigo ficar rico."

Baixas Expectativas

Tanto na reunião da Berkshire como na da Wesco Financial, uma leitura e releitura do artigo de Buffett publicado na *Fortune* foram recomendadas.

No artigo, Buffett sugere que seria racional ter expectativas de um retorno de 6% anuais sobre as ações nos próximos 17 anos.

Na reunião da Berkshire, Buffett disse: "Achamos que só possuir ações não vai ser muito animador nos próximos 10 a 15 anos."

Na reunião da Wesco Financial, Munger observou que, após os anos 1930, os EUA desenvolveram uma aversão moral às ações.

Como um comediante da época expressou-se sobre o assunto: "Eles me disseram para comprar ações para a velhice. Funcionou perfeitamente. Comprei ações e, em seis meses, estava me sentindo um idoso."

As ações de hoje em dia são extremamente populares, fazendo com que as boas oportunidades sejam raras.

Sem desesperar-se, Munger citou o Sr. Macawber: "Algo vai aparecer."

Como indicado nos últimos boletins, a Berkshire está aumentando sua atividade na compra de empresas inteiras. Ela adquiriu várias empresas no ano passado e a Wesco Financial comprou a Cort, uma empresa de aluguel de móveis.‡

Racionalidade Eficiente

Por diversos anos, Munger, sempre filosófico, tem promovido a ideia de que todos deveríamos aplicar uma abordagem interdisciplinar para resolver os problemas humanos.

Ele afirma que as pessoas tomarão decisões melhores ao aprender os modelos primários em cada disciplina principal (como juros compostos e probabilidade em matemática, e sistemas de breakpoint e backup em engenharia) e aplicá-los.

Em especial, os erros criados pelo uso exagerado de qualquer modelo ("para o homem com um martelo, todos os problemas parecem um prego") podem ser evitados. Para exemplificar, Munger analisou o colapso econômico do Japão.

Durante a última década, o Japão fez tudo o que o modelo keynesiano recomenda, incluindo a diminuição das taxas de juros e o aumento da oferta de dinheiro. O "martelo" keynesiano foi surpreendentemente ineficiente. O que os economistas não levaram em consideração foi a *psicologia japonesa*.

---

‡ De acordo com a declaração anual 10-K, a Wesco Financial aproveitou até mesmo o boom da internet, vendendo cerca de US$30 milhões da Homestore.com, que a Cort possuía em fevereiro.

Munger constatou que as pessoas ficaram com medo de tomar empréstimos e os bancos ficaram com medo de emprestar, independentemente das taxas, após serem castigados pelas perdas ocasionadas pela quebra do mercado de ações japonês em 1990.

Na reunião da Wesco Financial, Munger recomendou a busca da "racionalidade eficiente" como algo a ser feito durante toda a vida.

2001

Local: Auditório Municipal de Omaha

Participação: Mais de 10 mil pessoas

Detalhes Sobre Este Ano:

- As anotações meticulosas de Corey nos permitem apresentar as pepitas de ouro a seguir, uma vez que Daniel esteve ausente este ano.

Ranking na Fortune 500: 40º

Preço da Ação: US$71.120

Um dólar investido em 1964 valeria hoje **US$5.749**.

O valor patrimonial por ação da Berkshire subiu de US$19,46 para **US$37.920** (uma taxa de retorno composta de **22,6%** a.a.).

O S&P 500 acumulou **11,8%** anuais durante o mesmo período.

DESTAQUES DAS ANOTAÇÕES DE 2001

Uma Grande Ideia: Float

Poucos investidores compreendem um dos grandes segredos da máquina produtora de riqueza da Berkshire Hathaway: o float.

As empresas de seguros coletam prêmios, dos quais uma porção significativa vai para as reservas para pagar as indenizações futuras. Essa reserva ("float") gera lucros para a Berkshire, alavancado o retorno sobre o capital da empresa.

Um float com baixo custo turbinou os retornos da companhia. Além do mais, Buffett aumentou o float de forma incrível, de US$17 milhões em 1967 para US$27 bilhões no fim do exercício de 2000.

Para 2001, ele busca a dupla de virtudes para o float da Berkshire: aumento do crescimento e redução dos custos.

Ao mesmo tempo, ele espera que o float chegue a US$30 bilhões (aproximadamente 10% do total nos EUA). Buffett espera que o custo do float, se não houver uma megacatástrofe, caia 3% em uma base anual (em comparação com um custo de 6% do float no ano passado), com melhorias adicionais nos anos à frente.

O tamanho do float é uma vantagem poderosa.

Nas palavras de Munger: "Basicamente, somos um porco-espinho que sabe de uma coisa. Se for possível gerar um float de 3% por ano e comprar empresas que gerem 13% por ano com as receitas desse float, então descobrimos uma ótima posição para se estar."

Expectativas Reduzidas

Em seu artigo publicado pela *Fortune* em 1999, Buffett falou a respeito da improbabilidade de que os lucros corporativos nos EUA atinjam um patamar muito superior a 6% do PIB.

A variação tem sido de 4%–6% historicamente, e estivemos em torno de 6% recentemente.

Caso o mercado já esteja avaliando as empresas a partir de um múltiplo muito grande desses lucros, Buffett continuou, então terá de chegar à conclusão de que o valor das empresas dos EUA crescerá aproximadamente na mesma taxa que o crescimento do PIB. Por sua vez, é provável que esse crescimento seja em torno de 5% por ano, com alguns pontos de inflação por ano também.

Buffett concluiu que ações são uma forma perfeitamente razoável de ganhar 6% ou 7% por ano, nos próximos 15 a 20 anos. Mas alguém que espera ganhar 15% por ano está vivendo em um mundo dos sonhos.

O Escândalo das Pensões

Buffett disse que foi especialmente interessante como, nos anos 1970, quando a perspectiva em relação às ações era melhor, os fundos de pensão estavam usando o pressuposto de um alcance de 6%. Agora, quando as perspectivas são piores, a maioria dos fundos de pensão tem um pressuposto incorporado de 9% ou mais.

Ele disse que não sabia como as pensões gerariam 9% ou mais, mas, caso as premissas de retorno fossem reduzidas, isso reduziria de forma significativa o lucro declarado das empresas. E ninguém quer que isso aconteça.

Buffett disse que será interessante observar como os pressupostos mudam rapidamente conforme o deficit nas pensões se acumular nos próximos anos.

Munger concluiu que a contabilidade dos fundos de pensão está próxima de um "escândalo" devido a esses pressupostos irracionais.

Ele comparou a situação a viver sobre uma falha geológica, criando estresse e projetando o fato de que há quanto mais tempo não ocorre um terremoto, menos provável é que um aconteça. É uma forma burra de emitir seguros contra terremotos, e uma forma burra de fazer um planejamento de fundos de pensão.

A Crise de Energia na Califórnia

Munger constatou que a produção de eletricidade é um negócio enorme e fundamental. Mas o caos que ocorre na Califórnia expõe uma falha em nosso sistema educacional, uma vez que todas as pessoas inteligentes — os executivos da área de eletricidade, governadores, jornalistas — têm dificuldades para perceber que o mais importante em um sistema de energia é possuir *capacidade excedente.*

Todo mundo sabe que uma ponte construída deve suportar muito mais do que o peso máximo indicado. A mesma margem de segurança é essencial em um sistema de energia. Mas, de acordo com Munger, pessoas muito inteligentes estão ignorando esse fato tão importante e óbvio.

Buffett explicou que o sistema de energia deve ter três elementos, sob um prisma societário.

Um é ser eficiente. O segundo seria produzir um retorno bom, mas não excessivo sobre o capital para atrair capital para necessidades futuras. E o terceiro, é necessário ter as margens de segurança mencionadas por Munger, um amplo suprimento.

No antigo sistema regulamentado, os operadores eram pagos para ficar entre 15% e 20% à frente da curva de demanda. No entanto, naquele sistema antigo, os operadores não eram pagos para ser eficientes, então poderiam resultar em alguns descuidos.

No entanto, Buffett observou, os problemas de uma gestão descuidada não são nada quando comparados aos que resultam de uma geração inadequada.

Conforme houve a desregulamentação na Califórnia, o controle dos ativos de energia passou para pessoas que não tinham interesse em suprimento em excesso. Na realidade, elas queriam bem pouco suprimento, uma vez que a escassez aumentaria seu retorno sobre os ativos.

Logo, Buffett explicou, foi criada uma situação em que os interesses dos operadores divergiam daqueles da sociedade. É simplesmente impossível ter usinas construídas para produzir X, vendidas para operadores empreendedores por 3X, e esperar que os preços caiam. Buffett concluiu que isso é um erro muito, muito básico.

Tendo dito isso, Buffett disse que haverá uma necessidade de mais geração de energia. Conforme a indústria de eletricidade crescer, ela precisará de muito capital, e deve haver maneiras de participar disso de forma que a Berkshire consiga retornos razoáveis sobre o capital.[*]

O Maior Erro: Custo de Oportunidade

Munger constatou que os erros mais extremos na história da Berkshire apresentam-se como *custos de oportunidade.*

Embora poucas gestões pensem nisso, Buffett afirmou que oportunidades perdidas custaram à Berkshire e aos acionistas "bilhões e bilhões e bilhões de dólares".

Munger deu um exemplo dramático de como, com o poder da capitalização, oportunidades desperdiçadas podem custar uma quantia incrível de dinheiro.

Em sua juventude, Munger recebeu a oferta de comprar 300 ações da Belrich Oil, que, em sua análise, não ofereciam possibilidades de perda, mas, pelo contrário, uma grande oportunidade de ganhar dinheiro. Ele as comprou. Três dias depois, ofereceram-lhe 1,5 mil ações, que ele recusou, uma vez que teria que vender algo para comprá-las.

Munger afirma que aquele erro, calculado em valores atuais, custou-lhe US$200 milhões.

Buffett classificou o conceito de erro como aquelas coisas dentro de seu círculo de competência. Perder uma grande movimentação nos futuros do cacau, por exemplo, não é um erro, uma vez que é algo sobre o qual não têm muito conhecimento. Um erro é quando se trata de algo que entendem, mas não agem de forma decisiva.

Munger elegantemente chama isso de "ficar chupando o dedo".

---

[*] A subsidiária da Berkshire no ramo de energia, a MidAmerican Energy, anunciou recentemente seus planos de construir duas novas usinas em Iowa.

Normas de Responsabilidade: Bilhetes de Loteria

Buffett estava bastante preocupado com o crescimento rápido das normas de responsabilidade pelo produto.

A confusão sobre a responsabilidade pelo amianto é apenas um exemplo. A menos que haja uma solução legislativa, Buffett acredita que mais e mais do PIB estará indo para as normas de responsabilidade.

Ele observou que um advogado pode apostar um pouco de tempo e ganhar dezenas ou centenas de milhões de dólares.

Parafraseando Lincoln, um dos advogados amigos de Buffett supostamente disse: "Estou apenas procurando 12 pessoas para compor o júri que possam ser enganadas o tempo todo."

Munger observou que o poder crescente dos advogados era especialmente nocivo. Os juízes estaduais das Supremas Cortes ficam no cargo durante toda sua vida, a menos que incomodem algum grupo específico de interesses.

Munger afirmou que isso representa uma tolerância excessiva perante uma ciência lixo, uma evidência econômica lixo e advogados desprezíveis. E ele vê poucos sinais de melhoria.

Buffett concluiu que a tendência de responsabilização das empresas por problemas criados por seus produtos provavelmente será acelerada e, portanto, os investidores devem desenvolver uma margem de segurança para contabilizá-la.

Açúcar

Buffett acredita que as empresas de alimentos provavelmente não sofrerão muitos riscos com a responsabilidade pelo produto.

No caso do açúcar, Buffett observou que uma pessoa comum consome cerca de 250kg de alimentos secos em um ano, e cerca de 56kg (mais de 20%) dessa quantidade é composta de açúcar, de uma forma ou de outra. E, contudo, a expectativa média de vida nos EUA continua subindo.

Ele concluiu que não ficaria nada preocupado com a responsabilidade pelo produto da Coca-Cola, See's Candy ou Dairy Queen.

A Internet: Uma Enorme Armadilha

A ideia de que você poderia pegar praticamente qualquer empresa e transformá-la em riqueza na internet foi quase totalmente descreditada.

Buffett relatou que a ameaça imposta pela internet às empresas de móveis e joias da Berkshire diminuiu substancialmente. Várias empresas pontocom proeminentes nos dois setores, com valuations de centenas de milhões de dólares, desapareceram em curto prazo.

O que a internet de fato fez, Buffett assegurou, foi dar aos promotores a chance de monetizar as esperanças e a ganância de milhões de investidores por meio dos mercados de capital de risco. Quantias enormes de dinheiro foram transferidas dos ingênuos para os promotores. Quantias mínimas de riqueza real foram criadas.

Ele concluiu: "A internet tem sido uma enorme armadilha."

Munger interrompeu dizendo que, certa vez, ele e Buffett tinham negócios na área de entregas de supermercado, um "negócio terrível". Munger observou que alguém teve a ideia de que era um ótimo negócio e a transformou em uma atividade na internet.

Buffett comentou que o supermercado em questão era o "famoso" Buffett and Son, que escassamente sustentou a família por 100 anos.

A única forma de fazer dar certo, brincou Buffett, era contratar pessoas como Munger para trabalho escravo.

Embora eles anotassem os pedidos com um lápis, e não no computador, uma vez que estivessem carregando os caminhões, tinham os mesmos custos que a Webvan.

Marca versus Varejistas

Buffett explicou que sempre haverá uma batalha entre marcas e varejistas. O varejista gostaria que seu nome fosse uma marca. E, na medida em que as pessoas confiam na Costco ou no Walmart assim como confiam nas marcas, o valor da marca se transfere do próprio produto para o varejista.

Munger constatou que marcas como a Kellogg's viram uma mudança de poder em direção às redes de supermercados como Walmart e Costco.[*] Continuando, ele disse que a força muscular do Sam's Club e da Costco ficou extrema.

Munger se gabou de que uma mulher lhe agradeceu por sua calcinha, que ela comprou na Costco após ele a ter recomendado (a Costco agora tem a marca compartilhada com a Hanes).

Buffett zombou: "Ela deve estar realmente desesperada para consultar você sobre suas calcinhas."

Extrapolando o Passado: Intensamente Ridículo

Retomando o artigo de Buffett publicado pela *Fortune* no outono de 1999, Munger disse que a classe de acionistas nos EUA deveria reduzir muito suas expectativas.

---

[*] Munger faz parte da diretoria da Costco.

Sutil como sempre, Munger afirmou: "É ridícula a forma pela qual extrapolamos o passado. Não apenas ridícula, intensamente ridícula."

Buffett observou que é um erro para qualquer empresa prever 15% de crescimento, porém é o que muitas fazem. Para começar, a menos que a economia dos EUA cresça 15% anualmente, os 15% começarão a lhe afetar. Bem poucas empresas conseguem crescer a uma taxa de 15% ao ano. No entanto, durante a bolha, as pessoas estavam avaliando empresas a US$500 bilhões, e não havia cálculos matemáticos que poderiam, de qualquer forma, justificar esses valores.

Munger disse que, até certo ponto, as ações serão vendidas como Rembrandts. Em vez de vender pelo valor que as pessoas obterão ao contemplar o quadro, eles são vendidos com base no fato de que o preço dos Rembrandts subiu no passado. Se você preencher todas as aposentadorias nos EUA com Rembrandts, eles continuarão subindo cada vez mais.

Buffett assegurou que o dinheiro grosso ganho em Wall Street nos anos recentes não se deu por uma grande performance, mas por uma grande propaganda.

Munger alegou que a cena atual é "obscena", com um excesso de materiais de vendas enganosos e com uma ênfase na especulação mostrada na TV.

Começando Cedo

Buffett aconselhou os participantes mais novos a começar a poupar cedo.

Ele reconheceu que teve a sorte de que seu pai pagou por sua educação. Assim, ele havia conseguido poupar US$10 mil aos 21 anos de idade — um ótimo começo.

Ele observou que é muito mais fácil poupar durante a adolescência, quando seus pais estão cuidando de suas obrigações financeiras. Ele conjecturou que cada dólar poupado nessa época vale US$20.

Obter conhecimentos a respeito de negócios, ele também sugeriu, tem um efeito de capitalização similar.

Sua recomendação é para aprender a respeito das empresas locais — quais são boas e por quê, quais fecharam as portas etc. À medida que progride, você construirá um banco de dados em sua mente que valerá muito a pena com o tempo.

Invista em Si Mesmo

Buffett afirmou que o melhor investimento possível que você pode fazer é em si mesmo.

Ele compartilhou que, quando conversa com alunos, uma das coisas que lhes diz é como eles possuem um ativo valioso em si mesmos.

Buffett provavelmente pagaria a qualquer aluno inteligente US$50 mil por 10% de seus ganhos futuros, pelo resto de sua vida. Assim, cada aluno é um ativo de US$500 mil apenas por estar lá. O que você deve fazer com esse ativo de US$500 mil é desenvolver sua mente e seu talento.

Conheça o Grande Custo

Buffett e Munger repetiram, ano após ano, que buscam comprar empresas que possuam vantagens competitivas duradouras. Este ano, eles presentearam os ouvintes com um debate estendido a respeito de um elemento--chave em uma empresa maravilhosa: a estrutura de custo. Uma estrutura superior de custo é geralmente essencial para a vantagem competitiva sustentável de uma empresa.

Na Flightsafety, a chave são os simuladores de qualidade, então a Berkshire está investindo US$200 milhões por ano neles.

Na NetJets, pilotos de primeira classe são fundamentais, portanto, para essa empresa, os custos estão intensamente concentrados nas pessoas.

No negócio de tapetes, Buffett continuou, apenas 15% dos custos estão relacionados aos empregados. O grande custo desse setor está nas matérias-primas, as fibras.

No setor de seguros, o grande custo são as indenizações futuras, que envolvem muitas estimativas, uma vez que elas podem ser pagas 5, 10 ou 20 anos à frente.

No varejo, o grande custo é o aluguel, tendo a mão de obra como um custo secundário significativo.

Buffett resumiu que o grande custo pode variar enormemente, a depender do tipo de negócio no qual você está.

Ele disse que realmente não se importa se estão comprando empresas cuja ênfase de custos seja a matéria-prima, as pessoas ou o capital. A chave é compreender os custos de uma empresa e por que ela possui uma vantagem sustentável perante suas concorrentes.

Custos de Mão de Obra

Essa linha de pensamento continuou com uma análise fascinante sobre o setor de linhas aéreas.

Buffett observou que o grande problema com as linhas aéreas não é tanto a receita agregada, mas se seus custos médios estão fora de linha em comparação a seus concorrentes. Uma vez que viagens aéreas são basicamente um negócio de commodities, os custos são os fatores-chave. O grande custo é a mão de obra.

No entanto, Munger observou que o sindicato dos pilotos é muito complicado, pois sabe que nenhuma linha aérea consegue aguentar uma paralisação prolongada de atividades, com o caos que isso causa às rotas. Assim, os números a se buscar nas linhas aéreas são o custo por milha por assento disponível e custo por milha por assento ocupado.

Na USAir, por exemplo, quando Munger e Buffett foram diretores por um tempo, os custos eram de 12 centavos de dólar por assento por milha — o que estava bom, até que a Southwest Airlines apareceu com 8 centavos de dólar por assento por milha.

Nas linhas aéreas, assim como muitos em outros setores em uma sociedade capitalista, os negócios, mais cedo ou mais tarde, girarão ao redor do player com o menor custo.

Por outro lado, Buffett afirmou que a posse fracionada de jatos não é um negócio de commodities. Os clientes da NetJets se importam bastante com serviços e segurança.

Ele constatou ironicamente que, se fosse comprar um paraquedas, você não necessariamente escolheria o de menor custo.

Caso a NetJet consiga manter e aumentar seu excelente grupo de pilotos, ela deve continuar bem por muitos anos.

O Mais Valente

Uma das melhores histórias do dia foi sobre como Buffett enfrentou uma greve logo após ter comprado o *Buffalo News*.

Em um fascinante estudo da vida real na teoria de jogos, Buffett observou que, às vezes, quanto mais fraco você for, mais forte será sua posição para negociar.

(Buffett brincou dizendo que o *Buffalo News* havia sido uma ideia de Munger: certo dia, Munger não pôde sair de Buffallo durante uma nevasca e ligou para Buffett, perguntando o que deveria fazer. Buffett respondeu dizendo que fosse comprar um jornal.)

No início dos anos 1980, o *Buffalo News* e o *Courier-Express* estavam praticamente agonizando. Dessa forma, lidar com o sindicato se tornou um jogo para ver quem era o mais valente, porque se o jornal fechasse todos perderiam seu trabalho.

O sindicato começou a greve em uma segunda-feira.

Buffett recordou que alguns líderes do sindicato tinham lágrimas nos olhos, porque sabiam que isso faria eles fecharem as portas.

Buffett assumiu a posição perante o sindicato de que, se voltassem em um dia, estariam no jogo. Caso voltassem em um ano, estariam de portas fechadas. Se fossem inteligentes o suficiente para descobrir exatamente até onde poderiam pressionar Buffett, de forma que ainda tivessem a empresa funcionando e eles ainda tivessem o emprego, seriam mais inteligentes do que ele, então, que fossem para casa e resolvessem a situação.

Eles retornaram na quinta-feira, e o *Buffalo News* sobreviveu.*

Buffett observou que não havia nada que pudesse fazer. Caso o sindicato decidisse fazer a greve por muito tempo, seu investimento e os empregos deles teriam sido perdidos.

A fraqueza do *Buffalo News* provou ser sua força de negociação.

A Vantagem da Berkshire

Embora Buffett tenha se queixado sobre o tamanho da Berkshire como sendo uma dificuldade para o crescimento futuro, ele também enumerou algumas das vantagens da empresa.

Para começar, seus cheques não voltam.

Buffett observou que a Berkshire é uma compradora preferencial para muitas empresas porque eles sabem que a negociação não terá nenhuma dificuldade de financiamento.†

Por exemplo, a companhia comprou a Johns Manville à vista por US$13/ação logo após uma oferta de US$15/ação não ter dado certo devido às dificuldades de financiamento do outro licitante.

Os vendedores também sabem que a estrutura de propriedade da Berkshire é estável e que conseguirão administrar a empresa como antes.

Buffett antecipou que pode ser que a Berkshire compre 40 empresas, aproximadamente 2 por ano, ao longo dos próximos 20 anos.

Embora o campo de investimentos seja extremamente competitivo, Buffett garantiu que, em algum momento dos próximos 20 anos, as pessoas farão algo extremamente idiota nos mercados de ações. A questão para a Berkshire é se a empresa estará em uma posição para aproveitar essa situação quando ela ocorrer.

Buffett acrescentou que não há um plano-mestre. Eles apenas continuarão alocando capital da forma mais racional que puderem.

Munger assegurou ser certo que, em 20 anos, a Berkshire terá muito mais força e valor por trás de cada ação.

E, complementou, é algo absolutamente certo que a porcentagem anual de progresso da Berkshire cairá muito em comparação ao que era no passado.

---

* Posteriormente, o *Courier-Express* faliu.

† Atualmente, a Berkshire tem US$30 bilhões em caixa.

2002

Local: Auditório Municipal de Omaha

Participação: 14 mil pessoas

Detalhes Sobre Este Ano:

- A Nebraska Furniture Mart ganhou US$14,2 milhões em vendas no "Fim de Semana Berkshire". Isso saindo de US$5,3 milhões em 1997, quando o evento com preços especiais foi apresentado.

Ranking na Fortune 500: 39º

Preço da Ação: US$75,43

Um dólar investido em 1964 valeria hoje **US$6.123**.

O valor patrimonial por ação da Berkshire subiu de US$19,46 para **US$41.727** (uma taxa de retorno composta de **22,2%** a.a.).

O S&P 500 acumulou **11%** anuais durante o mesmo período.

DESTAQUES DAS ANOTAÇÕES DE 2002

Diminuir as Expectativas

Munger declarou que uma das coisas mais inteligentes a ser feita no momento é diminuir muito as expectativas.

Buffett observou que não há nada de errado em ganhar rendimentos entre 6% e 7% sobre seu dinheiro.

Com a inflação tão baixa, quanto mais de retorno o capital poderia ter?

Munger descreveu a posição da Berkshire com muitos bonds como uma "opção padrão", refletindo sua falta de entusiasmo por ações.

Buffett e Munger gostam do modelo da Berkshire neste ambiente. Com um float de baixo custo, um poder de ganhos significativos e boas negociações ocasionais, a Berkshire ficará bem.

Float

Começando com um float modesto de US$12 milhões da National Indemnity em 1967, hoje a Berkshire expandiu seu float para incríveis US$37 bilhões.

Buffett acredita que isso seja, aproximadamente, 9% dos US$400 bilhões de float estimado pelo setor de seguros de patrimônios e de sinistros nos EUA.

Visual

A UBH entrou na onda multimídia este ano, com várias apresentações em slides.

O entusiasmo de Buffett era evidente enquanto apresentava um slide com os lucros de subscrição no primeiro trimestre do grupo de seguros da Berkshire, uma grande virada a partir dos 13% de custo de float do ano anterior. Além disso, o slide mostrava que o float da Berkshire crescera US$1,8 bilhão no trimestre.

Se a empresa puder garantir a lucratividade de forma sistemática, estes US$37 bilhões de float constituem um empréstimo sem juros com os quais é possível alavancar os ganhos da Berkshire.[*]

Buffett deu os créditos ao novo CEO da General Re (Gen Re), Joe Brandon, por fazer um ótimo trabalho no redirecionamento da cultura da empresa.

O investidor anteviu que a Gen Re será o ativo número um da Berkshire.

---

[*] Se forem simplesmente investidos em títulos do tesouro de 10 anos, esse float gerará US$1,9 bilhão em renda bruta.

Float e Poços de Petróleo

Buffett comparou o float a poços de petróleo dos quais, diariamente, uma quantidade sai. Ao bombear o petróleo, você deve buscar substituí-lo.

Buffett observou que o float da Berkshire tem menos escoamento natural do que o de qualquer outra empresa, pois uma grande parte disso é um negócio de "cauda longa" — como um poço de petróleo duradouro.

Além disso, Buffett notou que a Berkshire parece atrair muitas transações especiais.

Munger concluiu: "Fazer o float crescer com custo baixo ou nenhum é quase impossível. Mas é o que pretendemos fazer, de qualquer modo."

GEICO

A maior emissora de seguros de automóveis dos EUA aumentou modestamente o número de apólices ativas para 4,8 milhões.

Buffett observou que cada segurado da GEICO valia, pelo menos, US$1 mil para a Berkshire.

Embora a taxa de sindicância da GEICO tenha diminuído, uma taxa maior de fechamento de venda por sindicância e uma retenção crescente foram um bom sinal para que a GEICO aumentasse seu float gratuito (desde que garanta a lucratividade) e crescente.

O Melhor Ativo: Você Mesmo

Com a chegada da temporada de formaturas, Buffett nos presenteou com palavras de sabedoria para a vida.

Imagine que um gênio apareça a um jovem de 18 anos de idade e lhe ofereça qualquer carro que quiser. No entanto, há um porém — não importa o carro escolhido, ele deve fazer com que dure a vida toda. Bem, você pode imaginar que o jovem leria o manual do proprietário 10 vezes, trocaria o óleo 2 vezes a mais do que o sugerido etc., para ajudar o carro a durar 50 anos.

Da mesma forma, Buffett continuou, cada um de nós recebe um corpo e uma mente para a vida toda. Não há como repará-los aos 60 anos de idade. Você deve *fazer manutenção*.

O melhor ativo que alguém pode ter é *si mesmo*.

Desenvolva sua inteligência e bons hábitos de saúde enquanto é jovem, e isso melhorará sua vida. Caso contrário, talvez você esteja arruinado aos 70.

O Processo do Amianto: Câncer na Economia

Buffett e Munger fizeram previsões terríveis sobre as crescentes normas de responsabilidade civil referentes aos processos sobre amianto.

A menos que o congresso faça algo para limitar essas normas, Buffett anteviu que a coisa ficará muito pior.

Munger opinou que os processos sobre o amianto se transformaram em uma fraude, fazendo com que os reclamantes sem mérito (e seus advogados) recebessem quantias gigantescas, enquanto reclamantes com mérito precisavam pedir esmolas.

Buffett reiterou que esse é um problema enorme para os EUA corporativo, "um câncer na economia".

Sempre enxergando a oportunidade em meio aos destroços do desastre, Buffett sugeriu que a confusão envolvendo o amianto pode oferecer oportunidades para que a Berkshire adquira empresas sem risco de processos de responsabilidade civil por uso de amianto — como o fez com a Johns Manville.

Terrorismo: Uma Realidade

Buffett observou que a humanidade sempre abrangerá uma determinada porcentagem de psicóticos, megalomaníacos e fanáticos religiosos.

No entanto, enquanto antes os poucos dementes não podiam fazer muito além de atirar pedras durante séculos, a tecnologia moderna aumentou enormemente nossa habilidade de causar danos.

Ele acrescentou que, infelizmente, a humanidade não progrediu de forma similar em nossa habilidade de convivência.

Munger observou de forma pragmática que, à medida que sejamos menos fracos, tolos ou descuidados, o 11 de Setembro será uma vantagem. Embora lamentemos profundamente o ocorrido, não devemos lamentar o fato de encararmos a realidade com mais inteligência.

Ele acrescentou que a atual adoção de medidas de segurança deveria ter sido feita muito tempo atrás.

Buffett compartilhou que há muito tempo ele se preocupa com um desastre nuclear terrorista, e o 11 de Setembro não mudou sua opinião.

Com milhões e milhões de pessoas expressando ódio pelos EUA, Buffett entende que a possibilidade de tal evento ocorrer algum dia em breve é quase uma certeza.

Terrorismo e Seguros

Embora o setor de seguros há tempos possa ter reconhecido os danos potenciais infligidos por uma minoria extremista, isso não foi transferido para os contratos.

Buffett observou que esse foi um erro enorme, similar ao que ocorreu no setor de seguros da Inglaterra nos anos 1940 — só depois da guerra as empresas pensaram em excluir a cobertura para guerras dos contratos.

As novas apólices da Berkshire excluem NQB (nuclear, químico, biológico), assim como fogo devido a um evento nuclear.

Sem essas exclusões, Buffett constatou que um ou dois atos nucleares poderiam destruir todo o setor de seguros.

Há tempos as empresas de seguros buscam evitar a agregação natural, por exemplo limitando o número de casas seguradas em uma área costeira.[*]

Agora, Buffett assegurou, as empresas precisam pensar sobre os riscos de agregação *causados pelo homem*.

Por exemplo, embora a maioria das pessoas pense no desastre do World Trade Center primariamente como uma perda de propriedade/vidas, ele observou que o evento será facilmente lembrado como a maior *indenização de trabalhadores* na história.

Embora não tenha sido específico, o investidor observou que um ataque terrorista biológico poderia criar pedidos de indenização de trabalhadores de arrepiar os cabelos.

Os Malandros Têm Aparência de Malandros

Munger observou que pessoas enormemente talentosas se desviam para a fraude. É a cultura que as leva a esse caminho.

Munger sugeriu que a melhor resposta à fraude é evitá-la e que há áreas inteiras a serem evitadas.

Buffett afirmou: "Não seremos fraudados. Os malandros têm aparência de malandros — geralmente, dizem coisas boas demais para ser verdade. Dá para sentir o cheiro."

Munger ressaltou que às vezes isso é tão óbvio que chega a ser irritante. Robert Maxwell da Inglaterra, por exemplo, recebeu o apelido de "O Cheque Sem Fundo".

Irônico, Munger observou que em uma sátira isso seria extremo demais para ser engraçado. Contudo, Salomon buscou fazer negócios com Maxwell de uma forma até mesmo agressiva.

Buffett acrescentou que é um hobby deles acompanhar os Maxwells do mundo. Ele constatou que Wall Street *não* é um filtro — Wall Street adora as comissões geradas em seus bancos de investimentos.

---

[*] Contudo, erros de agregação natural ocorrem com frequência. A Twentieth Century Industries quase faliu em 1994 após ter emitido muitos seguros para proprietários de casas sobre a falha geológica onde ocorreu o terremoto de Northridge.

Ele observou que a First Normandy teve seu processo de IPO conduzido pelo Salomon Brothers, mesmo com ele e Munger sentados no conselho de administração e dizendo que o histórico dos balanços da First Normandy era um total disparate. A oferta pública foi cancelada um dia após sua abertura. A única explicação de Salomon sobre o vexame foi que o comitê de subscrição havia aprovado.

Munger acrescentou que ele não sabia de quaisquer mudanças subsequentes no comitê.

EBITDA: Mais Fraude

Seguindo uma linha similar, Munger observou que a porcentagem de fraude é mais alta no grupo de pessoas que costumam usar o termo "EBITDA".*

Buffett apontou que empresas de grande sucesso como Walmart, GE e Microsoft nunca mencionam EBITDA. Aquelas que o fazem estão provavelmente enganando você, a si mesmos, ou as duas coisas.

Como exemplo, Buffett repreendeu as empresas de telecomunicação que falam sobre "fluxo de caixa" quando estão gastando cada centavo que ganham. Não é fluxo de caixa quando está tudo fluindo para *fora*.

O professor Buffett passou a dizer que a "D" (depreciação) não apenas reflete um custo real, mas o pior tipo de custo. Ela representa o dinheiro que é gasto primeiro, e as deduções vêm apenas mais tarde.

Berkshire prefere completamente os negócios em que você obtém o dinheiro no início (como os seguros).

De forma similar, os "I" (impostos) são um custo real. Fingir que funciona de outra forma é um delírio.

Buffett concluiu dizendo que é surpreendente para ele como o termo EBITDA ficou disseminado.

Derivativos: Esgoto

A Berkshire está encerrando a operação de derivativos na Gen Re.

Buffett comparou os derivativos ao inferno: "Fácil de entrar e difícil de sair." Ele observou que a revelação de detalhes dos contratos de derivativos da Enron mostrou que eram todos perdedores de dinheiro.

Munger concluiu com uma pérola que pode provar-se profética, caso os derivativos sejam desmascarados em algum outro lugar: "Dizer que a contabilidade de derivativos nos EUA é um encanamento é um insulto ao esgoto."

---

* Lucros antes de juros, impostos, depreciação e amortização.

Opções de Ações

Buffett e Munger demonstraram seu nojo com o flagrante abuso das opções de ações nos EUA corporativo.

Munger perguntou retoricamente: "Se você desse um punhado de opções de ações para cirurgiões com 60 anos de idade na Clínica Mayo, isso melhoraria o comportamento deles?"

Munger concluiu que o fato de que as corporações dos EUA rotineiramente distribuem centenas de milhões de dólares para CEOs é algo "demente e imoral".

Buffett acrescentou que as opções não são ruins por si sós.

Ele declarou que as opções que incluíam um fator de custo de capital e haviam sido emitidas iguais ou acima do valor intrínseco da empresa seriam lógicas. No entanto, não foi assim que a coisa foi feita.

Buffett também condenou a forma sem vergonha e com interesses próprios que os CEOs corporativos têm feito lobby no sentido de não tratar as opções como despesas.

Munger resumiu o caso como um "Chá do Chapeleiro Maluco, onde a única coerência é que tudo isso é desprezível".

Contabilidade Criativa

Munger observou que uma das grandes invenções de todos os tempos foi o método das partidas dobradas na escrituração contábil, ideia de um monge italiano.

Uma contabilidade que desfaça o trabalho do monge é apenas uma ferramenta para a insensatez e a fraude, e isso prejudica a sociedade.

Ele chamou a Enron de um dos exemplos mais repulsivos de uma cultura empresarial que deu errado. No entanto, observou, daí podem sair coisas boas à medida que outros percebam.

E concluiu: "A contabilidade criativa é uma maldição para a civilização."

Fundos de Índices e Índices de Preço/Lucro

Buffett sugeriu que, para aqueles que acreditam que as empresas norte-americanas irão bem ao longo do tempo, uma abordagem razoável é investir em um índice que reflita o desempenho da economia, utilizando o método de formação de custo médio (dollar-cost-averaging*).

---

* Método de compras regulares de valores iguais que permitem maior peso para os preços mais baixos, reduzindo o custo médio quando as ações caem.

Quanto ao fato de se um índice Preço/Lucro de 25 é "alto demais", Buffett declarou enfaticamente que nenhum índice realmente funciona. *Não seria tão fácil assim.*

Munger advertiu que é possível que os preços fiquem tão altos que os fundos de índices não se sairão bem.

No Japão, por exemplo, os retornos do índice Nikkei nos últimos 13 anos foram negativos.

Além disso, o Japão seguiu todos os passos Keynesianos corretos, baixando as taxas de juros e oferecendo enormes estímulos fiscais, mas sem qualquer resultado. Os modelos do passado não conseguiram prever isso.

É loucura que os norte-americanos achem que o que aconteceu com a Argentina e o Japão não acontecerá conosco.*

Fruit of the Loom

A vida dá voltas.

Pela segunda vez, Buffett participou na compra da Fruit of the Loom.

Ele agradeceu a Mickey Newman, seu amigo e ex-funcionário da Graham-Newman, por ter ajudado a Berkshire a completar a aquisição da Fruit of the Loom após ela ter falido.

Buffett explicou que a Fruit of the Loom foi vítima de muitas dívidas e de uma má gestão.

A proposta da Berkshire para adquirir a falida Fruit of the Loom estava condicionada a que o CEO aposentado, John Holland, voltasse para comandar a empresa. Holland concordou, e o negócio foi fechado. Buffett considera Holland e a marca como os principais ativos da Fruit.

Esta não foi a primeira vez que Buffett participou da compra da Fruit of the Loom.

Ele recordou que, nos anos 1950, uma entidade controlada pela Graham-Newman, a Philadelphia and Reading Coal and Iron (P&R) comprou a Union Underwear de Jack Goldfarb por US$15 milhões.

Subsequentemente, a Union comprou a licença do nome da Fruit of the Loom e, juntamente com a P&R, fundiram-se na Northwest Industries. A Fruit passou a obter ganhos de US$200 milhões brutos.†

---

* Novamente, a Berkshire mostrou sua insatisfação. Ela possui, no momento, o menor número de ações investidas nos EUA do que em qualquer outro momento desde o início dos anos 1970.

† Em uma linha semelhante, o tema do trabalho de conclusão de curso que Buffett escolheu foi sobre a GEICO, prenunciando a compra que a Berkshire faria de uma grande posição naquela empresa nos anos 1970, e a posterior aquisição total em 1996. Com a Coca-Cola, existe uma história de que, quando garoto, Buffett contava as tampinhas das garrafas nas máquinas para ver qual vendia mais. Cinquenta anos depois, ele comprou 200 milhões de ações da empresa.

Apenas Diga Não

O sucesso com os seguros, Buffett proferiu, depende da aceitação de riscos compreensíveis adequadamente precificados, sem agregação indevida. A habilidade de dizer não é crucial.

Ele observou que Jack Ringwalt, fundador da National Indemnity em 1941, não era da área de seguros. Porém, com seu bom senso à moda antiga, ele fez o pessoal Hartford comer poeira.

Buffett disse que queria que a ala de seguros da Berkshire tivesse exposição ao maior número possível de empresas para potencial investimento ao redor do mundo por meio de uma equipe disciplinada.

Munger concluiu que unindo seguros e investimentos, se você combinar uma boa exposição com uma boa taxa de declínio nos custos, de fato poderá se sair muito bem.

Esperando A Bola Fácil

Na mesma linha, Buffett usa com frequência a expressão do beisebol "esperando a bola fácil" para descrever a abordagem da Berkshire para alocação de ativos.

Em uma digressão fascinante, ele observou que poucas corporações fazem isso e, consequentemente, o histórico de alocação de recursos para as empresas dos EUA é muito ruim.

Ele recordou que a GEICO, que possui um ótimo negócio, sentiu-se obrigada a fazer três aquisições nos últimos 30 anos. Todas fracassaram.

A Gillette, com uma participação de mercado mundial de 71% em produtos para se barbear/depilar, sentiu-se obrigada a emitir ações para comprar a Duracell, desta forma trocando ações de um grande negócio para possuir um inferior.

Buffett contou que se deparou com uma empresa que fez 10 negociações em 5 anos. Até 2001, essa empresa estava tomando de 10 a 0.

Na realidade, Buffett fez uma estimativa de que os lucros agregados das dez compras foram *um quarto* da quantia projetada.

Munger observou que muitas corporações têm grandes departamentos de fusões e aquisições, gastando quantidades enormes de tempo para realizar enormes due diligences. Contudo, pelo menos dois terços das aquisições são um fracasso.

Em contraste, Munger observou que a Berkshire fez ótimos negócios sem ter gasto tanto tempo assim. Eles aguardam o óbvio, a bola fácil.

Amigos e Sócios

Buffett e Munger se conheceram em 1959, e são amigos desde então.

Buffett sugeriu que é útil listar as qualidades que busca em um amigo e, então, procurar aplicá-las em *si mesmo*.

Ele enfatizou que é uma questão de escolha, e não de DNA. Qualquer um pode desenvolver um bom caráter e hábitos de qualidade para a vida toda.

Munger interveio, dizendo que eles conhecem vários executivos bem-sucedidos que não possuem um único amigo verdadeiro... e com razão. "Não tem como viver a vida assim", concluiu.

Fundamentos para Investir

Buffett afirmou que o investimento de sucesso não é algo complicado. A Pedra de Roseta do investimento é lembrar que uma ação é propriedade parcial de uma empresa. Esse princípio fornece o fundamento para o investimento racional.

Buffett leu o livro de Ben Graham, *Security Analysis*, em 1949, quando ainda era aluno da Universidade de Nebraska e, desde então, não leu nada mais que fosse melhor que Graham.

Ele acrescentou que o temperamento é muito importante, especialmente quando há uma disposição em ir contra a maré.

Recomendou ser realista ao definir seu círculo de competência, e ter disciplina para permanecer dentro do círculo. Continuando, ele disse que faz bem isolar-se das opiniões populares. Você fará muito melhor ao se sentar e pensar.[*]

Enfrentado a Realidade: Apenas Pergunte Por Quê

Munger compartilhou que possuir um interesse apaixonado em saber por que as coisas estão acontecendo ajuda. Essa qualidade da mente em longo prazo, afirmou, melhorará sua habilidade de enfrentar a realidade. As pessoas que não perguntam por que, estão destinadas ao fracasso, mesmo aquelas com altos QIs.

Buffett observou que muitas pessoas com QIs muito altos fracassam financeiramente.

---

[*] Foi o que Sir John Templeton fez ao se mudar para as Bahamas, e o que Buffett fez ao permanecer em Omaha.

Local: Auditório Municipal de Omaha

Participação: 19 mil pessoas

Detalhes Sobre Este Ano:

- Na recepção, o bicampeão de xadrez dos EUA, Patrick Wolff, enfrentou todos os oponentes — com os olhos vendados. Campeões de bridge, gamão e scrabble também estavam à disposição para competir com os acionistas.

Ranking na Fortune 500: 28º

Preço da Ação: US$72.865

Um dólar investido em 1964 valeria hoje **US$5.890**.

O valor patrimonial por ação da Berkshire subiu de US$19,46 para **US$50.498** (uma taxa de retorno composta de **22,2%** a.a.).

O S&P 500 acumulou **10%** anuais durante o mesmo período.

DESTAQUES DAS ANOTAÇÕES DE 2003

Ótimo Primeiro Trimestre

Os comentários de abertura feitos por Buffett destacaram uma análise dos resultados do primeiro trimestre da Berkshire, o melhor na história da empresa.

A empresa ganhou US$1,7 bilhão e gerou US$1,3 bilhão de float, totalizando US$3 bilhões em dinheiro gerado.

Embora as subsidiárias de outros setores que não o de seguros estejam em ritmo lento, refletindo a baixa da economia, as unidades de seguro estão indo a todo vapor.

Buffett estimou que o float cresceu 13%, chegando a US$42,5 bilhões, embora tenha demonstrado dúvidas quanto à possibilidade de haver maior crescimento do que esse.

Com um total de float dos seguros de patrimônios e de sinistros nos EUA ao redor de US$500 bilhões, a Berkshire agora representa cerca de 8% do total. O mais importante é que a empresa está divulgando lucros com seu negócio de seguros, o que significa que o float é gerado sem qualquer custo.

Buffett observou que esse float "gratuito" tem a utilidade de ser patrimônio sem a dissolução da emissão de ações.

De seu modesto começo, com US$12 milhões de float gerados pela National Indemnity em 1967, o crescimento desse float tem sido espetacular e um dos principais geradores de crescimento do patrimônio líquido da Berkshire.

Buffett comparou a capitalização de riquezas na empresa a uma grande bola de neve descendo uma encosta. Ele observou que a bola de neve da Berkshire tem um bom tamanho, consegue atrair muito mais neve e provavelmente ainda há muita montanha de neve sobrando.

Aquisições

A Berkshire pode ser vista como uma coleção de grandes empresas. A atividade favorita de Buffett é aumentar essa coleção.

Ele falou sobre a atividade de aquisição mais recente da Berkshire.

Para começar, a empresa fez uma oferta de US$1,7 bilhão para comprar a Clayton Homes, a construtora de casas móveis (pré-fabricadas) mais bem administrada dos EUA.

Problemas no setor dificultaram a obtenção de financiamento com os temerosos emprestadores.*

---

* A dificuldade no setor teve origem, mais notadamente, após a falência da Conseco, que era a maior seguradora de hipotecas de casas móveis, e pela qual a Berkadia — um empreendimento conjunto da Berkshire e da Leucadia National — fez uma proposta, mas sem sucesso.

Com a venda para a Berkshire, a Clayton terá acesso ao capital e ao crédito com classificação AAA da Berkshire.

Buffett falou muito bem a respeito do histórico da gestão familiar da Clayton e acrescentou que sua empresa reterá as hipotecas originadas pela Clayton.*

Ele também falou sobre a aquisição que a Berkshire fez da McLane, subsidiária do Walmart e distribuidora de alimentos que atende lojas de conveniência, restaurantes fast food e outros varejistas, por US$1,5 bilhão de dólares.†

Para aqueles clientes em potencial, que odeiam fazer negócios com o Walmart, a McLane agora se mostra uma fonte de distribuição mais agradável.

NetJets

Os preços de revenda de jatos com donos anteriores (jargão do setor para "usados") despencaram nesta economia com mais oferta do que demanda.

Embora isso represente perdas para a NetJets em curto prazo, Buffett observou que a empresa possui 75% do mercado, ou 3 vezes mais do que os 3 concorrentes mais próximos juntos. Além disso, esses concorrentes estão todos perdendo dinheiro.

Buffett previu que haverá uma saída forçada do mercado, mas garantiu aos acionistas que a NetJets "não estará entre as que sairão".

Em longo prazo, ele fez uma previsão de que a posse fracionada de jatos será um negócio global e que poderia haver um aumento de até dez vezes no número de pessoas que viajam de avião dessa forma.

Contabilidade

Quando perguntado se recomendava algum livro sobre contabilidade, Buffett defendeu que é importante aprender tudo que puder do assunto caso trabalhe com negócios.

Leia muitos relatórios anuais. Aprenda contabilidade pela leitura de bons artigos de negócios, especialmente aqueles que apresentam escândalos na área de contabilidade. Tente entender como os números são elaborados.

Logo, caso não consiga, será provavelmente porque a gerência não quer que você entenda. Ela sempre ofusca os fatos por algum motivo.

Munger elogiou a instrução de Buffett sobre contabilidade, dizendo: "Podemos também perguntá-lo se ele indica algum bom livro sobre como respirar." Concluiu afirmando que são necessários anos para integrar uma compreensão da contabilidade com as realidades da vida.

---

* Entendemos que isso seja uma das principais vantagens da Berkshire — usar seu balanço patrimonial com classificação AAA e seu enorme capital para reduzir os custos de financiamento e para reter empresas lucrativas que aquelas menos capitalizadas não conseguem.

† A McLane tem receita de US$22 bilhões, dos quais US$7 bilhões são originados do Walmart, de acordo com nossos cálculos.

Contabilidade de Opções

Buffett e Munger têm sido críticos austeros da contabilidade de opções desde a mudança das regras em 1993.*

Buffett começou dizendo que qualquer opção possui valor, e é tolo pensar que não é assim.

As opções emitidas como compensação podem funcionar 1) se há um custo de capital associado a elas; e 2) se a emissão estiver atrelada diretamente ao desempenho.

Infelizmente, quase todas as emissões de opções quebram essas duas regras. Elas têm servido mais como bilhetes de loteria ou royalties com o passar do tempo.

Nos anos 1990, elas serviam como um conduíte para uma grande transferência de riqueza dos acionistas para os funcionários. As diretorias davam opções como prêmios, como se estivessem distribuindo balas. Especialistas promoviam as emissões de opções como se fossem dinheiro de brinquedo. Os CEOs que buscavam aumentar seus ganhos ficavam felizes em emitir opções visto que, na época, não eram tratadas como despesas. Os funcionários gostavam dos bilhetes de loteria gratuitos.

Ninguém dentro do sistema agiu para proteger os acionistas. O sistema não tem o que Buffett denominou de "paridade de interesse".

Mais Contabilidade

Conforme Buffett e Munger falavam mais sobre o assunto, o primeiro protestou contra o fato de todos os tipos de despesas estarem escondidos em notas de rodapé e nas notas explicativas: "Por que não colocar tudo no rodapé, assim poderíamos ter apenas duas linhas para relatar — receita e lucro?"

Buffett advertiu os investidores de que a gestão que se recusa a colocar as opções como despesa ou que possui assunções extravagantes de pensões provavelmente também pegará o caminho mais fácil em outras questões. Ele avisou: "Raramente há só uma barata na cozinha."

Buffett também condenou o uso do EBITDA (lucros antes de juros, impostos, depreciação e amortização), como se a depreciação não fosse uma despesa real.

Não é apenas uma despesa, ele afirmou, é o pior tipo de despesa, na qual todo o dinheiro é gasto logo de cara.

Munger levou o público à loucura com a seguinte instrução: "Sempre que você vir 'EBITDA' no relatório de algum analista, apenas insira as palavras 'lucro de mentirinha'."

---

* Vem à memória nossa participação na reunião da Berkshire em 1993, porém não conseguíamos entender por que eles criticavam tanto o Financial Accounting Standards Board (FASB). Após as opções começarem a ser emitidas como se fossem balas durante a bolha, finalmente compreendemos.

Inflação

Buffett observou que a inflação é a inimiga do investidor.

Ele sugeriu que, se tivesse um crescimento real do PIB de 3% mais 2% de inflação, isso seria o mesmo que 5% de crescimento nominal do PIB.

Com 1% a 2% em dividendos (menos os custos friccionais, como impostos e custos de agency), retornos de 6% a 7% para investidores de patrimônio parecem ser uma expectativa razoável e nada má em um mundo de inflação baixa.

Com uma nação de 100 milhões de trabalhadores e um PIB de US$10 trilhões, o fato de os acionistas receberem um retorno de 6% a 7% é um resultado perfeitamente aceitável.

PIB de Qualidade

Buffett fez uma observação interessante, que não havíamos ouvido antes.

Ele comentou que o PIB é geralmente apresentado como um número bruto, porém enfatizou que o PIB *per capita* é muito mais significativo.

Ele acrescentou que um "PIB de qualidade" seria um fator adicional que vale a pena conhecer. Um PIB que leve a melhores padrões de vida é uma coisa. Agora um PIB que cresceu por conta da contratação de mais seguranças particulares é outra — um PIB com qualidade inferior ao primeiro.

A Desigualdade Ajuda

Munger gosta de dizer que a taxa de falência de todas as grandes civilizações é de 100%.

No entanto, ele observou que uma das chaves para uma sociedade bem-sucedida é a percepção da equidade. Algo que promove essa percepção nos EUA são as mudanças das famílias mais ricas naquele país. Se as mesmas famílias possuírem as maiores riquezas durante décadas, isso pode gerar ressentimento. Mas isso raramente ocorre lá — os herdeiros da DuPont, por exemplo, deram lugar aos gerentes agressivos na Pampered Chef.*

E, assim, as pessoas veem o sistema como justo.

Impostos

E o mesmo se dá com os impostos — Buffett foi contra o plano de Bush para eliminar a tributação dupla sobre os dividendos.

Caso fosse aprovado, Buffett poderia distribuir dividendos de milhões de dólares para si mesmo, conseguindo baixar sua taxa de impostos para menos de

---

* O fundador da Pampered Chef, Doris Christopher, que dava aulas de economia no porão de sua casa em 1980, transformou as vendas anuais de US$50 mil para mais de US$700 milhões em apenas 22 anos.

1%, enquanto seu secretário continuaria a pagar uma taxa tributária de 30%. Tal diferença só geraria ressentimentos.*

Riscos de Seguros

Buffett e Munger observaram que no setor de seguros, você recebe muito dinheiro em troca de alguns pedaços de papel, e que isso pode tentá-lo a fazer coisas muito tolas. Alguns poucos erros magistrais podem desfazer completamente anos de acumulação de riquezas.

Como exemplo, eles contaram novamente como a Mutual de Omaha começou a ressegurar as seguradoras de patrimônios e sinistros e, em pouco tempo, acabou com metade de seu patrimônio líquido, um valor que levou décadas para ser construído.

Outro exemplo incrível foi quando a GEICO emitiu irrisórios US$72 mil de prêmios líquidos em seguros de responsabilidade civil associados a produtos comerciais, de 1981 a 1983. Essa "pequena mordida na maçã" foi suficiente para criar uma perda impressionante de US$94 milhões, ou cerca de *130.000%* do prêmio líquido recebido. A maior parte dessa perda ocorreu por causa de recebíveis impagáveis de resseguradores que quebraram.

Em partes, o que torna o setor perigoso, de acordo com Buffett, é que, caso esteja disposto a fazer coisas estúpidas em seguros, você será descoberto e atrairá interessados.

Ele descreveu uma imagem elaborada: caso estivesse em um barco a remo no meio do Oceano Atlântico e apenas sussurrasse um preço ridículo de seguro, os corretores sairiam da praia e viriam nadando até você... com suas barbatanas à mostra.

Correlação

Buffett continuou dizendo que, quando as coisas dão errado, tudo quanto é tipo de coisa começa a se correlacionar, coisas nas quais você não havia pensado antes. Ele disse que isso é mortal. Se não estiver atento a essas correlações, você terá uma concentração de risco irreconhecível.

Quando as dívidas em telecomunicações entraram em colapso, por exemplo, as pessoas descobriram que tudo aquilo estava correlacionado.[†]

Munger advertiu que os derivativos têm o mesmo tipo de perigo e que a contabilidade feita para eles exacerba o problema.[‡]

---

* Buffett escreveu recentemente um artigo de opinião no *Washington Post* argumentando contra o plano tributário de Bush.

† De acordo com Jim Crowe, CEO da Level 3, houve 180 declarações de falência até o momento durante a explosão da bolha no setor de telecomunicações.

‡ Na reunião do último ano, Munger disse que compararia a contabilidade dos derivativos a um encanamento, mas isso seria um insulto ao esgoto.

Aprendizado Vitalício

Munger observou que uma das características mais marcantes de seu amigo, Warren, é que ele continua melhorando com a idade e continua a aprender.

O investidor recorda agora que, ao negociar a compra da See's Candy, ele e Warren teriam ido embora caso os vendedores tivessem pedido US$100 mil a mais. Ira Marshall lhes disse que seria loucura fazer isso. Eles deveriam estar dispostos a pagar mais por qualidade.

Marshall estava certo — visto que após pagar US$23 milhões pela See's em 1971, a fábrica de doces gerou mais de US$1 bilhão de lucros brutos para a Berkshire. Teria sido demais desistir por causa de míseros US$100 mil de diferença.

Munger afirmou que sua habilidade de aceitar críticas construtivas tem sido um fator essencial para o sucesso da Berkshire, e que a "Berkshire foi construída sobre as críticas".

Buffett acrescentou que a abordagem quantitativa de Ben Graham era fácil de ser ensinada.

Por outro lado, Munger enfatizou a qualitativa. Eles aprenderam, a partir da experiência, que ganharam mais dinheiro com empresas maravilhosas a um preço razoável do que com uma empresa razoável com um preço maravilhoso. Embora o insight qualitativo tenha sido muito mais difícil de aparecer, ele se demonstrou muito mais valioso.

Em referência ao aprendizado sobre investimentos, Buffett recomendou a construção de seu próprio banco de dados de forma que possa acumular conhecimento ao longo de toda sua vida.

Eles mencionaram o *Wall Street Journal* e a *Fortune* como suas fontes favoritas e acrescentaram as informações prestadas pelas empresas ao mercado.

Buffett disse que uma coisa que nunca faz é ler os relatórios de analistas. "Se eu ler um, foi porque a parte de humor dos jornais não estava disponível", brincou.

Custo de Oportunidade

Buffett e Munger concordaram sobre o fato de que seus maiores erros foram de omissão, e não de comissão.

Apesar da lição aprendida com a See's Candy, Buffett confessou ter uma tendência de parar de comprar ações de empresas maravilhosas se o preço aumentar. Ele disse que parou de comprar ações do Walmart certa vez, e sua teimosia custou US$8 bilhões aos acionistas.*

Munger sustentou que ele e Warren são aprendizes lentos. O custo de oportunidade da quantia de dinheiro perdida pela matriz da Berkshire foi "impressionante".

Warren concordou.

---

* Em anos recentes, Buffett mencionou ter cometido um erro semelhante com a Fannie Mae. Esta foi a primeira vez que o ouvimos mencionar o Walmart a respeito desse assunto.

Após ter atacado os consultores, contadores, políticos e analistas, Munger voltou-se aos CEOs e seus departamentos de Fusão e Aquisição.

Ele afirmou que todas as pessoas inteligentes baseiam suas decisões em custos de oportunidade. Os retornos alternativos disponíveis deveriam pesar na decisão de realizar determinado investimento ou não. Isso é economia para iniciantes.

Enquanto isso, continuou, o resto do mundo passou a seguir essa mania louca de usar modelos malucos e elaborados para calcular o custo de capital e outras fórmulas para tomar decisões, resultando em "defeitos mentais perfeitamente incríveis".

Buffett brincou: "Tem mais alguém que nos esquecemos de ofender?"

A Bola Fácil

Buffett aconselhou os participantes que "o mercado está aí para servi-los, e não para instruí-los".

Munger defendeu que é importante desenvolver um temperamento com o qual você consiga possuir valores mobiliários sem se afligir. Caso foque o preço, você está claramente dizendo que acredita que o mercado sabe mais que você. Caso considere no valor da empresa em vez do preço, você dormirá melhor. Se o mercado fechasse por cinco anos, a Acme Brick ainda produziria tijolos e a Dairy Queen ainda estaria vendendo Dilly Bars.

Eles sugeriram que investir é muito mais parecido com uma aposta do tipo parimutuel, na qual você precisa estar certo apenas poucas vezes, desde que não sofra grandes perdas.

Munger observou que a maioria das instituições financeiras faz exatamente o oposto, enchendo grandes departamentos de pesquisa para acompanhar todas as empresas do S&P 500.

Por outro lado, Buffett disse que precisa de apenas uma ou duas boas ideias por ano. Dessa forma, ele busca imitar o grande rebatedor de beisebol, Ted Williams, que sabia que seu sucesso residia em esperar pela bola fácil.

Grande Oportunidade em Energia

Buffett sugeriu aos acionistas que a MidAmerican Energy já era um negócio grande para a Berkshire, mas que ainda poderia se tornar muito maior, especialmente se leis ultrapassadas fossem mudadas.

O setor de energia representa bilhões de dólares de oportunidade: "Não estamos lidando com banquinhas que vendem limonada aqui."

Além disso, Buffett acredita que eles têm gestores fabulosos nas pessoas de David Sokol e Greg Abel.

Ele observou que a Berkshire tem algo a agregar ao setor de energia e, de fato, em 2002 ela o fez ao comprar linhas de transmissão de empresas que, de outro modo, teriam falido.

Alerta Sobre os Derivativos

Buffett e Munger têm alertado sobre os perigos dos derivativos há vários anos.

Preocupado com a possibilidade de que seu aviso não tenha sido ouvido, Buffett permitiu que a revista *Fortune* reimprimisse suas ideias sobre os derivativos que foram compartilhadas no boletim anual aos acionistas, no qual ele fez referência aos derivativos como "armas financeiras de destruição em massa".

No setor de energia, praticamente todas as fornecedoras no país foram à ruína com a participação no tipo de negociação de derivativos advogados pela Enron.

Em 1998, a Long-Term Capital Management quase paralisou todo o sistema financeiro devido a problemas que foram ampliados pelo uso de derivativos.

Munger reclamou que, em engenharia, a segurança é uma preocupação enorme, mas com os derivativos é como se ninguém desse a mínima para segurança.

Ademais, as duas partes de uma negociação típica de derivativos registram lucros imediatos sobre a negociação — essa falsa contabilidade desencadeou um inchaço do negócio.

Buffett acrescentou que, embora os participantes aleguem que os derivativos ajudem a diversificar o risco, ele acredita que eles, na realidade, *intensificaram* o risco, uma vez que poucos grandes players fazem a maior parte dos negócios.*

Buffett alertou que o risco de contrapartida no sistema foi pouco examinado, apesar dos avisos de infortúnios passados.

Munger afirmou que ficaria surpreso se vivesse mais 50 anos e não visse uma devastação significativa.

A Melhor História

As histórias a respeito dos inícios são sempre uma agradável surpresa.

Este ano, Buffett contou a história sobre como a Berkshire comprou a National Indemnity de Jack Ringwalt em 1967.

Buffett disse ter percebido que Ringwalt tinha seus 15 minutos de raiva todos os anos, durante os quais ele ameaçava vender a empresa. O investidor disse que colocou um amigo em comum, Charlie Heider, em alerta para que lhe telefonasse da próxima vez que Ringwalt tivesse sua crise, para que pudesse comprar a empresa.

Como era de se esperar, Heider telefonou pouco tempo depois: "Jack está pronto."

Buffett fechou o negócio dentro do limite de 15 minutos, embora desse para ver que Ringwalt estava arrependido. Ringwalt tentou voltar atrás, perguntando: "Suponho que vocês vão querer ver os balanços auditados, certo?"

---

* Essa mesma ideia foi apresentada em boletins recentes por Jean-Marie Eveillard, gerente do First Eagle Global Fund.

Sentindo que Ringwalt estava procurando alguma desculpa para cancelar o negócio, Buffett respondeu: "Nem sonhando pensaria em ver balanços auditados." Por US$7 milhões, a National Indemnity passou a pertencer à Berkshire.

Buffett também observou que Ringwalt estava dez minutos atrasado para a reunião, porque estava procurando algum parquímetro que ainda tivesse alguns minutos restantes de outra pessoa.

Ele brincou: "Foi aí que percebi que ele era o meu tipo de pessoa."

Gêmeos Idênticos

Buffett sugeriu o seguinte problema filosófico.

Imagine que você está no ventre materno com um gêmeo idêntico. Vocês são semelhantes em tudo. Um gênio aparece e faz uma proposta: "Vocês nascerão nas próximas 24 horas. Um de vocês nascerá em Omaha e o outro em Bangladesh. Vocês é que decidem. Comecem a dar os lances com quanto de seu patrimônio voltará à sociedade."

Buffett disse que não hesitaria dar 100% de seu patrimônio em um lance, observando que provavelmente teria morrido por subnutrição anos atrás caso tivesse nascido em Bangladesh.

Havia uma chance a cada 50 para que nascesse nos EUA. Ele disse que teve muita sorte por isso.

Vida de Sucesso

Buffett afirmou que você é bem-sucedido se as pessoas que espera que o amem de fato o façam.

Ele e Munger concordaram com o fato de que ganhar dinheiro não substitui a amizade e a felicidade.

Buffett disse que conhecia pessoas que foram homenageadas com seus nomes em grandes edifícios, mas que não conhecia ninguém que as amasse. Isso não é forma de se viver.

Munger conclui com a seguinte piada: um clérigo que falava em um funeral com bem poucas pessoas pediu aos presentes que dissessem algumas palavras a respeito do falecido. Após um silêncio constrangedor, ele insistiu, "Não tem ninguém aqui que possa dizer alguma coisa boa sobre o falecido?" Uma voz vinda do fundo resmungou: "Bem, o irmão dele era pior."

Local: Qwest Center

Participação: Cerca de 20 mil pessoas

Detalhes Sobre Este Ano:

- O Qwest Center oferece um espaço para exposições para as subsidiárias da Berkshire com cerca de 18 mil metros quadrados. O Shopping Berkshire, agora expandido, inclui uma Clayton Home com cerca de 1,5 mil metros quadrados.

Ranking na Fortune 500: 80º

Preço da Ação: US$84.378

Um dólar investido em 1964 valeria hoje **US$6.821**.

O valor patrimonial por ação da Berkshire subiu de US$19,46 para **US$55.824** (uma taxa de retorno composta de **21,9%** a.a.).

O S&P 500 acumulou **10,4%** anuais durante o mesmo período.

DESTAQUES DAS ANOTAÇÕES DE 2004

Proteção da Inflação

Com possivelmente a fala mais significativa da reunião, Buffett afirmou que a inflação está esquentando nos EUA.

Isso explica a mudança que a Berkshire fez de bonds para dinheiro.

Como estratégias frente à inflação, Buffett sugeriu, servindo de primeira linha de defesa, que você deve aumentar seu poder de ganhos. Por exemplo, caso seja o melhor cirurgião ou o melhor encanador da cidade, seu salário provavelmente estará mais do que indexado à inflação.

Em segundo lugar, Buffett recomendou ter empresas que possam manter o preço durante a inflação e que tenham baixas despesas de capital para manter o negócio.

Ele mencionou a See's Candy como um exemplo, observando que a empresa é o tipo de negócio que consegue manter seu valor independentemente das mudanças atuais.

O pior tipo de empresa para ter em um ambiente inflacionário são aquelas que demandam muito capital para permanecerem no jogo e que não apresentam um retorno real.[*]

A inflação não é amiga do investidor. Munger observou que é praticamente irrefutável que a maioria das pessoas obterá apenas um pequeno retorno após o desconto da inflação e dos impostos.

Como outra linha de defesa, Munger sugeriu evitar ter "várias necessidades inúteis na vida".

Buffett exclamou: "Charlie, estamos vendendo bens de consumo na sala ao lado! Tudo bem falar assim em casa, mas não aqui."

E Munger respondeu: "Eu falo assim em casa, mas não adianta nada."[†]

Direções Independentes

No furor a respeito da permissividade dos diretores, até Buffett foi criticado.

Recentemente, Calpers questionou sua independência como membro do conselho da Coca-Cola.

Como contestação, Buffett disse que não há substituto para o pensamento. Não há um checklist mágico que lhe dirá sempre se um diretor é independente.

---

[*] Isso descreve a maioria das empresas de tecnologia.

[†] Como minha avó costumava dizer: "Seja rico na miudeza de seus desejos."

Buffett argumentou que você poderia tirar alguém da fila dos desempregados, pagar um salário de US$100 mil por ano como diretor, e essa pessoa atenderia à qualificação proposta de "independente". Contudo, todos os rendimentos dessa pessoa dependeriam do seu salário!

Enquanto isso, a Berkshire possui aproximadamente US$10 bilhões em ações da Coca-Cola, mas Buffett não é considerado "independente" pelo checklist proposto. No entanto, quem poderia importar-se mais em ver boas decisões sendo tomadas se não o maior acionista?

Buffett concluiu, citando Bertrand Russell: "A maior parte das pessoas prefere morrer a pensar; na verdade, é isso que fazem."

Boas Compensações

Buffett admitiu que os administradores podem ganhar muito dinheiro na Berkshire, mas os bônus estão sempre relacionados ao *desempenho*.

Para ter um bom acordo de compensação, ele aconselhou, você deve compreender o que é essencial ao negócio e manter as coisas simples.

Em uma divagação admirável, Buffett compartilhou que sabia que os administradores na MidAmerican Energy (David Sokol e Greg Abel) eram extraordinários, mas qual acordo sobre a compensação seria apropriado? Em três minutos ele rabiscou uma proposta, mostrou-a para Walter Scott, conversou com Sokol e Abel a respeito, fez alguns poucos ajustes — e estava feito.

Ele observou que o acordo simples que fizeram com Chuck Huggins, gestor da See's em 1972, ainda está funcionando. Da mesma forma, o acordo da Berkshire com John Holland para gerenciar a Fruit of the Loom tem apenas dois parágrafos. Na GEICO, os bônus se baseiam em duas variáveis importantes.[*]

Más Remunerações

Por outro lado, a remuneração dos executivos nos EUA ultrapassou os limites da razão durante a última década.

Buffett observou que a remuneração dos executivos saiu de controle devido a um "potencial conflito de interesses". Embora o conselho de administração possa ver isso como dinheiro de mentirinha (opções de ações), o CEO o vê como seu sustento. Dessa forma, o CEO é o mais motivado a buscar membros do conselho que sejam flexíveis. Buffett disse, com sarcasmo: "Eles não estão buscando dobermans. Buscam chihuahuas que foram sedados."

---

[*] Tendo como base as reuniões anuais do passado, acreditamos que essas variáveis seriam crescimento de segurados (unidades) e o índice combinado (lucratividade).

De igual modo, os consultores de compensação são trazidos para defender o CEO.

Munger encerrou com suas costumeiras poucas palavras: "Preferiria colocar uma víbora sob minha camisa do que contratar um consultor de compensação."

Pessoas Agindo Erradamente

Buffett e Munger passaram a disparar seus ataques pessoais aos advogados e à necessidade de uma reforma nos processos na justiça civil (tort reform); aos contadores e como eles traíram os EUA com uma contabilidade espúria; aos mecanismos fraudulentos de elisão fiscal observados no escândalo dos fundos mútuos, e como centenas sabiam a respeito, mas ninguém disse nada; e a muitas outras coisas.

Em vez de recontar aqui toda a discussão dos moralmente marginais, resumiremos citando Munger a respeito dos antigos barões ladrões: "Quando estavam falando, mentiam, e, quando estavam em silêncio, estavam roubando."

Mercados Impulsivos

Munger observou que a Berkshire tinha US$31 bilhões em dinheiro no fim do exercício porque não havia alternativas atraentes.

Buffett continuou esperançoso por uma oportunidade porque "os preços às vezes fazem coisas incríveis nos mercados de valores".

Ele observou que os junk bonds, no segundo semestre de 2002, desmoronaram onde tinham rendimentos na maturidade de 35% a 40%. Alguns desses mesmos bonds agora rendem apenas 6% — uma reviravolta incrível em apenas 18 meses.

O Paradoxo de São Petersburgo

Buffett afirmou que a tendência de fazer projeções com taxas muito altas de crescimento fez com que os investidores perdessem rios de dinheiro.

A bolha da "nova economia" ficou caracterizada por muitas dessas projeções.[*]

Buffett recomendou a leitura de um artigo escrito por Durand 30 anos atrás a respeito do paradoxo de São Petersburgo para esclarecer o assunto.

Conforme Buffett sempre ensinou, o valor intrínseco de um ativo é o dinheiro que ganhará daqui até a eternidade, descontado a valor presente.

---

* Bob Rodriguez da FPA disse o mesmo, fazendo referência a curvas parabólicas.

No entanto, se sua taxa estimada de crescimento for maior que sua taxa de desconto, você terá um valor do infinito.

Claramente, Munger observou, você precisa então voltar a números mais realistas.

Embora muitos analistas e empresas insistam em fazer projeções de crescimento de 15% ou mais, Buffett observou que a Fortune 500 deste ano inclui uma retrospectiva de 50 anos que mostra que apenas algumas empresas conseguiram crescer 10% ou mais durante o período.

Derivativos: Chá com o Chapeleiro Maluco

Buffett advertiu ano passado que os derivativos poderiam se mostrar armas de destruição em massa. Desde então, eles ficaram ainda maiores.

Embora a ideia inicial dos derivativos tenha sido dispersar o risco, ele explicou, o sistema agora intensifica o risco em algumas poucas instituições. "Há muito mais risco no sistema por causa dos derivativos", concluiu.

No caso da Freddie Mac, Buffett observou que as finanças foram escrutinadas por centenas de analistas, por uma comissão de supervisão do congresso, por diretores capazes, por auditores... e, no entanto, os lucros foram erradamente apresentados com uma diferença de US$6 bilhões — muito desse valor estava relacionado aos derivativos. Poderiam ter facilmente errado para US$12 bilhões.

Buffett advertiu que a escala dos derivativos fica cada vez maior e, contudo, a maioria dos executivos não compreende isso.

Ele confessou que não compreendia os derivativos na Gen Re, e a Berkshire ainda está desfazendo essa bagunça.*

Ele também observou que outro encontro indesejado com os derivativos ocorreu com o escândalo de negociação de bonds do Salomon Brothers, que por pouco não declarou falência com US$1,2 trilhão em derivativos. Uma vez que o Solomon tinha contratos no Japão e no Reino Unido, assim como nos EUA, o juiz que cuidasse dos trâmites da falência teria tido uma confusão enorme em suas mãos.

Munger observou que o erro comum é não pensar nas consequências das consequências.†

Buffett fez a reflexão de que muitas coisas acabam se correlacionando quando as pessoas não esperavam que isso fosse ocorrer.

---

* Seis anos após a aquisição.

† Garrett Hardin fez a pergunta, utilizando seu filtro "eco" apresentado no livro *Filters Against Folly* ["Filtros Contra a Sandice", em tradução loucura]: "E depois?"

Munger sugeriu que isso tudo é como tomar chá com o Chapeleiro Maluco e que os contadores são traidores.

O Temperamento para Investir

Outra discussão fascinante tratou do papel do temperamento nos investimentos.

Embora a inteligência seja útil, Buffett e Munger afirmaram que ter o temperamento adequado é muito mais crucial.

Buffett mencionou a necessidade de passar muito tempo observando empresas e construindo seu banco de dados e sua compreensão dos negócios.

Munger concordou que é necessária muita leitura para ser sábio, mas curiosamente observou que encontrou muito poucos, entre aqueles que leem muito, que têm o temperamento adequado. A maioria fica confusa com a massa de informações.

Buffett afirmou que bons investimentos não exigem um intelecto extraordinário, mas uma disciplina extraordinária que poucos têm. Na verdade, ele refletiu: "O que aprendemos com a história é que as pessoas não aprendem nada com a história."

Apresentando uma prova final, Buffett constatou que Sir Isaac Newton, um dos homens mais brilhantes da história, desperdiçou uma grande parte de seus dias tentando transformar chumbo em ouro e que perdeu uma quantia enorme na bolha da Companhia dos Mares do Sul.

Matemática

Munger ousadamente afirmou: "É como se Deus tivesse feito o mundo para que apenas a matemática possa compreendê-lo."

Ele observou que, se não souber nada de números, você será um trapalhão. No entanto, não é necessária uma matemática muito avançada nos negócios, e isso pode até ser uma desvantagem.

Buffett, com um sorriso, concluiu: "Quando minha mãe entoava as canções sobre juros compostos, não era necessário ir além disso."

Erros de Omissão

Buffett observou que não ter maximizado as raras boas ideias custou mais aos acionistas do que seus pecados por omissão.

Embora os erros por omissão não cheguem aos relatórios financeiros, Munger disse que o fato está sempre em suas mentes.

Buffett mencionou que seu erro ao não comprar o Walmart custou aos acionistas da Berkshire US$10 bilhões até o momento.

Ele comentou que inicialmente mostrou a ideia a Charlie, que disse: "Não é a pior ideia que você teve", algo que, vindo dele, Buffett entendeu como um elogio "descomunal".

Mas ele bateu o pé no preço de US$23. Quando o valor subiu, ele parou de comprar.

Nosso Próprio Pior Inimigo

Munger ressaltou que, ao longo da história, as pessoas foram à loucura tentando desvendar o futuro.

Os reis de antigamente faziam com que seus adivinhos analisassem tripas de ovelhas para tomar suas decisões. Hoje, as pessoas ainda são tão doidas quanto aqueles reis, buscando pessoas que finjam saber o futuro, oferecendo incentivo econômico a Wall Street para que venda sua panaceia.

A combinação do rendimento abaixo do mercado dos fundos mútuos médios com o hábito das pessoas de misturar fundos com frequência, o contato com os "experts" tem dado um resultado ruim ao público em geral.

Buffett afirmou que sua premissa fundamental é que os negócios irão bem nos EUA. Embora fatores negativos possam fazer com que investidores medrosos vendam, é importante lembrar que, em qualquer momento da história, sempre houve fatores negativos. Contudo, apesar das guerras, depressões, epidemias etc., o Dow saiu de 66 para 10 mil durante o século XX.

Ele concluiu: "Não são os EUA que matarão os investidores. Serão os próprios investidores que matarão a si mesmos."

Considerando o Inesperado

Buffett disse que passa muito tempo pensando sobre o que poderia dar errado de formas totalmente inesperadas.

A respeito de eventos de baixa probabilidade, ele constatou que as pessoas subestimam os que não ocorreram há algum tempo e superestimam os que ocorreram recentemente.

Ele brincou: "Noé passou por isso."

Se há, por exemplo, 10% de chance que um grande desastre nuclear aconteça em determinado ano, dali a 50 anos, há apenas uma chance de 0,5% de que o evento não ocorrerá. Aumentar as chances para 1% seria uma melhoria significativa.

A Última a Cair

As calamidades financeiras ocorrem com mais frequência do que as naturais, Buffett constatou. Então, como conselho, ele disse para todos se portarem de tal forma nos próximos 50 anos que, caso haja uma crise financeira, todos a superarão.

É por isso que eles não acreditam em muita alavancagem para a Berkshire. Ao longo da história, é a alavancagem que acaba com as pessoas.

Buffett ficou muito surpreso com tantas pessoas com um QI alto e com um desejo enorme de ganhar dinheiro, mas que foram devastadas no colapso do junk bond em 2002. Wall Street está repleta de dinheiro e de talentos, contudo, há uma oscilação enorme nos preços dos títulos. Isso não acontece com os apartamentos em Omaha ou com as franquias do McDonald's.

Munger observou que os contratos de derivativos podem funcionar da mesma forma que as contas margens (uma forma de alavancagem). Se uma das contrapartes tiver sua classificação de crédito rebaixada, ela terá que adicionar mais colateral (garantia) o que, por sua vez, poderia causar um efeito dominó de vendas para conseguir levantar esse colateral.

Buffett advertiu que só precisa haver uma única vez em que você não consiga atender uma chamada de margem.

Ele observou que, tirando a habilidade de conseguir capital, a Gen Re poderia ter entrado em terríveis dificuldades financeiras após o 11 de Setembro. As ações caíram e o capital encolheu, o que poderia ter disparado chamadas de margem sobre esse capital para cobrir posições em derivativos.[*]

Com respeito às calamidades financeiras, Buffett resumiu: 1) não deixe que elas acabem com você; e 2) esteja pronto para tirar vantagem delas. Esse é o posicionamento da Berkshire.

Ele declarou enfaticamente: "Em um cataclismo, a Berkshire certamente seria a última a cair."

National Indemnity: Entendendo os Incentivos

Nosso debate favorito do dia ocorreu após David Winters, da Mutual Series, ter perguntado sobre as disciplinas da Berkshire para a emissão de seguros.

Como se estivesse esperando por essa pergunta o dia todo, Buffett deu-lhe slides, mostrando a história das operações da National Indemnity.

O primeiro slide do professor Buffett mostrou enormes variações no volume de prêmios durante as últimas duas décadas na National Indem-

---

[*] Totalmente reconfigurada, a Gen Re está classificada como AAA novamente.

nity (NI) conforme a empresa executava sua filosofia exclusiva de emitir pelo lucro, não pelo volume.[*]

Ao mesmo tempo, a Berkshire manteve os funcionários. Buffett estava disposto a sofrer "altos custos fixos" em tempos de baixos volumes para ensinar aos funcionários que nunca seriam demitidos por falta de volume.

Isso ficou refletido em um índice de despesas que variou bastante, saindo de 26% e chegando até 41%.

Notadamente, em 1980, havia 372 funcionários e, em 2003, 358.

Com esse foco em qualidade e disciplina, a NI tem sido lucrativa a cada ano, um recorde que, como afirma Buffett, fez os outros comerem poeira.

A chave é ter incentivos estabelecidos para obter o comportamento certo do funcionário. E, para isso, você deve avaliar todos os aspectos do negócio.

Munger concluiu: "Ninguém mais faz isso. É o caminho óbvio a seguir. Muito da Berkshire é assim."

Hábitos para a Vida

Ao serem perguntados por um jovem a respeito do essencial para viver uma boa vida, Buffett e Munger estavam cheios de conselhos.

Buffett observou que a maioria das pessoas subestima a importância dos bons hábitos.

Munger acrescentou que é crucial "evitar coisas tolas" como ir a corridas, arriscar-se a contrair AIDS, experimentar cocaína ou contrair dívidas. Ele sugeriu que se desenvolva um bom caráter e bons hábitos mentais, aprendendo durante a jornada.

Em um tom de sobriedade, Buffett disse que recebe cartas diariamente de pessoas com problemas financeiros, e que diz a muitas delas para aceitarem a falência, visto que nunca conseguirão se recuperar.

Ele advertiu que é muito tentador gastar mais do que você ganha. Também recomendou passar tempo com pessoas que são melhores que você.

Munger acrescentou: "Se isso causar problemas com seus pares, que se danem."

Buffett concluiu com a história sobre a mulher a quem, ao completar 103 anos de idade, perguntaram: "Qual é a melhor parte de ter 103?" Ela respondeu: "Não há pressão dos meus pares."

---

[*] Escrevendo sem parar, anotei os prêmios, dos menores aos maiores de 1980/US$80 milhões, 1986/US$366 milhões, 1998/US$55 milhões e 2003/US$600 milhões.

2005

Local: Qwest Center

Participação: Cerca de 19 mil pessoas

Detalhes Sobre Este Ano:

- Um novo livro foi introduzido em nossa grade, *Poor Charlie's Almanack* (um aceno ao herói de Munger, Ben Franklin). O livro apresenta uma coleção excelente da sagacidade e dos insights de Charlie Munger ao longo dos anos. Corey ficou muito animado ao ver que a pergunta que fez na reunião da Wesco Financial do ano anterior aparece no livro.

Ranking na Fortune 500: 12º

Preço da Ação: US$88.006

Um dólar investido em 1964 valeria hoje **US$7.114**.

O valor patrimonial por ação da Berkshire subiu de US$19,46 para **US$59.734** (uma taxa de retorno composta de **21,5%** a.a.).

O S&P 500 acumulou **10,4%** anuais durante o mesmo período.

DESTAQUES DAS ANOTAÇÕES DE 2005

Não Pergunte

Buffett abriu sua fala informando que não discutiria três temas:

1. A última temporada de futebol americano do Nebraska;[*]

2. O que a Berkshire está comprando no momento;

3. Detalhes de seu depoimento aos reguladores a respeito da investigação da AIG, uma vez que os investigadores preferem que as testemunhas não falem publicamente sobre seus depoimentos.

Poder de Precificação

Buffett observou que os lucros corporativos, vistos como porcentagem do PIB, estavam muito altos e que os impostos corporativos, como porcentagem do total de impostos, estavam muito baixos. Algum tipo de reversão para a média dos lucros corporativos é esperado.[†]

Munger comentou que é difícil, mas essencial, saber quem conseguirá repassar para os preços o custo da inflação.

Buffett acrescentou que "não é um ótimo negócio quando há uma sessão de orações antes de subir o preço em um centavo".

Ele observou que ama empresas com um poder inexplorado de precificação. A See's Candy era um exemplo disso quando, em 1972, vendeu 16 milhões de libras[‡] a US$1,95 a libra (e um lucro de US$25 milhões!). Ela poderia ter facilmente subido 10 centavos por libra. Hoje, até mesmo os jornais e as empresas de cerveja descobriram ser muito mais difícil subir os preços.

Buffett concluiu que você pode aprender muito a respeito da durabilidade da economia de uma empresa ao observar o comportamento de seus preços.

Suscetibilidade

Buffett alegou que nunca houve uma porcentagem tão alta de dinheiro suscetível à movimentação imediata, com fundos de hedge, mercados de câmbio, carry trades etc.

---

[*] Por favor, não pergunte a Corey também.

[†] Bob Rodriguez da FPA e Michael Sandler do Clipper Fund também preveem a diminuição das margens corporativas com um efeito atenuante no mercado de ações.

[‡] N. do T. Uma libra equivale a 0,45kg.

Há bilhões de dólares sendo movidos com apenas um clique.

Pode ser que haja um estouro desta "boiada eletrônica" devido a algum evento externo ao estilo do Long-Term Capital Management em 1998.

Embora seja muito difícil determinar quando, prever que isso acontecerá é mais fácil.

Diferentemente de uma sala de cinema lotada da qual você pode apenas levantar-se de seu assento e correr para a saída, nas finanças você deve encontrar alguém para tomar seu assento. Alguém deve estar do outro lado da transação.

Munger disse, em resumo, que isso não vai acabar bem.*

Forte Desaceleração?

Buffett assegurou que a atual política comercial dos EUA trará consequências muito significativas caso não seja alterada.

Ele observou que nenhum candidato tratou dessa questão na última eleição.

Ele também discordou de muitos analistas que enxergam uma desaceleração suave. Com um deficit comercial de US$618 bilhões, como podem achar que o número representa algo "suave"? E, caso não represente, a posição líquida de investimentos internacionais crescerá e se acumulará.

Para apoiar sua posição, o investidor citou um artigo de opinião publicado no *Washington Post*, no qual o ex-diretor do Fed, Paul Volker, expressa sua apreensão sobre esses desajustes enormes e possivelmente incontroláveis.

Munger acrescentou que sente repulsa pela falta de virtude no uso de créditos ao consumidor e a forma pela qual as finanças públicas são geridas. Felizmente, Munger observou, uma grande civilização consegue suportar muitos abusos.

E, em sua previsão, os EUA são o ápice desta grande civilização.

Declínio do Dólar

Buffett disse que não conseguia ver como teremos um dólar crescente.

Ele fez uma analogia a uma rica família com uma propriedade tão grande que não era possível enxergar os limites mais distantes de seus domínios. Eles tão somente aguardavam na varanda para que lhes levassem o fruto da produção. Eles não estavam cientes de que consumiam 6% a mais do que produziam. E, desta forma, estavam consumindo uma parte de sua propriedade no processo.

---

* Com US$66 bilhões em dinheiro e bonds no fim do primeiro trimestre, a Berkshire continua pronta para ser a compradora de última instância.

De igual modo, os EUA estão negociando diariamente US$2 bilhões de seus ativos enquanto consomem aproximadamente 6% a mais do que produzem. Em algum momento, a futura geração terá de pagar "tributos" a investidores estrangeiros devido ao hiperconsumo atual.

No entanto, Munger desafiou a atitude alarmista de Buffett, sugerindo que caso investidores estrangeiros chegassem a possuir, digamos, 10% dos EUA, mas com um crescimento de 30% do PIB no processo, isso seria tão ruim assim?

Ele acrescentou que é um fato estranho preferir moedas da Europa unificada e não a dos EUA.

Buffett encerrou o assunto, dizendo que a Berkshire possui US$21 bilhões em contratos de câmbio estrangeiro. Se dependesse dele, teriam ainda mais. Se dependesse do Charlie, não teriam nenhum.

A Ásia Poderá Se Sair Bem

Buffett constatou que a concorrência global está aquecendo conforme todos passam a adotar as "melhores práticas" norte-americanas, e isso é algo bom para todos. Quanto mais comércio, melhor. Com 6 bilhões de pessoas no mundo, deveríamos esperar que uma grande porcentagem delas possa viver bem daqui a 20 anos.

Munger concluiu dizendo que os EUA ficarão mais ricos com o tempo, mas que podem perder sua posição no mundo.

Ele sugeriu que a Ásia poderá se sair surpreendentemente bem.

Ouro

Embora o ouro possa ser um refúgio de uma moeda em declínio, Buffett constatou que isso é verdadeiro para *qualquer* ativo físico.

Por exemplo, se a Berkshire vendesse a See's Candy's e as pessoas negociassem usando conchas, a Berkshire obteria o número apropriado de conchas. Da mesma forma para a Coca-Cola, petróleo ou um hectare de terra. Ao mesmo tempo, o ouro possui pouca utilidade real. Cerca de três a quatro mil toneladas de outro saem da África do Sul para o Fort Knox todos os anos e não mudam muita coisa nesse percurso.

Sempre sutil, Munger observou que com todas as oportunidades da Berkshire, seria tolice investir em ouro.

Buffett quantificou: em 1940, o ouro valia US$35 por onça.[*] Sessenta e cinco anos depois, estava a US$400 por onça (sem incluir custos de carregamento).[†]

O investidor concluiu, "Isso não é algo que me dá água na boca."

---

[*] N. do T.: Uma onça corresponde a 28,34 gramas.

[†] Um retorno composto de 3,8% a.a.

Bolhas Imobiliárias

Inúmeras perguntas foram feitas a respeito de imóveis.*

Buffett relembrou a bolha das fazendas em Nebraska e Iowa 25 anos atrás. O dinheiro não valia nada com a inflação, que estava fora de controle. Essa constatação foi o que levou muitos a comprar fazendas.

Buffett observou que as terras ao norte de Omaha chegaram a custar US$2 mil por acre† — terras que ele comprou por US$600 por acre após o estouro do FDIC (Fundo Garantidor de Crédito).

No momento, Munger vê a Califórnia e Washington D.C. como bolhas reais, com um preço quatro vezes mais alto do que o praticado em Omaha.

Buffett disse que vendeu sua casa em Laguna Beach por US$3,5 milhões. Em seus cálculos, a casa valia US$500 mil, então, a área de cerca de um vinte avos de um acre saiu por US$3 milhões. Ele deduziu que US$60 milhões por acre é um preço bem extravagante para qualquer terreno.

Munger contou que um de seus amigos vendeu uma casa modesta com vista para o mar por US$27 milhões.

Buffett zombou, "por $27 milhões, prefiro ficar olhando para minha banheira mesmo."

Risco de Correlação

Buffett advertiu que quando há dificuldades, tudo se correlaciona. Desta forma, na gestão de perdas catastróficas, é necessário considerar os efeitos cascata.

Na Califórnia, por exemplo, houve 25 terremotos de magnitude 6 nos últimos 100 anos. Um terremoto desses em uma área povoada causaria sérias consequências. Na Berkshire, isso não apenas atingiria as operações de seguros, mas faria uma correlação com os negócios da See's Candy, da GEICO, da Wells Fargo e de outras subsidiárias.

Buffett observou que o terremoto mais forte nos EUA ocorreu na cidade de Madrid, Missouri, que teve três tremores de magnitude maior que oito na Escala Richter.

O investidor constatou que, se analisarmos em uma perspectiva de um século, veremos que coisas extraordinárias aconteceram.

Munger disse que eles até chegaram a ver uma onda com cerca de 18 metros de altura atingir a Califórnia (algo que não sabemos se realmente aconteceu).

Ele duvida que qualquer outra empresa de seguros considere os riscos de forma mais rigorosa do que a Berkshire.

---

* Que Corey e eu entendemos como um claro sinal de uma bolha.

† N. do T.: Um acre corresponde a 4.046 metros quadrados.

Buffett acrescentou: "É um Armagedom todos os dias por aqui."

Ele concluiu dizendo que, da forma que a Berkshire conduz seus negócios, nada o fará perder seu sono.

Trabalho 1: Terrorismo Nuclear

Buffett contou que sua preocupação número um era o terrorismo nucelar. Ele recomendou um livro.*

Ele também mencionou um site, LastBestChance.org [em inglês], no qual é apresentado um filme gratuito patrocinado pela Nuclear Threat Initiative.

Esse assunto também foi pouco discutido na última eleição, ele comentou.

Com relação aos seguros, Buffett disse que toda a carteira de clientes foi refeita levando em conta os NQBs (riscos nucleares, químicos e biológicos).

Trabalho 2: Reforma Educacional

Além do problema com os NQBs, para Buffett, a educação é o segundo maior problema da nação norte-americana.

Ele acredita que um bom sistema escolar é como a virgindade: pode ser preservado, mas não restaurado.

Sendo um país com uma renda per capita de US$40 mil, os EUA têm os recursos. Os desafios incluem a complexidade do sistema, os sindicatos e a indiferença dos ricos. Na medida em que os ricos frequentem as escolas particulares e os pobres tenham que ir para os "campos armados", estamos criando um sistema de dois níveis e com oportunidades desiguais.

E Buffett nos recordou de que oportunidades iguais têm sido um grande fator para o sucesso dos EUA.

Dinheiro Fácil

Buffett constatou que as condições nos contratos de hipotecas ficam cada vez menos restritivas conforme os preços dos imóveis aumentam.

Ele observou que isso é absolutamente contrário a um pensamento prudente sobre empréstimos.

Munger acrescentou que os empréstimos fáceis estimulam mais construções e elevam os preços. Em algum momento, quando há muita oferta de qualquer coisa nova, os preços caem.

---

* Acredito que foi *Nuclear Terrorism* de Graham Allison.

Munger concluiu que esses efeitos Ponzi na sociedade são muito importantes, mas que são muito pouco estudados.*

Incentivos

Um dos maiores insights que aprendemos na UBH é como os incentivos influenciam enormemente o que acontece no mundo.

Munger declarou que a história do que ele não gosta nas corporações modernas vem das diretivas pela matriz para que os lucros cresçam contínua e suavemente, uma prática à qual se refere como "o irmão de sangue do mal".

Buffett disse que o mundo simplesmente não funciona assim, e que isso leva a muitas coisas ruins. Os CEOs com egos enormes que fazem previsões precisas estão ou enganando os investidores, a si mesmos, ou ambos. Isso, por sua vez, estabelece um sistema que exerce uma pressão psicológica e financeira para fazer as coisas que as pessoas não querem fazer.

Buffett disse que seria um idiota caso invadisse um NetJet e dissesse para o piloto: "Estou com muita pressa para chegar a Nova York." Seria burrice apressar o piloto durante os procedimentos de segurança. *E, contudo, é o que as empresas têm feito repetidas vezes com os sistemas de compensação que incentivam as coisas erradas.*

Por exemplo, muitos gerentes corporativos recebem instruções para enviar estimativas trimestrais e orçamentos. Isso leva a um foco no curto prazo e a uma preocupação indevida sobre aquele trimestre. Um gerente que não quer desapontar o chefe pode falsificar os números. Na Berkshire, os gerentes não enviam orçamentos.

Ele constatou que nos seguros de cauda longa, os números podem ser basicamente o que você quiser que sejam. Os US$45 bilhões de reserva para perdas da Berkshire poderiam facilmente transformar-se em US$44,75 bilhões — especialmente se ele quisesse relatar US$250 milhões a mais de lucro.

Na opinião de Buffett, a tendência mundial é para que a gerência minimize as reservas.

General Motors

Continuando o assunto sobre contabilidade e prestação de contas, Buffett comentou que Richard Wagoner, da General Motors (GM), herdou estru-

---

* Veja mais detalhes no livro *Poor Charlie's Almanack*.

turas de custo que foram trazidas por contratos feitos muito tempo atrás e que agora tornam a empresa pouco competitiva.

Dizem que as obrigações com benefícios de funcionários chegam a custar US$2 mil por carro. Com essa desvantagem de custos, a fatia da GM no mercado automobilístico dos EUA encolheu de 50% para 25% atualmente.

Em um sentido muito real, podemos dizer que os donos da General Motors são seus aposentados, com uma obrigação em benefícios de aposentadoria de US$90 bilhões, comparados com apenas US$14 bilhões de patrimônio para os acionistas.

Os problemas reais remontam aos anos 1960. Os contratos negociados naquela época não consideravam consequências contábeis. As empresas não tinham que contabilizar obrigações de aposentadoria como provisão. E foi apenas nos anos 1980 que elas tiveram que aprovisionar-se para os benefícios de planos de saúde.

Como consequência, as gerências iniciais aceitavam uma anuidade e benefícios de planos de saúde generosos para os trabalhadores aposentados, que acabaram criando essa enorme responsabilidade para a maior fabricante de automóveis do mundo.

Munger observou que, quando você cai do 42º andar para o 20º e ainda está indo bem, isso não significa que não tenha um problema sério.

Ele disse que se fosse o dono da GM resolveria o problema imediatamente.

Fannie, Freddie e Derivativos

Incentivos ilegítimos também estão por trás da Fannie Mae e da Freddie Mac.

Buffett reconheceu que as coisas mudaram muito desde que ele comprou sua casa em 1958 e seus pais o mandaram para falar com o Sr. Brown na Occidental Savings and Loan. Hoje, os emissores de financiamentos estão geograficamente distantes.

Por 25 pontos base para garantir o financiamento, os emissores não precisam preocupar-se com a propriedade individual.

Buffett constatou que a Fannie Mae (FNM) e a Freddie Mac (FRE) cresceram rapidamente e tornaram-se operações enormes de carry trade construídas no spread entre os custos de empréstimos do governo e as taxas de concessão de empréstimo. No entanto, de jeito nenhum alguém pode fazer um empréstimo de 30 anos para alguém que consiga liquidá-lo (ou seja refinanciar) em 30 segundos.

Além disso, Buffett afirmou que os disparates contábeis são inimagináveis, com erros chegando aos bilhões de dólares.

O grande problema disso, para Buffett, é que o governo fica responsável pela garantia implícita de US$$1,5 trilhão em financiamentos imobiliários, basicamente porque a FNM e a FRE *queriam que os lucros aumentassem.*

Em resumo, o governo criou os 2 maiores fundos de hedge da história ao emitir um cheque em branco para entidades que tentavam produzir 15% de lucro por ano — e fizeram isso na contabilidade quando não conseguiram fazer nas operações.

Buffett acredita que o sistema poderia absorver o problema caso a FNM e a FRE entrassem em modo inoperante por algum tempo.

Munger acrescentou que muitas dificuldades surgiram da contabilidade dos derivativos. Ele afirmou que contadores burros e desonrosos permitiram que o gênio da contabilidade indevida saísse da garrafa e adentrasse o mundo dos derivativos.

Ele advertiu que há muita coisa errada com a contabilidade dos derivativos, e que o preço total pelos erros não foi pago.

Buffett concluiu, "estamos ainda muito longe de Jimmy Stewart em *A Felicidade não Se Compra*."

Ótimos Gestores: Uma Questão de Genética

Buffett comentou que a melhor forma de encontrar ótimos gestores é ver o histórico.

É difícil ir a um local de prática de golfe e conseguir prever quais serão os melhores golfistas apenas observando suas movimentações e giros.

Usando metáforas esportivas, ele observou que os melhores batedores são aqueles com as melhores médias de acerto.

Ele fez referência a um antigo estudo que descobriu que a principal correlação de ótimos gestores é a idade na qual começaram seus primeiros negócios.

Agora, ele acredita que isso tem muito mais a ver com genética do que acharia 30 anos atrás.

Munger acrescentou que o assunto também é parte inteligência e parte temperamento. Ele mesmo descobriu muito cedo que gostava de negócios e que adorava tentar ganhar em jogos de azar.

Buffett concluiu, com humor, "como meu pai não me deixou ser bicheiro, fui para a área de investimentos".[*]

---

[*] Obviamente, Munger e Buffett têm a genética para a coisa.

Estar Fora de Ritmo

Buffett sugeriu que o melhor investimento que você pode fazer é em si mesmo. Sobre onde colocam dinheiro na Berkshire, eles buscam ser oportunísticos.

Munger observou que a Berkshire não faz alocação de ativos. Eles simplesmente vão aonde as oportunidades estão, independentemente de categorias, e isso está *totalmente* fora de ritmo com a teoria moderna de investimento.

Buffett comentou que eles tinham US$7 bilhões em junk bonds em 2002, mas que teriam investido US$30 bilhões caso os bonds tivessem continuado baratos.

Quanto à alocação moderna de ativos, Munger concluiu: "Caso não valha a pena mesmo fazer alguma coisa, não vale a pena fazê-la bem."

Previdência Social

Buffett enfatizou que a Previdência Social não é um seguro, mas uma transferência de pagamento.

Ele declarou sua crença de que um país rico deveria cuidar de seus jovens e idosos, portanto, a Previdência Social não deve ser levada abaixo de seus níveis atuais.

Ele também considerou todo o medo de um deficit daqui a 25 anos como algo insano, pois há um deficit de US$500 bilhões agora. E, no momento, 4% do PIB vai para a Previdência Social. Pensar que isso possa subir para 5% ou 6% do PIB daqui a muitos anos não é algo terrível.

O investidor recomendou 3 remédios: testes de médias, aumentar muito mais o limite de impostos de US$90 mil e aumentar a idade da aposentadoria.

Munger confessou que é republicano de direita, mas ainda acha que os republicanos "perderam o maldito juízo" ao assumir este problema.

Ele descobriu que uma maneira lógica de dar conta das necessidades futuras de gastos seria um imposto sobre o consumo.

A Previdência Social, ele declarou, é uma das melhores coisas que o governo já fez. Praticamente não há fraudes e é difícil passar-se por alguém que já morreu. É uma recompensa pelo trabalho que beneficia uma sociedade capitalista.

Para ele, é triste que nossos líderes estejam desperdiçando suas boas intenções com "tolices", quando talvez possam delas necessitar para confrontar a Coreia do Norte ou o Irã.

Retornos de Dez Anos

Buffett observou que a Berkshire possui a menor porcentagem de seu patrimônio líquido em ações desde 1969.

Embora não haja muita insensatez no mercado como havia cinco anos atrás, ele entende que o mercado está em uma zona de valuation na qual não se vê nem como comprador, nem como vendedor.

Partindo desse nível, ele entendeu que ganhar entre 6% e 7% com ações em longo prazo seria uma expectativa razoável.

Com relação aos impostos, os investidores estão melhor do que jamais havia visto. É irreal, porém, que as pessoas esperem 10% ou mais a partir desses níveis.

O investidor observou que, embora tenha havido alguns momentos de valuations extremamente altos — 1969, 1974 e 1999 — na maioria das vezes os EUA estão na zona intermediária.

Ele permanece esperançoso de que a Berkshire terá a chance de fazer algo "gritantemente inteligente" nos próximos anos.

Longo Prazo, EUA Mais Ricos

Quando vai ao supermercado fazer compras, você prefere os preços mais baixos. Buffett disse que a Berkshire também. Eles ficarão felizes em ver preços temporariamente baixos, para que possam colocar o dinheiro para trabalhar.

Embora esteja preocupado com a volatilidade e os desequilíbrios em curto prazo, ele afirmou que tem um sentimento bullish (de alta) com economia dos EUA para o longo prazo.

Em 1790, havia 4 milhões de pessoas nos EUA, 290 milhões na China e 100 milhões na Europa. Contudo, 215 anos depois, os EUA possuem 30% do PIB mundial.

É uma história incrível de sucesso.

Local: Qwest Center

Participação: Cerca de 24 mil pessoas

Detalhes Sobre Este Ano:

- A reunião desse ano durou as agora esperadas cinco a seis horas.

- De acordo com as anotações de Corey, havia 13 pessoas na reunião em 1980. Sendo assim, a participação desse ano sugere uma taxa de crescimento composto anual de participação de aproximadamente 34% nos últimos 26 anos. O número de participantes na reunião da Berkshire ultrapassou o número de alunos da universidade local (a Universidade de Nebraska Omaha tem 15 mil alunos).

Ranking na Fortune 500: 13º

Preço da Ação: US$88.710

Um dólar investido em 1964 valeria hoje **US$7.171**.

O valor patrimonial por ação da Berkshire subiu de US$19,46 para **US$70.281** (uma taxa de retorno composta de **21,4%** a.a.).

O S&P 500 acumulou **10,3%** anuais durante o mesmo período.

DESTAQUES DAS ANOTAÇÕES DE 2006

Aquisição da ISCAR

Buffett e Munger abriram a reunião com o anúncio da compra feita pela Berkshire de 80% da ISCAR, fabricante de ferramentas industriais de Israel, por US$4 bilhões.

Os dois, sempre de temperamento equilibrado, demonstravam um grande entusiasmo com a transação.

Os detalhes essenciais incluem que essa é a primeira empresa de fora dos EUA que a Berkshire compra, que a aquisição aumenta a quantia que a Berkshire ganhará em moedas estrangeiras e que a gestão é excelente.

Buffett ficou especialmente interessado pelo CEO da ISCAR, Eiton Wertheimer, e por sua cultura ao estilo familiar, algo que ficou refletido no fato de que a empresa não foi colocada para leilão.*

Concluiu: "Acredito que daqui a cinco ou dez anos, olharemos para trás e veremos isso como um evento muito significativo na história da Berkshire."

Dinheiro Diminuindo

Buffett tem pacientemente guardado a montanha de dinheiro da Berkshire durante um período de taxas de juros muito reduzidas para o curto prazo.

Na reunião do ano anterior, ele usou a palavra que começa com "D" ("dividendo"). Nesse ano, ele mudou seu tom, indicando que acha possível que nos próximos três anos eles tenham menos dinheiro à mão.

Ele também disse que a Berkshire precisa manter um mínimo de US$10 bilhões de reservas para as apólices de seguro megacat emitidas.

Assim, com cerca de US$40 bilhões disponíveis no momento, a Berkshire teria que investir US$30 bilhões durante os próximos 3 anos. Certo, não é bem assim. A empresa também vai se desfazer de mais de US$10 bilhões em dinheiro por ano, dessa forma, são outros US$30 bilhões ao longo de 3 anos para Buffett investir.†

---

* Ficamos aqui imaginando se um benefício colateral da negociação possa ser que a Berkshire conseguirá alocar capital adicional à equipe talentosa de gestão de Wertheimer no futuro.

† Então, Buffett está dando a entender que ele acha possível que a Berkshire possa investir de US$30 a US$60 bilhões nos próximos 3 anos! Como? Vemos pelo menos três grandes possibilidades: mais aquisições internacionais; aquisições no setor de energia; e a negociação de ações de Buffett, comprando a preços baixíssimos em meio à calamidade.

Inveja

Durante o escândalo do Salomon Brothers com os bonds do governo, Buffett permaneceu na comissão de compensação do banco e testemunhou o "frenesi de inveja dos bancos de investimento". Se alguém recebia um bônus de US$2 milhões e outra pessoa recebia US$2,1 milhões, a primeira pessoa ficaria muito mal no ano seguinte. Assim, é a inveja, e não a cobiça, que é o pecado dominante entre os banqueiros de investimento.

Buffett emitiu sua opinião de que a inveja é o pecado menos divertido dentre os sete pecados capitais, pois ela faz com que você se sinta horrível.

A gula tem seu lado positivo — Buffett gracejou que alguns de seus melhores momentos envolveram a gula. Já com a luxúria... ele brincou que não se envolveria com ela. Concluindo, disse que a inveja é interessante, uma vez que é vastamente praticada e, contudo, é o pecado menos aproveitável.

Munger comentou ironicamente que a SEC agora exige que o pagamento dos CEOs seja listado. Embora fosse esperado que essa transparência acrescentada lançaria rédeas às compensações ultrajantes, o efeito foi o oposto. Os CEOs, invejosos, a usaram como uma lista de compras para buscarem aumentos no salário.

Sucessão

Ano após ano, a seguinte pergunta é invariavelmente feita: "O que vai acontecer quando Warren não estiver mais entre nós?"

Buffett observou que há três sucessores óbvios e que a decisão dependerá do conselho administrativo.

Ele referiu-se ao Walmart como um exemplo de "legado institucional personalizado", quando a empresa ficou ainda mais forte após o falecimento do fundador.[*]

Falando pelos herdeiros do clã dos Mungers, Charlie compartilhou que "preferimos espremer até a última gota boa de Warren".

E concluiu, retoricamente: "Vocês acham mesmo que Warren Buffett vai pisar na bola ao passar o legado adiante?"

Encontrando Ótimos Administradores

A respeito de ótimos administradores, Buffett e Munger novamente explicaram como simplificam as coisas.

---

[*] Diferentemente de 20 anos atrás, Buffett agora possui um banco de reservas farto com talentos para a gestão e uma diretoria de classe mundial, então não perdemos nosso sono com essa questão.

Munger enfatizou que a Berkshire não treina executivos, ela os *encontra*.

Buffett fez referências a uma carta que levou à aquisição da ISCAR. Ele disse que o caráter e talento do CEO, Eitan Wertheimer, saltavam das páginas.

Munger concluiu: "Se uma montanha como o Monte Everest se ergue, você não precisa ser um gênio para perceber que é uma montanha alta."

Governança Corporativa

Com relação à governança corporativa, Munger fez previsões de que as tendências atuais nas regulações do governo teriam poucos efeitos.

Buffett afirmou que a real questão para os conselhos de administração considerarem é: "Até onde os administradores pensam como donos?"

Ele disse que vê uma diferença enorme nos conselhos que tem isso como base.

De acordo com Buffett, o trabalho do conselho é 1) conseguir o CEO certo; 2) evitar que o CEO ultrapasse os limites; e 3) exercitar um julgamento independente nas aquisições.

Com base nessas três prioridades, os conselhos de administração não têm se saído muito bem em anos recentes. Enquanto isso, a Berkshire montou um conselho de primeira classe. Buffett afirmou com orgulho que nenhum outro conselho nos EUA tem uma porcentagem maior de seus patrimônios pessoais em ações da empresa comprada diretamente no mercado do que a Berkshire.[*]

Dentro/Fora/Difícil Demais

Um dos nossos "mungerismos" favoritos da reunião foi sua explicação sobre a forma que a Berkshire trabalha com novas ideias.

Há três opções — "dentro", "fora" e "difícil demais". É importante saber o que é difícil demais para você e permanecer com aquilo que pode fazer melhor.

Ele usou as palavras do CEO da IBM, Tom Watson: "Sou bom em algumas áreas."

Buffett observou que, se você é rápido, pode disputar o ouro na corrida de 100 metros. Você não precisa fazer o arremessamento de peso.

Munger contou que, certa vez, um repórter lhe disse: "Você não parece ser tão inteligente assim para estar se saindo tão melhor que os outros." O essencial é saber o limite de seu círculo de competência.

---

[*] Daí, nosso mantra: bons donos fazem bons gestores.

Etanol

Embora o etanol seja o assunto do momento nos EUA, Buffett e Munger mostraram-se decididamente indiferentes.

Buffett observou que, como regra geral, ele ignora os assuntos do momento.

Além do mais, com todos os subsídios do governo, não fica claro qual seria o retorno sobre o patrimônio de uma usina de etanol daqui a cinco anos. Historicamente, os processamentos agrícolas não geram altos retornos sobre o capital.

Para Buffett, a pergunta essencial é: "Como é possível ganhar uma vantagem competitiva significativa?" Com as commodities, há muitos produtores, e você terá baixos retornos.

Munger foi um estraga prazeres ainda maior, deixando virem à tona suas suspeitas de que mais energia de combustível fóssil é usada do que criada no processo do etanol.

Sempre diplomático, Munger concluiu que "etanol é uma forma idiota de resolver um problema de energia".*

De Abóboras a Ratos

Buffett comentou que qualquer classe de ativo que teve uma grande movimentação acabará atraindo especulação. É o caso agora com o cobre e várias outras commodities.

Em uma confissão surpreendente, Buffett informou a todos que vendeu sua tão aclamada posição em prata algum tempo atrás, obtendo um lucro modesto.

Munger contribuiu com duas pérolas na conversa.

Quanto à confissão de Buffett a respeito de ter vendido a prata cedo demais, disse: "É um bom hábito alardear seus erros e ficar quieto a respeito de seus sucessos."

Sobre as especulações futuras, ele observou: "Não conseguimos lucrar com um dos maiores booms de commodity da história. E, dessa forma, provavelmente continuaremos errando."

Buffett sintetizou dizendo que os mercados especulativos ficam como a Cinderela na festa. À meia-noite, eles se transformam em abóbora e ratos. Todos os participantes querem outra taça de champanhe, mais uma dança e, depois, sair a tempo. Porém não há relógios na parede.

---

* A Associação de Combustíveis Renováveis relata que há 101 usinas de etanol nos EUA e outras 32 em construção. Estima-se que 20% da produção de milho estejam sendo usados na produção de etanol. Há três ofertas públicas iniciais de produtores de etanol a caminho.

Casas Pré-fabricadas

A Berkshire assumiu um papel principal no setor de casas pré-fabricadas com a aquisição da Clayton Homes muitos anos atrás.

Foram várias atividades de expansão realizadas no setor desde então. Nesta reunião, eles informaram os motivos aos acionistas.

Custando cerca de US$144 por metro quadrado, as casas pré-fabricadas apresentam um bom valor.

Com 130 mil unidades produzidas no ano passado, o setor representa apenas 6% de todas as casas construídas. Em anos melhores, chegou a produzir 20% de todas as casas.

O setor ficou desvalorizado cinco anos atrás, depois de muitos anos de abuso. Essa fase de ressaca incluiu a resolução de muitos financiamentos "burros". As consequências foram inúmeras falências e uma diminuição nos mercados de capitais.

Buffett gargalhou e disse que a "Clayton é tão boa que é difícil encontrar um segundo colocado".

Embora sejam necessários alguns anos, Munger acredita que o setor de casas pré-fabricadas terá uma fatia muito maior do mercado — "é muito lógico".

Buffett antecipou que o setor conseguirá 200 mil unidades ou mais e que, algum dia, a Clayton poderá facilmente ser a maior construtora de casas nos EUA.

A Bolha do Setor de Construção de Casas

Munger vê os mesmos erros que fizeram o setor de construção de casas pré-fabricadas ruir cinco anos atrás reaparecendo agora no setor de construção.

Buffett observou que os empréstimos fáceis estão descontrolados. Ele mencionou com especial interesse como algumas emissoras de crédito estão considerando como lucro os juros provisionados, mas não pagos.

Munger disse que, novamente, esse é outro caso de "empréstimos burros auxiliados por uma contabilidade corrupta". Buffett brincou: "Nossa conta da auditoria acabou de ficar mais cara."

Buffett observou que em alguns mercados no litoral, os day-traders da bolha da internet tornaram-se os day-traders de condomínios. Agora, ele acredita que a bolha especulativa claramente virou e que um ajuste significativo saindo do pico e de volta à superfície está a caminho.

Coca-Cola

Quando foi questionado sobre a Coca-Cola, Buffett falou admirado que a empresa está vendendo no momento 21 bilhões de caixas do produto, aumentando suas vendas a cada ano.

Em 1997, a ação estava 80 com US$1,50 de lucros por ação de baixa qualidade. Hoje, a ação está 44 com US$2,17 de lucros por ação de melhor qualidade.

A cada ano, a empresa aumenta um pouco sua participação no mercado de líquidos consumidos no mundo e ganha retornos fabulosos com isso.

A Coca-Cola ganha 100% sobre os ativos tangíveis antes dos impostos.

Se são vendidos 5% a mais de unidades da Coca anualmente e se a população cresce 2% ao ano, a bebida logicamente estará sendo vendida cada vez mais, descendo pela garganta de cada vez mais pessoas. E isso vem acontecendo desde 1886.

Buffett sintetizou: "A Coca é e continuará sendo um ótimo negócio. Seremos donos dela daqui a dez anos."

Seguros e Furacões

Buffett nos ofereceu uma visão fascinante sobre como ele enxerga o risco e a recompensa.

Ele observou que a Berkshire é a seguradora de megacatástrofes número um do mundo. Os preços subiram muito. Mas as exposições subiram ainda mais? O que é mais importante — os últimos 100 anos de furacões ou os últimos 2? A temperatura da água mudou. Ninguém de fato sabe o que acontecerá.

A esta altura, você e eu podemos escolher a opção "difícil demais". Buffett e Munger, não. Buffett anunciou sua mega-aposta: "Estamos dentro. Se ficar igual os últimos 2 anos, não teremos o suficiente. Se ficar igual os últimos 100 anos, ganharemos muito dinheiro."

O investidor pensou então ainda maior. O furacão Katrina foi um evento de US$60 bilhões. A Berkshire sofreu um prejuízo de US$3,4 bilhões.

Buffett teorizou que poderia haver um desastre 4 vezes maior que o Katrina, ou de US$250 bilhões. Nesse evento, estimou, a exposição da Berkshire seria de 4%, ou US$10 bilhões.

Por esse motivo, ele quer manter pelo menos US$10 bilhões disponíveis. Afirmou: "Conseguimos fazer um jogo maior que qualquer um e ainda pagar."

Talvez percebendo o choque de alguns acionistas com esses números enormes, Munger sintetizou: "Por que não usar nossa força de capital quando os outros estão aterrorizados?"*

---

* Mais algumas considerações: a Berkshire tem um float de US$48 bilhões a US$49 bilhões, ou cerca de 10% do setor de sinistros. Porém, quando as perdas causadas pelo Katrina foram computadas, a parcela da empresa no evento que custou US$60 bilhões foi de US$3,4 bilhões, ou apenas 5,7%. No cenário monstro de Buffett, ele registra apenas 4% de perdas totais para a Berkshire.

Pergunta: como pode Buffett estar "dentro" e, contudo, estar tão menos exposto em termos de porcentagem do que o setor em geral? Pessoas astutas, certo?

Mídia

Há muito tempo uma das áreas favoritas de Buffett para investir, o mundo da mídia agora apresenta uma variedade enorme de fontes, muitas delas gratuitas.

Enquanto isso, não houve uma expansão correspondente de tempo para que as pessoas obtenham informações e entretenimento.

Assim, a economia da mídia continuará a se deteriorar conforme a concorrência aumenta. Para os jornais e as TVs aberta e paga, o futuro será menos atrativo do que o passado.

Derivativos

Buffett foi rápido ao advertir sobre os perigos em potencial do uso disseminado dos derivativos.

Ele disse que é difícil prever o que pode acontecer, mas coisas estranhas acontecem — como o fracasso da Long-Term Capital Management em 1998.

Em uma digressão instigante, Buffett disse que em 1991 o Salomon Brothers esteve a 30 minutos da falência. Os advogados estavam preparando os papéis. No entanto, Nick Brady, o secretário do Tesouro, conhecia a Berkshire e confiava em Warren. No último minuto, o Tesouro voltou atrás.

Poderia ter sido um caos total com a carteira de derivativos do Salomon, no valor de US$700 milhões.

Obviamente, esses números não são nada hoje. Buffett concluiu dizendo que os derivativos estão muito maiores agora, embora mais garantidos.

Dólar Mais Fraco: Forte Desaceleração

Buffett discorda dos analistas que estão prevendo uma "desaceleração suave".

Ele se sente "mais forte que nunca" com relação ao seu entendimento sobre o dólar fraco, considerando que há uma alta probabilidade de que a moeda dos EUA enfraquecerá, levando em conta as políticas atuais do país.

Greespan disse em 2002, ele observou, que o deficit das transações correntes — US$350 bilhões na época — deve ser contido. O valor dobrou desde então. Os EUA devem um valor líquido ao mundo na casa dos US$3 trilhões.

Buffett refletiu sobre como o seguro de portfólios levou a uma queda de 22% no mercado de ações em um dia (a segunda-feira negra de 1987).

Da mesma forma que com o seguro de portfólios duas décadas atrás, Buffett previu que os mercados cambiais serão um catalisador para uma possível queda futura.

Ele acredita que nosso futuro castigo merecido será certamente dolorido, e, quando gritarem "fogo", o mercado cambial terá um papel importante na corrida até a porta de saída.

Inflação

Buffett observou que o IPC (Índice de Preços ao Consumidor) não é uma forma especialmente boa de medir a inflação.

Primeiro, o núcleo do índice da inflação exclui comida e energia. "Não sobra muito mais como núcleo!", Buffett exclamou. Segundo, como o IPC usa um fator equivalente ao aluguel para estimar os custos de vida, ele não captou o aumento real dos custos com moradia. Em resumo, o IPC subestima a inflação.

Munger comentou que a inflação está onde você olha.

Membro da diretoria da Costco, ele relatou que a empresa praticamente não viu inflação em seu fluxo misto de produtos. Os ajustes PEPS (primeiro que entra, primeiro que sai), tanto para a Costco como para o Walmart, foram mixaria. Entrementes, esses ajustes foram enormes para as empresas de joias, tapetes e aço.

Buffett comentou que um possível efeito colateral do dólar mais fraco poderia ser uma inflação considerável. É tentador para os governos desvalorizarem o que devem para reduzir o fardo de repagamento de dívidas.

Custo de Oportunidade

Munger resumiu este conceito essencial da forma mais sucinta possível: "Para medir o custo de oportunidade, compare sua melhor oportunidade disponível com todas as outras opções." Concentre-se em uma ou duas de suas melhores ideias.

Ele continuou, sutilmente como sempre: "É por isso que a teoria moderna de portfólio é uma ideia de jerico."

Buffett observou que as melhores oportunidades geralmente aparecem em meio a crises. O segredo é comprar quando os outros estão paralisados. As ações em 1974. Os junk bonds em 2002. Muitos anos atrás, várias empresas coreanas foram negociadas com um índice preço/lucro de três.

A chave é seguir a lógica e não a emoção. Foque o que é importante e sabido, e não a opinião pública.

Um comentário adicional fascinante de Buffett foi quando ele disse que "qualquer ligação que você receber no domingo será a que o fará ganhar dinheiro". Essas são as raras ligações que são as melhores, uma vez que inevitavelmente são de vendedores seriamente desesperados.

Ele concluiu que se você comprar durante a crise e lembrar-se de que o mercado está aí para servi-lo, e não instrui-lo, não terá como errar.

Munger corrigiu seu sócio: "Alguns de vocês provavelmente acabarão errando."

Terrorismo: O Desafio Máximo

Buffett denominou o terrorismo como "o desafio máximo da humanidade", observando que é um problema de pior cenário.

Em uma população de seis bilhões de pessoas, sempre haverá uma pequena porcentagem de alguns loucos suscetíveis a prejudicar os outros. A tecnologia permite que essas pessoas instáveis causem danos sem precedentes. Enquanto elas talvez arremessassem pedras ou flechas mil anos atrás, agora há armas nucleares, biológicas e químicas.

Munger comentou que a chance de não haver eventos nucleares nos próximos 60 anos é praticamente zero.

Buffett observou de forma sombria que o máximo que podemos fazer é manter os líderes acordados para minimizar a ameaça.

Baixo Turnover das Ações = Atitude de Dono

Buffett apresentou um gráfico mostrando o turnover anual das ações da Berkshire, sendo esta outra mensagem que ele queria passar.

A Berkshire teve 14%, a ExxonMobil, 76%, a GE, 48%, e o Walmart, 79%. Ele afirmou que a Berkshire tem um turnover menor do que qualquer outra grande empresa e que isso é devido à atitude de dono por parte dos acionistas.

Local: Qwest Center

Participação: 27 mil pessoas

Detalhes Sobre Este Ano:

- Este ano apresenta apenas as anotações de Corey, uma vez que Daniel esteve presente em outro evento de aprendizado institucional no mesmo dia — a formatura de seu filho John na Universidade Estadual de Iowa.

Ranking na Fortune 500: 12º

Preço da Ação: US$110.089

Um dólar investido em 1964 valeria hoje **US$8.900**.

O valor patrimonial por ação da Berkshire subiu de US$19,46 para **US$78.008** (uma taxa de retorno composta de **21,1%** a.a.).

O S&P 500 acumulou **10,4%** anuais durante o mesmo período.

DESTAQUES DAS ANOTAÇÕES DE 2007

Bom Primeiro Trimestre

Buffett anunciou que a Berkshire teve um bom primeiro trimestre (com lucros líquidos de US$2,6 bilhões, ou US$1.682 por ação A).

Ele observou que os lucros com seguros cairão, criando um efeito de defasagem. Após um período extraordinário sem grandes desastres, o setor de seguros registrou lucros gigantescos. No entanto, a concorrência fez com que as taxas premium caíssem, então os lucros com seguros também seguirão por esse rumo.

O investidor advertiu que, quando furacões ocorrerem, a Berkshire terá perdas, então vejam o lucro do último ano como uma compensação por perdas futuras.

Ele observou que a maioria das empresas de outros setores que não o de seguros se saíra bem. A exceção seriam as empresas relacionas à construção residencial, como a Shaw e a Acme Brick, que foram seriamente atingidas pela desaceleração das construções.

Para Buffett, essa fraqueza do setor talvez continue por algum tempo.

No todo, ele acredita que seus gerentes continuam realizando um trabalho sensacional. Ele orgulhosamente declarou: "Temos melhores gerentes e acionistas do que qualquer outra empresa."

A Berkshire Busca um CIO

Buffett causou um certo rebuliço ao anunciar no relatório anual que está buscando um gerente de investimentos para ser seu sucessor.

Ele comentou que quer alguém que não apenas aprenda com o que aconteceu, mas que também consiga antever coisas que nunca aconteceram, especialmente quanto aos riscos.

Eles receberam cerca de 700 inscrições, ele contou, incluindo uma de um homem que estava recomendando seu filho de 4 anos de idade.

Buffett rememorou que realizou um processo similar em 1969, quando encerrou a Buffett Partnership e teve que recomendar a seus investidores onde deveriam colocar 100% de seu dinheiro.

Ele escolheu Charlie Munger, Sandy Gottesman e Bill Ruane. Charlie não tinha interesse em ter mais sócios. Sandy assumiu contas separadas e fez um ótimo trabalho para seus clientes. Bill Ruane criou um fundo mútuo em separado (o Sequoia Fund), que também rendeu ótimos resultados.

Gerenciamento: Cérebro e Cuidado

Mais tarde, durante a reunião, ao ser perguntado sobre algum tipo de fundo de futuros gerenciado, Buffett comentou que não é a estrutura de investimentos que cria uma oportunidade. "São os cérebros que criam uma área de oportunidade."

Ao mesmo tempo, ele demonstrou sua preocupação várias vezes durante a reunião com a possibilidade de que algumas pessoas muito inteligentes tenham perdido muito dinheiro. O problema é que qualquer coisa vezes zero dá zero. Não importa se o histórico foi ótimo em todos os anos anteriores, se há apenas um ano com um zero, está tudo acabado.

Buffett disse que ele e Charlie já viram pessoas perderem tudo, ou quase tudo, porque 99 de suas 100 decisões foram boas, mas a centésima acabou com eles.[*]

Derivativos e o Mercado Lotado

Buffett afirmou que os derivativos trazem uma alavancagem invisível ao sistema e transformam qualquer regulação para cálculo das margens necessárias em piada.

Podemos não saber quando isso se tornará um problema gigante, ou quando exatamente terminará, mas ele acredita que isso ainda continuará e crescerá até que coisas muito desagradáveis aconteçam como resultado.

Para exemplificar o que pode acontecer quando há vendas forçadas, Buffett revisitou o evento do dia 19 de outubro de 1987: a infame segunda-feira negra, quando a média da Dow Jones caiu 23% em um único dia.

Isso foi impulsionado pelos mecanismos de proteção dos portfólios, que era uma piada. Não passavam de um punhado de ordens de stop loss feitas automaticamente, e o conceito recebeu uma publicidade enorme. As pessoas pagaram muito dinheiro para que lhes ensinassem como fazer essas ordens.

Quando muitas instituições fazem isso, o efeito é como jogar gasolina no fogo. Eles criaram uma máquina apocalíptica que não parava mais de vender.

É possível que a mesma coisa aconteça hoje em dia porque há os operadores de fundos com bilhões de dólares — trilhões, em agregados — que reagirão juntos ao mesmo estímulo. É um mercado lotado, mas eles não sabem disso. E não é formal. Eles venderão pelos mesmos motivos. Algum dia, a situação ficará caótica.

---

[*] Um exemplo atual é do Bear Stearns High-Grade Structured Credit Fund, que, conforme relatamos em nossa Atualização de Mercado, gabava-se de ter 30 meses consecutivos de lucros, mas que agora está enfrentando fortes perdas devido à sua combinação de alavancagem extrema com títulos imobiliários sem liquidez.

Sobre o que poderia desencadear isso e quando, quem sabe? Quem tinha qualquer ideia de que atirar em um arquiduque daria início à Primeira Guerra Mundial?

Munger asseverou que uma contabilidade com enormes deficiências contribui com o risco. Caso receba bônus enormes com base em lucros que não existem, você continuará. O que dificulta é parar quando a maioria dos profissionais da contabilidade não percebem que estão agindo como idiotas.

Alguém disse a ele que a contabilidade é melhor pois as posições são ajustadas ao preço do mercado, e acrescentou: "Você não quer informações em tempo real?"

Munger respondeu que se puder ajustar o preço ao mercado para relatar o nível de lucros que quiser, você obterá um comportamento humano terrível. E a pessoa contestou: "Você não sabe nada de contabilidade."

Buffett disse que, quando foi fechar a carteira de derivativos da Gen Re, a Berkshire teve um prejuízo de US$400 milhões em um portfólio que era "ajustado ao preço de mercado" pela gestão e pelos auditores anteriores.

Buffett brincou dizendo que então desejava ter vendido para os auditores!

Munger concluiu: "Tão certo como Deus criou as maçãzinhas verdes, isso causará muitos problemas. A coisa continuará por muito tempo, mas chegará o dia em que isso trará um desenlace enorme."

O Rebanho Eletrônico

Um dos fatores que contribui com o risco de um mercado lotado é o que Buffett chama de "rebanho eletrônico".

Ele mencionou que a porcentagem de títulos que podem ser vendidos com o pressionar de um botão aumentou muito. Não há nada necessariamente de mal nisso. Mas é um jogo diferente, e há consequências. Caso esteja tentando ganhar mais do que a outra pessoa diariamente, você deverá pressionar o botão cada vez mais rapidamente.

Buffett contou que, quando ele e Charlie estavam no Salomon, eles falavam sobre eventos do tipo cinco ou seis sigma (muito raros), mas isso não significa nada quando o assunto são mercados reais e o comportamento humano. Veja o que aconteceu em 1988 e em 2002. É o que se vê quando as pessoas tentam superar S&P 500 todos os dias.

Retração de Crédito

Buffett constatou que já tivemos grandes retrações de crédito no passado. Uma ocorreu durante a crise dos junk bonds em 2002, e a outra com as ações em 1974.

Ele não acha que uma retração de crédito virá pelo fato de o Fed pisar no freio.

O investidor acredita, mais possivelmente, que seria um evento exógeno que chocaria o sistema. E isso, por sua vez, poderia causar uma enorme ampliação dos spreads de crédito e um barateamento das ações. Isso seria bom para a Berkshire porque ela tem dinheiro para tirar vantagem de tal evento.

Buffett rememorou que nos velhos tempos, quando o crédito retraía, não havia *nenhum* dinheiro circulando.

Ele mencionou ter tentado comprar um banco em Chicago 30 ou 40 anos antes, e os únicos que estavam dispostos a emprestar para a Berkshire estavam no Kuwait e fariam o empréstimo apenas em dinares. Veja, isso sim era uma retração de crédito!

Citando o livro de Jon Alter, *The Defining Moment: FDR's hundred days and the triumph of hope* ["O Momento Definitivo: Os cem dias de FDR e o triunfo da esperança", em tradução livre], ele descreveu como o país estava no limite e como Franklin D. Roosevelt conseguia fazer com que as leis fossem aprovadas tão rapidamente quanto as escrevia. Neste caso, isso era algo bom porque os bancos estavam fechando e as pessoas negociavam scrips (substitutos para a moeda legal).

Embora não ache que o Fed esteja orquestrando uma retração, Buffett observou que o inchaço da Long-Term Capital Management em 1998 paralisou os mercados mundiais. As pessoas entraram em pânico até mesmo com os instrumentos mais seguros.

Para concluir, disse: "A história não se repete, mas cria rimas. Veremos alguma coisa rimando."

O Dólar em Declínio

Buffett acredita que o dólar provavelmente vai cair em comparação com as principais moedas ao longo do tempo caso as políticas atuais não sejam dramaticamente alteradas.

Quando as transações carry trade tornaram caro possuir moedas estrangeiras diretamente (à certa altura, a Berkshire possuía mais de US\$20 bilhões em contratos de moeda estrangeira), o investidor mudou seu foco para comprar empresas que ganhavam muito dinheiro em moedas estrangeiras.

A Berkshire tem posições em empresas estrangeiras no seu portfólio, listando a PetroChina, a POSCO e a Tesco no relatório anual de 2007.

Além disso, a Berkshire possui empresas com sede nos EUA, mas com operações globais.

Ele comentou que possuiria a Coca-Cola independentemente de sua sede estar nos EUA ou em Amsterdã.

A Berkshire não é muito conhecida fora dos EUA, ele admitiu. Mas isso está mudando desde que Eitan Wertheimer (CEO da ISCAR) começou a fazer parte do rol da empresa. Wertheimer está realizando um processo para que a Berkshire fique mais conhecida no exterior.

Buffett garantiu aos acionistas que o mundo inteiro está na tela de seu radar e que a Berkshire espera estar na tela de radar do mundo no futuro.

A Berkshire possui um bom grupo de empresas para o mundo que enfrentamos, ele deduziu. Embora possamos não saber quais serão as grandes vitoriosas, várias se sairão bem.

Acrescentando, ele disse que, ao comprar empresas, não dá muita atenção às tendências mundiais, porém leva em consideração se a empresa está sujeita à concorrência estrangeira, se possui uso intenso de mão de obra e/ou possui produtos que possam ser importados.

Ele observou que o preço do petróleo subiu de US$30 para US$60 por barril, enquanto o euro deixou de valer US$0,83 passando a US$1,35. Assim, o preço do petróleo subiu apenas 25% para os europeus, enquanto para os norte-americanos, subiu 100%.

Em conclusão, disse que é fácil ficar ancorado em sua própria moeda. Ele também provocou, falando que a Berkshire possui uma posição cambial no momento que nos surpreenderá quando ouvirmos sobre ela no próximo ano.

A Confusão dos Financiamentos Habitacionais Subprime

Já expressamos nossa grande preocupação com o colapso dos financiamentos habitacionais subprime (para devedores de alto risco).

No entanto, Buffett não acha que isso será uma "âncora enorme na economia".

Especialmente se o desemprego e as taxas de juros não subirem, ele acredita que é improvável que apenas esse fator cause qualquer impacto grave na economia geral.

Porém, isso não é o mesmo que dizer que Buffett acha que não houve nada de errado com o que aconteceu.

Ele denominou aquilo de "empréstimos burros" para os concedentes alcançarem uma alta porcentagem de empréstimos nos quais as pessoas fazem pagamentos mínimos logo no começo, com esperanças de que façam pagamentos mais altos futuramente. Alguém que só consegue pagar entre 20% e 30% do total agora não conseguirá pagar 100% no futuro.

A aposta real era de que os preços das casas continuariam subindo. Agora, eles estagnaram e há miséria em abundância, especialmente nos litorais.

Munger entrou na conversa dizendo que a maior parte do erro e da insensatez ocorreu por causa dos contadores que permitiram que os tomadores de empréstimos registrassem lucros, quando ninguém em sã consciência o teria feito. Quando os contadores não fazem seu trabalho direito, há uma enorme insensatez.

Buffett encerrou o assunto dizendo que serão necessários pelo menos dois anos até que o setor imobiliário se recupere. As pessoas que estavam contando em revender casas para lucrar acabaram entrando pelo cano.

Remuneração dos Administradores

Embora haja alguns exemplos notáveis de remunerações de executivos exorbitantes, Buffett afirmou que ter o administrador errado é um problema maior do que um sistema errado de compensações.

É algo tremendamente difícil administrar uma grande empresa, assim, o principal erro é que a pessoa errada faça isso.

Como ele havia apontado em anos anteriores, o que realmente faz com que as remunerações sejam insanas é a inveja, não a ganância. Alguém que esteja ganhando US$2 milhões pode estar muito feliz até que saiba que outra pessoa está ganhando US$2,1 milhões.

Além disso, os consultores de remuneração sabem que ser contratado no futuro depende de uma recomendação do CEO, então eles não têm interesse em ficar dizendo que as compensações deveriam ser muito mais baixas.

Se os conselhos de administração não negociarem com certo grau de intensidade, realmente não haverá ninguém para representar os acionistas. Concluindo, Buffett diz que, sob essas circunstâncias, é uma disputa injusta.

Conselho de Administração

Na visão de Buffett, o trabalho mais importante do conselho é escolher o CEO certo.

O segundo trabalho mais importante é evitar que ele vá além de seus limites, algo que geralmente acontece quando há aquisições.

Geralmente, o CEO joga sujo antes de propor o negócio e, com toda a atenção no valor adquirido a ser ganho, raramente considera com cuidado de quanto valor está abrindo mão durante o processo de aquisição.

Buffett usou a si mesmo como exemplo, comentando que quando abriu mão de 2% da Berkshire para adquirir a Dexter Shoes, ele fez algo idiota, especialmente ao considerar o quanto aqueles 2% da Berkshire valem hoje.

Na empresa, Buffett reuniu um conselho magnífico e encorajou a participação societária.

Ele observou que todos no conselho da Berkshire possuem muitas ações da empresa. Assim, eles estão na mesma posição que os acionistas.

Eles não têm seguros de diretoria, e compraram as ações diretamente no mercado. É, de fato, um conselho de donos.*

Expectativas Modestas

O artigo de Buffett publicado pela *Fortune* em 1999 estava corretíssimo, sugerindo que os retornos do mercado futuro estavam propensos a ser muito mais modestos após 17 anos de retornos muito acima da média nos anos 1980 e 1990.

Ele comentou que, se estivesse escrevendo o artigo hoje, sua expectativa seria de que as ações teriam um retorno maior do que os 4,75% pagos pelo Tesouro — não necessariamente expectativas altas para as ações, porém mais altas do que isso para os títulos de dívida (bonds), com certeza. E o que ele possui de bonds, prefere manter 100% nas maturidades de curto prazo.†

Claramente, ele agiu conforme sua compreensão, aumentando a porcentagem do portfólio de investimentos da Berkshire em ações, de 41% para mais de 51% ao longo dos últimos 15 meses.

Sintetizando, Munger disse que Warren estava certo em 1999 quando disse que possuir ações daquela altura em diante traria poucos retornos; assim, ele suspeita que o sócio esteja certo novamente quanto a ter expectativas modestas agora.

Lucros Corporativos

As corporações dos EUA estão ganhando lucros recordes, com margens recordes.

Buffett disse estar maravilhado. Os lucros corporativos, como porcentagem do PIB, estiveram mais altos apenas em 2 ou 3 dos últimos 75 anos. Historicamente, quando os lucros corporativos atingem 8% do PIB, há uma reação, como impostos mais altos.

É surpreendente, observou, haver tantas empresas com retorno de 20% sobre seu patrimônio tangível em um mundo em que os bonds corporativos estão rendendo entre 4% e 5%.

Ele suspeita que o Congresso possa fazer algo para mudar isso.

Buffet concluiu dizendo que as empresas norte-americanas estão vivendo um ótimo momento, mas a história mostra que isso não é sustentável.

---

* Nota aos reguladores: eis aqui um modelo de governança corporativa que vale a pena examinar.

† Algo idêntico à visão de Bob Rodriguez da FPA, que acredita "não haver valor na terra dos bonds".

Munger observou que a expansão extrema do crédito ao consumidor teve um papel. Houve um fluxo enorme de lucros para bancos e bancos de investimento. Outros países com um crédito extremo ao consumidor sofreram más consequências, como a Coreia do Sul.

Para ele, não é o melhor momento para fazer apostas grandes no mercado acionário.

Buffett acrescentou que o fracasso na Coreia do Sul produziu alguns dos preços mais baixos de ações que ele já viu.

Bolha no Mercado de Private Equity

Diferentemente das outras bolhas, Buffett não acha que esta vai estourar tão cedo, mas que aos poucos começará a se esvaziar durante os próximos anos.

Como o dinheiro está bloqueado por 5–10 anos, não há motivos para que as pessoas entrem em pânico. É mais possível que haja uma diminuição gradual, especialmente se o spread entre os bonds de alto rendimento e bonds seguros aumentar.*

Outro fator que leva ao boom é que se você tem um fundo de US$20 bilhões e obtém uma taxa de 2%, as taxas serão de US$400 milhões por ano. Mas não é possível começar outro fundo até que o primeiro esteja investido, então há uma corrida para investir esses fundos rapidamente para levantar dinheiro para o próximo.

Buffett admitiu que a Berkshire não consegue competir com esses compradores e que pode demorar um pouco até que a desilusão apareça.

Munger concluiu que coisas assim podem continuar por muito tempo depois de você se encontrar em um estado total de aversão.

Buffett satirizou: "E esta foi a voz do otimismo se pronunciando."

Jornais

Buffett ofereceu uma ótima ilustração para explicar o destino de longo prazo do setor jornaleiro.

Suponha que Johannes Gutenberg, o inventor da prensa móvel, fosse um day trader ou um gerente de fundos de hedge, de modo que sua invenção nunca tivesse ocorrido. Então surgiram a internet e a TV a cabo.

Agora, imagine que aparece alguém com a ideia de derrubar árvores, comprar prensas móveis caras e contratar uma frota de caminhões para levar jornais em papel de modo que as pessoas leiam sobre o que aconteceu ontem.

---

* O que está acontecendo agora.

Não seria possível.

O que acontece é que os jornais surgiram primeiro, então tiveram sua força, porém não podemos reverter seu declínio.

Buffett comentou que os lucros do *Buffalo News* estão 40% abaixo do pico.

De igual modo, a mudança para o mundo digital dizimou a World Book Encyclopedia, tendo suas vendas reduzidas de 300 mil para 22 mil unidades.

Apostas: Um Imposto sobre a Ignorância

Buffett mencionou que as pessoas simplesmente gostam de apostar. E, à medida que mais estados legalizam a atividade, facilita que as pessoas joguem.

Ele contou que tinha um caça-níquel em casa e como ensinou uma boa lição a seus filhos com a máquina. Ele lhes dava a mesada que pedissem, mas recuperava todo seu dinheiro até à noite. Ele brincou que seu caça-níqueis tinha uma taxa terrível de pagamento.

Em muitos casos, afirmou, as apostas representam um imposto sobre a ignorância. Você a coloca para funcionar, e ela acabada taxando muitos que têm menos capacidade de pagamento, enquanto alivia os impostos sobre aqueles que não apostam.

É socialmente revoltante, acrescenta, quando um governo ataca seus cidadãos em vez de servi-los. Um governo não deve facilitar que as pessoas peguem seus pagamentos da previdência social e os desperdicem apenas puxando uma alavanca. Além do mais, outras coisas sociais negativas podem derivar das apostas com o tempo.

Comprar Empresas

Buffett dá preferência a empresas ótimas, que, de acordo com sua definição, são aquelas que apresentam um alto retorno sobre o capital por um longo período de tempo, e nas quais ele acredita que a gerência tratará os acionistas corretamente.

Idealmente, ele compra essas empresas por 40 centavos sobre o dólar, mas paga perto de um dólar pelas empresas realmente ótimas.

Munger colocou que a margem de segurança significa obter mais valor do que você está pagando. É a álgebra do ensino médio aplicada. No entanto, não há uma fórmula mecânica fácil para determinar o valor intrínseco e a margem de segurança. É necessário aplicar muitos modelos. Assim leva tempo para ficar bom nisso. Você não se torna um ótimo investidor rapidamente, assim como não se transforma em um especialista em tumores ósseos de um dia para o outro.

Ele acrescentou que não possui um sistema para estimar o valor correto de todas as empresas e que, na realidade, classifica quase tudo como "difícil demais" e analisa os poucos casos que são fáceis.

Buffett usou um exemplo para detalhar:

Digamos que você queira comprar uma fazenda e calcula que pode ganhar US$70/acre como dono. Quanto você pagará pela fazenda?

Talvez você decida que deseja um lucro de 7%, então pagaria US$1.000/acre.

Se estiver à venda por US$800/acre, você compra, mas caso esteja por US$1.200/acre, não compra.

Você não basearia essa decisão naquilo que viu na TV ou em algo que um amigo disse. Faria sua própria tarefa de casa.

Funciona da mesma forma com as ações.

O investidor enfatizou que a habilidade de gerar dinheiro e reinvesti-lo é crucial. Ele observou que é essa habilidade que concede à Berkshire o valor que tem. Além disso, é importante compreender a posição competitiva e a dinâmica da empresa, e analisar o futuro.

Caso você estivesse pensando em pagar US$900 mil ou US$1,3 milhão por uma franquia do McDonald's, é bom considerar coisas como se as pessoas vão continuar consumindo hambúrgueres e se o McDonald's poderia mudar o contrato de franquias.

No passado, Buffett ensinou que é importante conhecer um ou dois elementos essenciais em cada empresa que você possui. Neste ano, ele mencionou que, quando comprou a USAir, uma empresa aérea com custos altos de assento por milha, chegando a 12 centavos de dólar, ela estava protegida. No entanto, os problemas começaram quando a Southwest apareceu com custos de oito centavos.

Ele também comentou que, para avaliar gerentes de petróleo e gasolina, a variável essencial é encontrar os custos.

Por fim, ele acentuou a importância de permanecer dentro de seu círculo de competência. Uma grande parte de seu sucesso, disse, veio porque ele sabia como reconhecer e mandar ver com as barras mais leves na academia e como reconhecer e evitar as mais pesadas.

Torne-se uma Máquina de Aprender

Munger frequentemente exaltou a sede insaciável de Buffett pelo aprendizado, chamando-o de uma "máquina de aprender".

Buffett concordou que realmente lê tudo que passa em sua frente e recomendou que bons investidores deveriam ler tudo que puderem.

Em seu caso, comentou que, quando tinha 10 anos de idade, havia lido todos os livros sobre investimentos da biblioteca pública de Omaha; alguns até duas vezes. Preencha sua mente com ideias opostas e perceba o que faz sentido para você.

Depois, você precisa jogar-se na água — pegue uma pequena quantia de dinheiro e faça o trabalho sozinho. Ele brincou dizendo que investir em papéis é como ler um livro de romance, em vez de fazer outra coisa.

Munger contou que um diretor da Berkshire, Sandy Gottesman, que cuida de uma empresa grande e bem-sucedida de investimentos (First Manhattan), pergunta aos entrevistados: "O que você possui e por que o possui?" Caso a pessoa não estivesse interessada o bastante para possuir algo, então ele lhe diria que procurasse outra coisa para fazer.

Buffett observou que ele e Charlie ganharam dinheiro de muitas formas diferentes, sendo que algumas delas não poderiam ter sido previstas 40 anos atrás.

Em vez de seguir um mapa definido, o necessário é possuir um repertório de pensamentos e experiências construído pela observação dos mercados em lugares diferentes, títulos diferentes etc.

Um bom lugar para observar é onde há poucos outros players. A empresa RTC, Resolution Trust Corp, foi um ótimo exemplo de uma chance de ganhar muito dinheiro com relativamente poucos concorrentes. Havia um vendedor (o governo) com centenas de bilhões de dólares de propriedades e sem dinheiro no jogo, que queria resolver tudo rapidamente, enquanto muitos compradores não tinham dinheiro e estavam numa pior.[*]

Aos 19 anos de idade, Buffett leu *O Investidor Inteligente*. Agora, aos 76, nos contou que ainda aplica o mesmo processo reflexivo que aprendeu com o livro naquela idade.

Em um momento interessante, ele novamente observou que você precisa de algo em sua programação para que não perca muito dinheiro.

Ele afirmou que suas melhores ideias não se saíram melhor do que as melhores ideias dos outros, mas que perdeu menos dinheiro com suas piores ideias.

Comentários sobre o Risco

Na teoria moderna de portfólio, o beta é uma medida de volatilidade que, por sua vez, é vista como uma medida de risco. Quanto maior for o beta, maior será o risco. Pelo menos, é o que diz a teoria.

---

[*] Uma de nossas favoritas, a Leucadia National Corp, teve uma participação muito lucrativa no processo da RTC.

Buffett se permite discordar, afirmando que a volatilidade *não* mensura o risco. O beta é bom e matemático, mas está errado.

Por exemplo, duas décadas atrás, o preço de terras em áreas rurais do estado de Nebraska caiu de US$2.000 para US$600 por acre. A teoria diria que o "beta" das terras subiu muito, então você assumiria um risco muito maior se as comprasse por U$600 (como Buffett) do que por US$2.000/acre.

Obviamente, isso não faz sentido. Mas as ações são negociadas, e o pessoal da matemática aprecia a habilidade do computador de modelar todos esses malabarismos nos preços.

Buffett concluiu: "Este conceito de volatilidade é útil para pessoas que trabalham como professores de carreira, mas é inútil para nós."

O risco real, ele acredita, vem da natureza de certos tipos de empresa, pela simples economia do negócio e por não saber o que estão fazendo. Caso compreenda a parte financeira e conheça as pessoas, então não estará assumindo muito risco.

Por exemplo, Buffett observou que está disposto a perder US$6 bilhões em uma catástrofe, mas o negócio de seguros da Berkshire em longo prazo não é muito arriscado. Considerando o tempo, as probabilidades dirão. De forma similar, se você possui uma roleta de cassino, às vezes tem que pagar 35 para 1, mas tudo bem. Ele adoraria ter muitas dessas roletas.

Munger entrou na conversa e opinou: "Pelo menos 50% do que é ensinado é tagarelice, mas essas pessoas têm QIs muito altos. Logo percebemos que pessoas muito inteligentes fazem coisas muito burras, e queríamos saber por que e quem eram, para que pudéssemos evitá-las."

Etanol

Munger, sempre diplomático, opinou a respeito do etanol: "Acho que usar derivados de milho como combustível para carro é uma das ideias mais idiotas que já vi. Os governos fazem coisas doidas quando estão sob pressão, mas essa é uma das mais doidas. Aumentar o preço da comida para ser possível andar com esses carros? A quantidade de hidrocarbonetos que o etanol gera é praticamente a mesma que é consumida para produzi-lo, e seu custo nem mesmo conta na perda permanente de solos aráveis. Amo Nebraska profundamente, mas esse não foi o melhor momento do meu estado natal."*

---

* Munger não é o único que questiona a sensatez do programa de etanol. O jornal *Des Moines Register,* em sua edição de 15 de julho de 2007, deu destaque a uma manchete principal que debatia o futuro dos subsídios do etanol.

Doando Sua Fortuna

Buffett apresentou um resumo muito interessante sobre o presente de US$30 bilhões (e o valor continua crescendo) para a Fundação Bill e Melinda Gates e para algumas outras fundações administradas por seus filhos.

Ele contou que sempre sentiu que capitalizaria dinheiro em uma proporção maior que a média, e que seria tolice abrir mão de uma porção significativa desse capital. Ele também achava que seria sua esposa que faria doações, mas não foi assim que as coisas aconteceram.

A ideia de encontrar pessoas talentosas para fazer o que melhor sabem é um dos princípios motivadores de Buffett.

Quando ele e Suzie tiveram um filho, eles contrataram um obstetra — ele não tentaria fazer o parto por conta própria. Quando tem dor de dente, ele não vai atrás de Charlie.

De igual modo, quando chegou a hora de fazer doações de forma racional, ele procurou Bill e Melinda Gates, pessoas inteligentes, animadas e apaixonadas pelo que fazem. Ele queria entregar o dinheiro para alguém que pudesse seguir, de forma geral, o que ele mesmo faria caso estivesse nesse meio.

O investidor acrescentou que, no que lhe diz respeito, não abriu mão de nada. Ele não mudou de vida, continua comendo do melhor e dormindo muito bem, então não abriu mão de nada. Alguém que desiste de uma viagem para a Disney para fazer uma doação é que está fazendo um sacrifício real.

Mais da Sabedoria de Charlie

Frequentemente recomendamos aos amigos e clientes o clássico *O Homem Mais Rico da Babilônia*, de George Clason, então ficamos encantados ao ouvir Charlie comentar sobre ele.

Ele disse que leu o livro quando era mais jovem e que a obra o ensinou a gastar menos que sua renda e a investir a diferença.

Surpresa das surpresas, foi o que ele fez, e deu certo.

Ele teve a ideia de acrescentar juros compostos mentais também. Então, decidiu que venderia a si mesmo a melhor hora do dia para melhorar sua própria mente, e o mundo poderia comprar o restante do tempo.

Pode parecer egoísta, disse, mas funcionou.

Ele também comentou que, se você se tornar muito seguro e permanecer assim, será muito difícil falhar em qualquer coisa que quiser fazer.

Local: Qwest Center

Participação: 31 mil pessoas

Detalhes Sobre Este Ano:

- Durante o fim de semana da Berkshire, o Qwest Center virou parte reunião, parte circo. Havia cantores country raiz, touros, lanchas de corrida, carros antigos e uma casa pré-fabricada completa da Clayton Homes.

- Cerca de 25 empresas da Berkshire, incluindo a Justin Boots, a Fruit of the Loom e a GEICO, venderam seus produtos no show room.

- A Nebraska Furniture Mart bateu seu recorde de vendas durante o evento, totalizando US$7,5 milhões.

Ranking na Fortune 500: 11º

Preço da Ação: US$141.685

Um dólar investido em 1964 valeria hoje **US$14.454**.

O valor patrimonial por ação da Berkshire subiu de US$19,46 para **US$70,530** (uma taxa de retorno composta de **20,3%** a.a.).

O S&P 500 acumulou **10,3%** anuais durante o mesmo período.

DESTAQUES DAS ANOTAÇÕES DE 2008

Compre a Empresa

Quando foi perguntado sobre o que não fazer para ser um investidor que segue a multidão, Buffett sugeriu a leitura de seu velho companheiro de cabeceira, *O Investidor Inteligente*, de Benjamin Graham (especialmente os Capítulos 8 e 20), que mudou sua vida.

Sempre tenha em mente que, quando compra uma ação, na realidade, você está comprando uma sociedade parcial de uma empresa.

Após ter trabalhado no mercadinho de seu avô, Buffett aprendeu a importância de trabalhar duro. No entanto, seu avô era muito pessimista quanto ao mercado de ações. Buffett parou de dar ouvidos a ele naquela altura.*

Se fosse professor em escolas de negócios, Buffett simplificaria de modo surpreendente. "Ensine: 1) Como Avaliar uma Empresa; e 2) Como Considerar o Float do Mercado — que o mercado está aí para servi-lo, e não para influenciá-lo." Seria isso. Os professores ficam preenchendo o tempo com todas aquelas fórmulas.

Assim como o sacerdócio de eruditos cristãos não teria muita razão de ser se as massas simplesmente seguissem os 10 Mandamentos, os professores das escolas de negócios também precisam de algo para ensinar e impressionar os alunos.

Sobre o mercado de ações, Buffett comentou que o mercado representa milhares de empresas. Então, não deveria fazer muita diferença aonde vai em curto prazo. Ele ficaria feliz com suas ações caso o mercado ficasse fechado por vários anos.

Se estivesse comprando uma fazenda, por exemplo, você analisaria a produção daquela terra ao longo do tempo em comparação com o preço de compra. Você não negociaria terras de fazenda com base nas oscilações de curto prazo dos preços agrícolas.

Munger: "Não tenho nada a acrescentar."

Buffett: "Ele está treinando há meses."

Retornos Futuros: Expectativas Mais Baixas

Buffett observou que ficará muito feliz com um retorno total de 10% sobre seu portfólio de ações.

Ele antecipou (pela enésima vez) que os retornos futuros da Berkshire não chegarão nem perto dos retornos que a empresa lucrou no passado.

---

* Felizmente, para todos os acionistas da Berkshire.

Levando-se em conta o tamanho da Berkshire, é necessário buscar empresas com capitalização de mercado na casa dos US$50 bilhões para começar a fazer cócegas. Ele concluiu que "teremos resultados aceitáveis, mas não indecentes".

Munger acrescentou: "Estamos felizes ganhando dinheiro com uma taxa reduzida, e sugerimos que vocês façam o mesmo."[*][†]

Bons Gestores: Nós Trapaceamos

Buffett comentou que trapaceia quando o assunto é encontrar bons gestores.

Ele simplesmente compra aqueles que já estão comandando ótimas empresas.

Caso recebesse 100 candidatos com MBA, ele afirmou que seria impossível identificar como eles se sairiam como gestores na realidade.

Ele simplesmente encontra registros com décadas de um desempenho excelente. Depois, procura retê-los de modo que seu entusiasmo para o trabalho seja mantido.

Buffett pergunta se o gestor ama o dinheiro ou a empresa. Se ele amar a empresa, será a escolha certa para a Berkshire.

Em resumo, Buffett busca "artilheiros" que possam trabalhar por décadas. Ele brincou que o Sr. B (fundador da Nebraska Furniture Mart) saiu da empresa aos 103 anos de idade e morreu no ano seguinte. Ele espera que isso seja uma lição para seus gestores.

Ética

Buffett disse estar muito orgulhoso da forma que os gestores da Berkshire, como equipe, se comportaram ao longo dos anos.

Para manter a transparência, ele envia uma carta aos gestores a cada dois anos, perguntando quem seus sucessores seriam e relembrando-os de terem certeza de que não farão com que a empresa perca um pingo de reputação.[‡]

Ele sugere o padrão do "jornal": comporte-se como se suas ações fossem ser publicadas na capa do jornal local. A Berkshire não tem objetivos

---

* Observe o aumento gradual da parte relativa às ações na proporção entre Dinheiro/Bonds/Ações da Berkshire (veja o Apêndice II).

† A Berkshire tem estado ativa no mercado de ações, acumulando 8,6% (cerca de US$4 bilhões) da Kraft Foods e aumentando sua participação nas empresas Burlington Northern, Wells Fargo, U.S. Bank, Johnson & Johnson e Carmax.

‡ Recordamos como Buffett epicamente falou sobre a ética de funcionários nos depoimentos no congresso à época do escândalo do Salomon: "Perca dinheiro pela empresa, e compreenderei. Perca reputação pela firma, e serei implacável."

de orçamentos ou lucros, algo que elimina as pressões perversas que infectam a maioria das outras grandes empresas.*

Hedge do Dólar: Passando a Operações Internacionais

Anos atrás, Buffett avisou que o dólar norte-americano estava em risco devido ao deficit comercial sempre crescente.

Levando-se em conta que não houve mudanças significativas nas políticas econômicas dos EUA, ele continua pessimista quanto ao dólar.

Sendo assim, ele fica feliz conseguindo lucrar em outras moedas. Isso se dá seja por possuir ações (80% dos lucros da Coca-Cola vêm do exterior), ou pela compra direta de empresas estrangeiras. Ele está buscando ativamente fazer mais da segunda opção.

Em breve, Buffett vai à Europa para promover as virtudes das empresas familiares que vendem à Berkshire. A ISCAR, em particular, fez com que Buffett abrisse os olhos para as possibilidades no exterior. A empresa abriu uma unidade na China no ano anterior e seu CEO, Eitan Wertheimer, acompanhará Buffett em sua passagem pela Europa.

A empresa, a propósito, ultrapassou as altas expectativas de Buffett. Ele comentou que a junção do desempenho financeiro com os relacionamentos pessoais a tornaram uma "aquisição dos sonhos".

Buffett quer que mais donos de empresas familiares, ao perceberem a necessidade de monetizar sua empresa, pensem na Berkshire Hathaway.

Foi o que aconteceu recentemente com o Pritzkers and Marmon Group. O mesmo se deu alguns anos atrás com os Wertheimers e a ISCAR.

Munger comentou que a Alemanha tem uma civilização particularmente evoluída, especialmente quanto à criatividade e à engenharia. Por exemplo, no ramo de impressão, em um nível surpreendente, o melhor equipamento é feito naquele país.

Buffett ponderou sobre como perdeu muito tempo com calçados da Dexter. Vinte anos atrás, os EUA fabricavam um bilhão de pares de calçados anualmente.

Ele gracejou que a cultura norte-americana é louca por sapatos e isso fez dos EUA uma nação de Imelda Marcos. Agora, embora ainda compre calçados, os EUA não os produzem mais. Todos são feitos no exterior, especialmente na China.

Buffett observou como a China tem libertado seu potencial em uma sociedade mais aberta. O talento sempre esteve presente, mas esteve suprimido há muito tempo.

---

* Em reuniões anteriores, Munger referiu-se ao "gerenciamento de resultados" como sendo nocivo, uma vez que pressiona os gestores a agirem irracionalmente.

Deslocações de Bonds Municipais

Em seu ataque anual à teoria moderna de portfólio, que afirma que os mercados são sempre eficientes, Buffett descreveu o que aconteceu no mercado de bonds municipais no início de 2008.

De vez em quando, ele traz algumas propostas de debate, e neste ano foi o book de ofertas de compra (bid) para os títulos municipais.

Ele comentou que toda semana havia cerca de US$330 bilhões de títulos municipais sendo negociados em leilões (o que indica um gap grande entre os books de oferta de compra e de venda). Voilà — financiamento de longo prazo com taxas de curto prazo. Bom, desde que funcione. Mas, quando os mercados de crédito começaram a dar pane em fevereiro, o mesmo aconteceu com o mercado de ARS. Veio o caos.

Buffett comentou que os bonds do Los Angeles County Museum, que renderam 4% em janeiro, repentinamente passaram a render 10% na metade de fevereiro. Agora, voltaram aos 4% de rendimento.

Ele também observou que, durante o pânico, bonds diferentes do mesmo emissor renderam de 6% a 11% ao mesmo tempo! Lá se vai o mercado eficiente. Foi uma oportunidade rápida, mas muito óbvia para Buffett, e a Berkshire adquiriu US$4 bilhões de bonds municipais durante o período.

Munger observou como a oportunidade apareceu e se foi tão rapidamente. Os fundos de hedge tinham que cair por causa das chamadas de margem. Se você não conseguir pensar rapidamente e agir resolutamente, isso não lhe trará coisas boas. Como aqueles que pescam com lanças, você deve esperar um longo tempo e, quando a oportunidade aparecer, você precisa agir.

Berkshire Hathaway Assurance

Em uma reviravolta notável, a Berkshire recentemente entrou no setor de seguros de bonds municipais, na medida em que a crise do financiamento imobiliário infectou os outros players principais.

Buffett apresentou uma atualização, observando que Ajit Jain inaugurou a subsidiária de seguros de bonds municipais da Berkshire no fim do ano anterior.

Ele orgulhosamente anunciou que, em uma questão de meses, a BHA (Berkshire Hathaway Assurance) já havia coletado US$400 milhões em volume de prêmios, que pode ser mais do que todas as outras seguradoras de bonds municipais — juntas! Ela realizou 278 transações, em sua maior parte secundárias, com apenas 30 pessoas no escritório. Os bonds assegurados pela Berkshire estão sendo negociados em um patamar muito mais elevado do que de qualquer outro bond segurado por outra empresa.

Buffett disse que os prêmios representam uma cobertura que paga apenas quando o segurador inicial não puder pagar. E a Berkshire está conseguindo vender os prêmios a mais de 2% do valor segurado, enquanto o custo do seguro está em cerca de 1%.

Munger nos contou que, certa vez, quando lhe perguntaram qual era o melhor investimento da Berkshire, ele respondeu: "Os honorários do recrutador corporativo que nos trouxe Ajit Jain."

Sucessão

Buffett anunciou que o conselho de administração da Berkshire tem os nomes de vários sucessores em potencial e que avalia os planos de sucessão a cada reunião.

Munger observou que a Berkshire ainda conta com um jovem emergente na pessoa de Warren Buffett.

Buffett ironicamente destacou que o termo "gestão do envelhecimento", tão comumente usado para descrever os altos escalões da Berkshire, refere-se a todos os membros do conselho.

Além do mais, considerando-se que ele e Charlie têm uma média de 80 anos de idade, eles estão envelhecendo a uma taxa de apenas 1,25% por ano. Enquanto isso, um gerente com 50 anos de idade está envelhecendo a uma taxa de 2% e, portanto, é uma aposta muito mais arriscada.

Munger quer que Warren diga o seguinte em seu funeral: "Este cadáver parece ser o mais velho que já vi."

Concentração

Munger e Buffett estavam de total acordo quanto aos benefícios para o investidor profissional de tirar o máximo de suas melhores ideias.

Buffett alegou que a concentração é algo bom em investimento, observando que ele já teve 75% de seu patrimônio líquido, fora da Berkshire, investido em uma única ideia por diversas vezes. Seria um erro não ter 50% de seu patrimônio líquido em uma situação realmente boa. O grande erro é ter *500%* de seu patrimônio líquido em coisas. Com a Long-Term Capital Management, seu patrimônio líquido chegou a 25 vezes seu valor, então não conseguiu agir quando as coisas se viraram contra ela.[*]

Munger lamentou que as escolas de elite ensinam que o segredo da gestão de investimentos é a diversificação. Estão ridiculamente erradas, afirmou. A *não diversificação* é a chave.

---

[*] Quase semanalmente estamos lendo sobre o inchaço de fundos de hedge alavancados a 10:1, 20:1 e mais.

Petróleo

O perigo, de acordo com Buffett, não é que o petróleo vai acabar, como às vezes é noticiado pela mídia, mas que a produção se estagnará e, depois, lentamente diminuirá com o tempo.

Atualmente, o mundo produz 87 milhões de barris por dia, a maior produção já registrada, e, no entanto, provavelmente ainda estamos com a menor produção excedente já registrada, uma vez que a demanda fica cada vez maior. Se estamos em produção máxima, e é o que parece, o mundo terá que se ajustar.

Munger comentou que é tolice usar nosso suprimento limitado de hidrocarboneto tão rapidamente quanto estamos fazendo.

Ele acredita que precisamos usar o sol — não há outra alternativa.

Etanol: Atualização

Munger opinou, dando sua avaliação radiante como de costume: "Milho para combustível de motores é uma das ideias mais idiotas para o futuro do mundo que já vi. É impressionantemente idiota. A ideia está provavelmente saindo de moda."

Insensatez dos Bancos de Investimento

Munger comentou que a Enron chocou a nação com sua insensatez desmedida e má conduta. Isso nos trouxe a Lei Sarbanes-Oxley, que acabou sendo uma tentativa de atirar em um elefante com uma zarabatana. A desordem a caminho agora faz com que a Enron pareça ser um passeio no parque. Teremos mais regulações, e não funcionará perfeitamente para todos.

Buffett achou que o Fed fez a coisa certa com o resgate financeiro do Bear Stearns. O banco teria falido e a tratativa de US$14,5 trilhões em contratos de derivativos com milhares de contrapartes teria sido um espetáculo de proporções sem precedentes com um ou dois outros grandes bancos de investimento falindo em alguns dias. Essas empresas nunca sonharam que o mundo pararia de lhes emprestar dinheiro.

Buffett afirmou que os bancos de investimento e os grandes bancos comerciais são grandes demais para serem administrados da maneira pela qual têm procedido. Funciona na maioria das vezes, então não é possível ver o risco no cotidiano. E, caso seja um executivo com 62 anos de idade, você não se preocupa tanto com o longo prazo. O necessário é ter um CEO com aversão ao risco em seu DNA e a habilidade de opor-se a funcionários que queiram copiar os outros para ganhar dinheiro.

O Significado de OFHEO: Horrível

Com relação à dificuldade de regular empreendimentos financeiros complexos, Buffett comentou que o OFHEO [Escritório Federal de Supervisão de Empresas de Habitação] supervisiona duas entidades bastante importantes, a Fannie Mae e a Freddie Mac.

Essas duas contabilizaram 40% do fluxo de financiamentos imobiliários alguns anos atrás e, talvez, cerca de 70% atualmente.

O OFHEO, com uma equipe de 200 pessoas, existia unicamente com o propósito de acompanhar essas duas empresas. E o que aconteceu foram duas das maiores distorções contábeis da história, envolvendo bilhões e bilhões de dólares, enquanto essas 200 pessoas estavam no desempenho de suas funções. Acertaram duas de duas.

Buffett concluiu que, quando há uma combinação de "grande demais para administrar" com um governo que as considera "grande demais para falir", obtêm-se resultados interessantes.

Munger foi mais direto, falando que foi loucura que o governo tenha permitido que os bancos ficassem grandes demais para falir, um produto de uma cultura de cobiça e excessos. Uma confiança exagerada em algoritmos também teve sua parcela de responsabilidade.

Para ele, permitir que a negociação de derivativos terminasse dessa forma foi algo desvairado, e lamentou o fato de tão poucos terem se manifestado contra.

BASLM: Bom Até Ser Levado a Mercado

Munger observou que uma grande parcela da contabilidade dos derivativos não era de ganhos reais.

E ele cunhou um novo termo contábil, BASLM — "Bom Até Ser Levado a Mercado". Muitos bancos de investimento sustentaram ativos que fizeram "puf" quando chegou a hora de vendê-los. Não houve lances.

Ele enfatizou que a contabilidade nos deixou na mão e que ela deveria ser mais como a engenharia.*

Buffett recontou como, nos dias terríveis do escândalo do Salomon Brothers, seus traders estavam fazendo negócios com Marc Rich — que havia fugido do país por ter cometido fraudes com títulos! No entanto, eles resistiram às ordens de parar de negociar com ele porque estavam ganhando dinheiro. Buffett teve que emitir uma diretiva específica para parar com aquilo. É esse o tipo de coisa que acontece em uma cultura corporativa de ganância.

---

* BASLM nos lembra da expressão títulos "para quem?" de Bob Rodriguez, no caso de, quando chegar a hora de vender, "para quem" você os venderá?

Munger disse, sem muita emoção: "Há tanta coisa que acontece nas entranhas corporativas dos EUA que vocês não vão querer nem saber."

Pensando Sobre o Risco

Buffett observou que é importante pensar sobre os riscos, inclusive sobre aqueles que nunca ocorreram antes. Todos os bancos de investimento tinham modelos, reuniões semanais de comitês de risco e, ainda assim, não faziam ideia do fato.

Na opinião de Buffet: "Um diretor de riscos é um funcionário que faz você sentir-se bem enquanto faz coisas idiotas."

Na Berkshire, Buffett é esse diretor; eles passam muito tempo pensando sobre o que poderia atingi-los de uma hora para outra.

Munger disse que dá para ver como a Berkshire é avessa ao risco. Ela se comporta de tal forma que ninguém se preocupa. Há uma camada dupla de segurança ao redor do risco.

Embora a crise tenha se iniciado na área de financiamentos imobiliários, as dificuldades espalharam-se para outras áreas. Na verdade, Buffett disse que não conseguia se lembrar de tamanhas ondas de choque e da exposição das fraquezas de outras práticas como essa. Coisas estúpidas foram feitas, e agora é preciso pagar o preço.

E, em sua previsão, chegará o momento que veremos isso acontecer mais uma vez, mas de uma forma diferente. Uma combinação do desejo de enriquecer, de alavancagem e da crença na fada dos dentes criará outra bolha com o tempo.

Munger observou que esta foi uma confusão especialmente tola. Ele perguntou para o pessoal se recordavam de uma empresa online de entrega de produtos de supermercado, a Webvan, cuja ideia, em sua concepção, era simplesmente de jerico. Bem, afirmou, a ideia era muito mais inteligente do que as ideias inventadas no setor de financiamentos imobiliários.

Sintetizando, ele disse que poderia haver mais alavancagem na Berkshire, mas para quê? Por que expor a empresa à ruína e desgraça para um ponto percentual a mais de retorno? Não dá para delegar a gestão de riscos. Buffett aceita de bom grado ter retornos menores de modo que consiga dormir bem, venha o que vier.*

---

* Ironicamente, esta é a cosmovisão que produziu uma das taxas médias mais altas de capitalização ao longo das últimas quatro décadas.

Contabilidade ao Valor Justo

Buffett admitiu que a contabilização de ativos de investimentos é algo difícil, embora ele tenha uma grande preferência pelo valor justo versus o valor de custo histórico.

O problema com a contabilidade a valor justo pode ocorrer quando o mercado apresenta preços que não fazem sentido algum.

Ele falou sobre as CDOs (obrigações de dívidas colateralizadas), que eram agregações de parcelas de milhares de pedidos de financiamentos imobiliários.

Elas eram tão complicadas que poderia haver 15 mil páginas para ler para compreender todos os financiamentos e parcelas envolvidos.

Como se isso não fosse complicado o suficiente, há CDOs sintéticos, que podem ser um valor mobiliário que abarca 50 CDOs. Com 15 mil páginas por CDO, seria necessário ler 750 mil páginas para entender um CDO sintético.

Quando você começa a comprar valores mobiliários feitos por parcelas de outros instrumentos, ninguém sabe o que se está fazendo. Era loucura. Forçar as pessoas a marcar a mercado ("valor justo"), avaliando coisas como esses CDOs a um preço de mercado de 10 centavos, em comparação com o custo de 100 centavos, ajuda a manter a gerência um pouco mais honesta.

Munger também fez críticas a Alan Greenspan, dando a entender que Greenspan teve uma overdose Ayn Rand — adotando a ideia de que, se as coisas acontecem em um mercado livre, deve estar tudo certo.

Munger discordou enfaticamente, dizendo que algumas coisas deveriam ser proibidas: "Se apenas tivéssemos banido a frase 'esta é uma inovação financeira que reduz o risco', teríamos prevenido muitos problemas."

Dificuldades com CDS?

Ao ser perguntado sobre o CDS (credit default swaps), um mercado de US$60 trilhões de valor nocional, Buffett expressou seu sentimento de que o mercado de CDS não estava em grande risco de se transformar em caos.

Um CDS é um seguro contra a falência (falha em honrar um fluxo de caixa) de uma empresa. Embora os riscos corporativos de falência possam subir, a maioria dos mercados de CDS é um jogo de soma zero. As perdas de alguns serão compensadas pelos ganhos de outros.

Em contrapartida, quando os financiamentos imobiliários subprime despencaram, muito dinheiro foi perdido.

Com a intervenção do Fed para resgatar o Bear Stearns, Buffett acredita que as chances para haver uma calamidade com CDS são baixas.

Munger concordou. Seria possível termos uma grande confusão com CDS? Sim. Mas a tolice não é tão grande como a que se viu no mercado de financiamentos imobiliários, onde juntaram um bando de mendigos bebuns e lhes deram esses financiamentos com condições incríveis.

O que Munger realmente considerou bizarro foi que os contratantes de CDS na verdade têm um incentivo perverso: eles ganham dinheiro com a falência de corporações. Assim, poderia haver manipulação para criar falências corporativas para lucrar com os contratos.

Munger achou insano que os reguladores tenham permitido isso. É ilegal comprar seguro de vida para pessoas que você não conhece, uma vez que isso cria um risco moral (caso morram, você fica rico). Ele concluiu que o mercado de CDS é o produto de um grande bando de malucos proprietários e reguladores.

Buffett registrou: "Charlie: 1; mão invisível: 0."

Simplifique

Munger afirmou que a Berkshire gasta menos com Due Diligences do que qualquer outra grande corporação. E eles têm menos problemas que qualquer outra grande corporação.

Na Berkshire, eles pensam como engenheiros, buscando grandes margens de segurança. Se você precisa que um contador lhe fale sobre um negócio, você deveria ser o contador e deixar que ele administre a empresa.

Buffett observou que essa simplicidade é uma grande vantagem. A Mars veio à Berkshire porque sabia que não precisava de advogados. O pessoal de lá sabia que na Berkshire o combinado não sai caro e o cheque sempre cai.

Empresas de Alimentos de Marca

A Berkshire há tempos vem investindo em empresas alimentícias de marca e recentemente assumiu uma participação de mais de 8% na Kraft Foods.

Buffett constatou que as grandes empresas de alimentos são bons negócios, porque ganham bons retornos com ativos tangíveis.

É difícil competir com boas marcas como See's, Coca, Mars e Wrigley's.

A Coca está atualmente vendendo 1,5 bilhão de unidades por dia no mundo. Desde 1886, a marca faz uma associação de "felicidade" e "refrescante". Essas associações ficam implantadas nas mentes das pessoas.

Bons produtos de marca são geralmente um bom investimento.

Simplifique, Parte II

Buffett admitiu que um de seus segredos para o sucesso é colocar o foco apenas em coisas que compreende.

Se Buffett acredita que a resposta deva ser um não, ele interrompe a proposta no meio (uma técnica que diz ter aprendido com Charlie). Se consegue compreender o assunto, ele toma uma decisão em cinco minutos.

Um detalhe fascinante: Buffett afirma que poderia passar mais cinco meses em uma ideia, e isso não adicionaria qualquer valor à sua decisão.

Munger entrou na conversa dizendo que eles têm um bom sistema de "eliminação". Eles não perdem tempo com certas coisas.*

Olimpíadas na China

Buffett foi a favor de seguir com as Olimpíadas, com a crença de que é um engano começar a decidir qual dos 200 países merecem participar.

Ele observou que os EUA não permitiam que as mulheres votassem durante 120 anos e que os negros, em determinado momento, eram considerados três quintos de uma pessoa.

Munger foi ainda mais severo, dizendo que aquelas pessoas que estivessem se sentindo consternadas deveriam perguntar a si mesmas: "A China está mais ou menos imperfeita com o passar das décadas?"

Para ele, a China está claramente no caminho certo, e é um erro pegar aquilo de que você menos gosta de alguma coisa e ficar obcecado.

Bons Negócios com Bancos?

Buffett comentou que o tamanho de um banco significa pouco para ele. O que realmente conta é a cultura.

Ele quer um CEO de um banco que tenha o controle de riscos em seu DNA.

Embora lugares como Wells Fargo, U.S. Bancorp e M&T Bank não estejam imunes aos problemas, estão imunes à burrice institucional.

Muitos bancos acabam fazendo loucuras ao tentar fazer o que é popular. Como Maury Cohen disse certa vez: "Há mais bancos do que banqueiros."

Munger comentou que os bancos menores são provavelmente um bom lugar para prospectar investimentos em valor.

Buffett fingiu grande empolgação: "Isso é um otimismo radical vindo de Charlie! Vou comprar esses lugares assim que sair daqui."

---

* Menos informações, quando são as *certas*, é a chave para uma boa tomada de decisão.

Proliferação Nuclear

Buffett observou que um dos maiores riscos à civilização continua sendo a proliferação nuclear.

Uma determinada porcentagem dos 6,5 bilhões de pessoas do mundo sempre será psicótica.

Milhares de anos atrás, o máximo que os poucos mais problemáticos podiam fazer era atirar pedras. Com o avanço da tecnologia, surgiram o arco e a flecha, depois armas e canhões e, hoje, dispositivos nucleares.

Ele acredita que é fundamental minimizar o risco, e que ainda não foi feito um progresso muito grande nesse sentido. Deveríamos fazer o máximo possível para reduzir acesso aos materiais.

Conforme o aviso de Albert Einstein em 1945 com o advento da bomba atômica: "Isso muda tudo no mundo, exceto a forma como a humanidade pensa."

Buffett disse que espera que esse assunto esteja no topo da lista da agenda política da próxima administração dos EUA.

Índice da Poupança

Para nós, até certo ponto foi surpreendente que Buffett tenha sugerido o fato de que o índice de poupança ter ficado no negativo não é necessariamente algo muito negativo para a economia.

Ele comentou que o valor econômico dos Estados Unidos tem aumentado há décadas mesmo sem ter um índice muito alto de poupança. Com um PIB per capita de US$47 mil, somos tão ricos que talvez não tenhamos que poupar tanto.

Com as importações excedendo as exportações, o mundo está poupando para nós. A China, com um índice de poupança muito maior, crescerá mais rapidamente do que nós e, provavelmente, precisa disso.

Dividendos

Nenhuma reunião estaria completa sem a eterna pergunta: "Quando você vai pagar um dividendo?"

Buffett observou que tem sido melhor reter o dinheiro na Berkshire, onde ele pode ser capitalizado automaticamente. Se precisar de dinheiro, você pode vender ações e pagar impostos de ganhos de capital com uma taxa menor do que seria usada para um dividendo.

Munger brincou que Warren sempre planejou pagar um dividendo à moda de Santo Agostinho: "Deus, dai-me a castidade, mas ainda não."

Remuneração dos Executivos

Buffett reconheceu que não há muito que o investidor individual possa fazer.

Seria necessário que meia dúzia dos maiores proprietários de empresas abertas, em casos emblemáticos, não votassem nas Assembleias e se manifestassem contra a compensação excessiva. Os mandachuvas não gostam de ser constrangidos. A mídia pode ajudar também. Uma pressão eficaz é necessária para conferir o autointeresse dos executivos.

Munger refletiu que na Inglaterra, a luta de classes resultou em uma taxa de 90% de imposto de renda. Embora isso tenha se mostrado ser totalmente contraprodutivo, também mostrou como uma política de inveja pode arruinar um sistema econômico.

Munger acredita que os CEOs que estão recebendo compensações têm o dever moral para não pegar o último centavo. Assim como os juízes da Suprema Corte, eles deveriam *escolher ser mal remunerados*.

Buffett comentou: "A inveja é o pior dos pecados capitais. É o único que faz você se sentir pior, e a outra parte não sente nada. A gula — essa tem, pelo menos, algum lado positivo temporário. Quanto à luxúria — vou deixar Charlie falar sobre isso."

Setor Farmacêutico

A Berkshire expandiu sua posição na Johnson & Johnson e acrescentou quotas na Sanofi em 2007.

Buffett reconheceu que ele não sabe muito sobre a distribuição de medicamentos e que, em cinco anos, as coisas estarão diferentes, de qualquer modo.

Como um todo, ele acredita que o setor está fazendo algo tremendamente importante e, acima de tudo, o grupo deverá ter bons lucros. Uma abordagem de grupo deve trazer um resultado satisfatório em cinco anos.

Munger protelou: "Vocês têm um monopólio com nosso conhecimento conjunto sobre farmacologia."

Buffett satirizou: "Ele fica rabugento no fim do dia."

Fundamentos para uma Boa Saúde

Buffett brincou que uma boa saúde começa com uma dieta balanceada: um pouco de Coca-Cola, uma porção de doces See's Candy, chicletes da Wrigley's e uma barra Mars.

Agora, sério, ele comentou sobre a importância de uma boa atitude mental, amar o que faz e fazer isso com outras pessoas que amam o que fazem também. Disse que se sente abençoado de muitas maneiras, especialmente com ótimos sócios e gerentes. Seria loucura focar o lado negativo.

Ele também falou que teve sorte ao descobrir sua paixão tão cedo na vida. Recordou a época em que, ainda garoto, lia os livros de investimento de seu pai e como aquilo o deixava animado. (Brincando, disse que isso foi antes de a *Playboy* ter sido inventada.)

É um erro terrível, destacou, sonambular pela vida, apenas fazendo as coisas no automático. O ideal é que você tenha um trabalho que realizaria mesmo sem receber por isso.

De forma surpreendente, ele afirmou que, quando foi trabalhar para Ben Graham, aos 24 anos de idade, nunca chegou a perguntar seu salário.

Também observou que encontrar o cônjuge certo é essencial.

Então, contou a história do homem que passou 20 anos buscando a mulher perfeita até que finalmente a encontrou. Infelizmente, ela estava procurando o homem perfeito.

Benefícios de Falar em Público

Em um aparte revelador, Buffett admitiu que, anos atrás, morria de medo de falar em público. Ele chegava a se sentir fisicamente mal só em pensar no ato.

Contou que até inscreveu-se em um curso no Dale Carnegie por US$100, mas cancelou o cheque assim que chegou em casa.

Posteriormente, fez um curso de comunicação em Omaha. Ter outras pessoas consigo no mesmo barco o ajudou a "sair de si mesmo". Ele observava que foi muito bom ter feito o curso, pois não se ensina muito a comunicação eficaz, e recomendou que muitos poderiam ser beneficiados ao se forçarem a aprender a falar em público em tenra idade.*

Investimento Número Um

Da mesma forma que aconselhara em inúmeras ocasiões, Buffett sugeriu que o melhor investimento que alguém pode fazer é em si mesmo.

Ele comentou que poucas pessoas obtêm o máximo de cavalos de potência da vida. Há muito mais potencial do que realização para muitas pessoas.

Quando fala para alunos, ele lhes sugere adotar a ideia de que, se tivessem que escolher um único carro para o resto de suas vidas, como tratariam o automóvel? Leriam o manual cuidadosamente, trocariam o óleo duas vezes a mais do que recomendado e limpariam as partes enfer-

---

* Realizando uma festa para 31 mil pessoas... sim, claramente o jovem Warren superou e muito seu medo do palco.

rujadas. Bem, cada um de nós recebe uma mente e um corpo para vida toda. Como você tratará os seus?

Buffett reconheceu que, na Berkshire, o foco tem estado na mente. Ele e Charlie não se preocuparam em trabalhar muito o corpo.

Munger também sugeriu que é muito importante aprender a evitar ser manipulado por emprestadores e vendedores.

Para tanto, ele recomendou altamente a leitura do livro de Robert Cialdini, *As Armas da Persuasão*. Ele também recomendou o novo livro do mesmo autor, *Yes*, ressaltando que Cialdini é um raro psicólogo social que consegue conectar o mundo da teoria com a vida cotidiana.

Leia

Buffett refletiu que, desde cedo, devorava livros. Ele passa um bom tempo de seu dia lendo livros, relatórios anuais e jornais.

Munger comentou que pessoas diferentes aprendem de formas diferentes. Ele também sempre foi um leitor ávido. Com livros, ele gosta do fato que você pode aprender exatamente o que quer e na velocidade de sua escolha.

Buffett concluiu que, se você ler 20 livros sobre um assunto em que esteja interessado, está no caminho de um grande aprendizado.

Legado

Buffett espera que, em longo prazo, a Berkshire apresente um desempenho satisfatório para os acionistas e que mantenha sua cultura única.

Ele também espera que a empresa seja vista como o melhor lar do mundo para empresas familiares.

Munger entende que a Berkshire merece ser ainda mais exemplar, e acredita que ela terá ainda mais influência em outras corporações.

Buffett concluiu com o seguinte gracejo: "Também esperamos que a Berkshire tenha os gerentes vivos mais velhos dos EUA."

Local: Qwest Center

Participação: cerca de 35 mil pessoas

Detalhes Sobre Este Ano:

- O destaque do filme deste ano foi uma paródia na qual Buffett é um vendedor de loja para a Nebraska Furniture Mart. Após um ano terrível de investimentos em 2008, a diretoria sugere que ele possa ajudar a empresa vendendo mais colchões. A novidade mais vendida é o colchão "Nervous Nellie" com um compartimento de "depósito noturno" na parte inferior para guardar itens importantes. Um comprador experimenta o colchão e percebe que, após se deitar, a espuma "volta lentamente". Uma vez feita a venda, Buffett corre para tirar seus itens valiosos que estavam sob o colchão, incluindo algumas revistas Playboy vintage.

Ranking na Fortune 500: 13º

Preço da Ação: US$96.629

Um dólar investido em 1964 valeria hoje **US$7.812**.

O valor patrimonial por ação da Berkshire subiu de US$19,46 para **US$84.487** (uma taxa de retorno composta de **20,3%** a.a.).

O S&P 500 acumulou **8,9%** anuais durante o mesmo período.

DESTAQUES DAS ANOTAÇÕES DE 2009

Rentabilidade Negativa do Tesouro

Buffett abriu a reunião usando um projetor.* A projeção era de um ticket de negociação com data de 18 de dezembro de 2008, quando a Berkshire vendeu uma letra do Tesouro de US$5 milhões com vencimento para abril de 2009 por mais do que seu valor de maturidade: US$5.000.090,97.

Isso quer dizer que o comprador estava disposto a aceitar uma rentabilidade *negativa*.

Extraordinário.

Buffett brincou que o ticket era, na realidade, uma propaganda para o colchão Nervous Nellie, e acrescentou que talvez nunca vejamos algo do tipo em nossas vidas.

Lucros do Primeiro Trimestre

Buffett avisou a todos sobre os lucros do primeiro trimestre, expondo que os lucros operacionais da Berkshire caíram de US$1,9 bilhão no ano anterior para US$1,7 este ano.

Para ele, as operações de seguros e de energia irão bem em 2009, visto que de modo algum são sensíveis à economia. Já as subsidiárias de varejo e de manufatura foram atingidas seriamente pela recessão.

Ele observou que o lucro de US$1 bilhão das operações da MidAmerican Energy seria reinvestido nas operações de energia.

O float aumentou de US$58 bilhões para US$60 bilhões devido a uma negociação com a Swiss Re.

O caixa encerrou o trimestre com US$23 bilhões, embora tenha caído para US$20 bilhões, uma vez que a Berkshire investiu US$3 bilhões em um conversível preferencial da Dow Chemical.

Títulos de Dívida? Ações? Que Tal os Dois?

Você quer rentabilidade? Que tal algo com dois dígitos?

Você quer apreciação? Que tal participação em títulos de algumas das maiores empresas do mundo?

Bem, foi isso o que Buffett fez em suas negociações especiais.

Ele melhorou sua categoria de "outros" em investimentos com negociações que combinaram rentabilidade e incentivos de participação acionária com a Goldman Sachs (US$5 bilhões de uma ação preferencial de 10% e

---

* Sempre damos uma atenção especial quando Buffett usa recursos visuais.

garantias para comprar 43 milhões de ações por US$115/ação), com a General Electric (US$3 bilhões de uma ação preferencial de 10% e garantias para comprar 135 milhões de ações por US$22,25/ação) e com a Wrigley (US$6,5 bilhões no total — US$4,4 bilhões em promissórias de 11,45% e US$2,1 bilhões de uma ação preferencial de 5%).

Observamos também que os dividendos preferenciais são preferenciais nos impostos para as corporações, então no caso do Goldman e da GE, esse dividendo de 10% preferencial equivale a um cupom de juros de aproximadamente 14% após os impostos para a Berkshire.*

É por isso que para nós, enquanto Buffett e Munger concordavam que as oportunidades de 2008 eram ótimas, embora não tão interessantes quanto o do bear market em 1974-75, quando os índices preço-lucro estavam a quatro (embora as taxas de juros fossem mais altas na época), eles se referiam ao mercado em geral, e não às oportunidades únicas que Buffett conseguiu criar durante esse colapso.

Resumindo o ano de 1974, Munger declarou: "Sabia que nunca teria outra corrida ao balcão como aquela."

Buffett disse que, com relação a hambúrgueres, preferiria pagar ½ X em vez de X, então ele também gostava dos preços mais baixos.

Com as ações em queda de 40% e as taxas de juros baixas, as ações e bonds tinham que ser mais atrativos.

Ele observou que o mercado de bonds corporativos estava muito desorganizado.

Para as empresas de seguro de vida da Berkshire, eles rapidamente passaram a ser bonds corporativos de boa qualidade com rendimentos de 10% ou mais e com ótima proteção de resgate.

Educação Financeira

Buffett admitiu que a educação financeira é uma tarefa difícil em um mundo dominado pelas calculadoras. São poucos os que de fato ainda conseguem fazer contas. Some-se a isso os cartões de crédito, e a receita está pronta para que as pessoas façam besteiras.

Munger entrou na conversa contando uma anedota sobre quando foi para Las Vegas em sua lua de mel em 1952 e se hospedou no Flamingo. Lá, ele viu pessoas muito bem vestidas que haviam viajado longas distân-

---

* Novamente, este é o melhor de todos os mundos — rendimentos de dois dígitos ALÉM DE direitos de participação acionária. E Buffett não para por aqui. Logo após o término do exercício, a Berkshire adquiriu US$3 bilhões de francos suíços equivalentes a uma promissória conversível de 12% com a Swiss Re e investiu US$3 bilhões em uma ação conversível preferencial de 8,5% da Dow Chemical. Tudo somado, o resultado ultrapassa US$20 bilhões em títulos de high yield com incentivos de participação acionária. Impressionante.

cias para fazer algo tolo e com probabilidades negativas, e pensou consigo mesmo: "Que mundo de oportunidades!"

Munger acrescentou que os estados legalizam os jogos de azar por meio das loterias, efetivamente *encorajando* a população a participar desses jogos com baixas chances de ganhar.

Bancos

Tanto Buffett como Munger elogiaram as ações do governo em meio à crise e estão otimistas pela recuperação do sistema bancário.

Buffett reforçou que, durante o mês de setembro, os EUA estavam no limiar de um colapso total do sistema financeiro. Houve um fim de semana em especial, quando o Lehman quebrou, a AIG quebrou, e o Merrill Lynch teria quebrado se não tivesse sido adquirido pelo Bank of America.

Sob tal pressão, acima de tudo, ele achou que o governo fez um bom trabalho, especialmente ao garantir a segurança dos depósitos bancários e o dinheiro dos fundos de mercado.

Buffett elogiou especialmente a Wells Fargo, dizendo ser um banco fabuloso com vantagens que outros bancos de grande porte não têm. Em particular, a Wells Fargo tem o menor custo de base de depósitos, tornando-a um player de baixo custo do setor.

Nas previsões de Buffett, o banco sairá desta mais forte do que entrou.

Em um aparte fascinante, ele contou que estava dando uma aula no dia em que a Wells Fargo foi abaixo de nove. Geralmente, ele se recusa a responder às solicitações para "dizer quais ações comprar", mas, naquele dia, disse que "se tivesse que colocar todo meu patrimônio líquido em uma ação, compraria a Wells Fargo".

A Wells Fargo tem um modelo de negócios fabuloso. Juntamente com a Wachovia, ela abocanhou a quarta maior base de depósitos nos EUA.

O banco estará muito melhor em alguns anos devido à ocorrência dessa crise.

A Porrada no Mercado Eficiente

Buffett e Munger fazem seu melhor a cada ano para desmascarar a hipótese do mercado eficiente que domina o pensamento acadêmico.

Buffet observou que investir é, em essência, colocar dinheiro agora para obter mais depois.

Ele brincou dizendo que em 600 a.C. Esopo, um homem muito inteligente, embora não soubesse que estava no ano de 600 a.C. — afinal, não tinha como saber tudo — disse: "Mais vale um pássaro na mão do que dois voando." É exatamente assim.

Munger observou que muitas planilhas e uma matemática sofisticada podem levar a uma falsa precisão e a decisões piores.

Ele consentiu: "Eles ensinam essa matemática sofisticada nas escolas de negócio porque... bem, eles têm que fazer alguma coisa."

Buffett interveio dizendo que, se um professor ensinasse a máxima do "pássaro na mão", ele não seria efetivado. Crescer no sacerdócio exige complexidade.

Ele acrescentou ainda que essa falsa precisão apenas surge com QIs muito altos. Você precisa apenas de um QI de cerca de 120 para ser um bom investidor. Na verdade, ele sugeriu, se você possui um alto QI, fique com seus 120 e venda o restante. Uma matemática mais elaborada pode desviá-lo do caminho.

A Bolha Imobiliária

Buffett observou que os preços das casas subiram por tanto tempo que havia uma crença quase total de que nunca mais cairiam; só poderiam continuar subindo. Assim, uma classe com ativos de US$30 trilhões — imóveis — em uma nação com ativos de US$50 trilhões, tornou-se cada vez mais alavancada. E a culpa recai sobre todos os envolvidos.

Ele destacou que era o Congresso norte-americano que presidia as duas maiores entidades de financiamento imobiliário do mundo, a Fannie Mac e a Freddie Mac, e ambas estão em concordata.

Quanto às agências de classificação, especialmente a Moody's, da qual a Berkshire possui 20%, Munger comentou que são boas com matemática sofisticada e, assim como o homem com o martelo, trataram cada problema como se fosse um prego.

Continuando, Buffett disse acreditar que as agências de classificação são boas empresas: há pouca concorrência, elas afetam um grande segmento da economia e não precisam de muito capital (embora ainda sejam muito suscetíveis a ataques).

A grande surpresa, observou, pode ter sido que muitas dessas criações tóxicas do tipo triplo A acabaram nas mãos de seus próprios criadores. Eles beberam de seu próprio veneno. A idiotice rolou solta, e "todo mundo estava fazendo assim" se tornou a filosofia básica. É difícil parar com isso quando há uma aceitação tão difundida pelo setor.

Imóveis

O mercado da Califórnia está receptivo para as transações imobiliárias, especialmente para casas com valor de médio para baixo, então Buffett prevê certa estabilidade chegando ao mercado imobiliário.

Os novos financiamentos imobiliários concedidos a cada dia têm uma qualidade muito maior do que os antigos que estão substituindo. As baixas taxas de juros estão ajudando.

Buffett expôs a visão geral de forma brilhante:

Há cerca de 1,3 milhão de novas unidades familiares/domicílios criados a cada ano. Talvez um pouco menos agora com a recessão.

Durante a bolha, estávamos construindo dois milhões de novas casas por ano, algo que de longe ultrapassou a taxa observada para a formação de novos lares.

O excesso total atual em casas é de cerca de 1,5 milhão. A taxa de construção despencou para cerca de 500 mil unidades/ano.

Assim, se continuarmos a construir casas nessa taxa reduzida, podemos absorver cerca de 800 mil do inventário de moradias por ano durante alguns anos, e a oferta e a demanda voltarão a estar próximas de um equilíbrio.

Buffett gracejou que conseguíramos cuidar do excedente amanhã explodindo 1,5 milhão de casas, ou acelerando a formação de novos lares fazendo com que as pessoas se casem aos 14 anos de idade.

No entanto, o que está acontecendo é que estamos produzindo menos e, em algum momento, o inventário excedente será absorvido.

Resumindo, as casas estão mais acessíveis, as taxas de financiamento estão baixas, os termos de pagamento, mais sensatos... estamos no caminho da cura.

Quatro Gestores de Investimento

Buffett tem quatro gestores de investimento dentro e/ou fora da Berkshire, e nenhum deles se saiu melhor do que o declínio de 37% do S&P 500 em 2008.

Ele acrescentou que é tolerante com isso, pois "também tive meus fracassos".

Munger comentou que praticamente todos os gestores de investimento que ele tem em alta consideração se saíram mal no ano passado.

Além do mais, eles não querem um gestor na Berkshire que acredite que possa mergulhar no dinheiro e de volta no mercado. Eles excluíram esses tipos.*

---

* Para Corey, e para mim, essa notícia foi um belo bálsamo para nossos egos feridos.

Economia Warreniana Básica

Buffett adora dar aulas na faculdade.

Ele comentou que teve 8 sessões no ano anterior com alunos de 49 universidades diferentes.

Seus dois cursos, caso tivesse uma escola de negócios, seriam: 1) Como Avaliar uma Empresa; e 2) Como Pensar sobre os Mercados. Seria só isso.

Ao avaliar uma empresa, é importante entender a linguagem da contabilidade, permanecer dentro de seu círculo de competência e focar o que é significativo e sustentável.

Ao pensar sobre os mercados, é importante lembrar-se de que eles estão aí para servi-lo, não para lhe dar ordens. O segredo é a estabilidade emocional, ficar em paz com suas decisões. É importante pensar por si só e tomar boas decisões com o tempo.*

É simples, mas não é fácil.

O essencial com os mercados é que você não deve se colocar na posição de ser forçado a vender (por estar muito alavancado) e que você não deve vender no modo pânico, emocionalmente puxando seu próprio tapete.

Munger acrescentou que há muita coisa falsa e doida nos bancos, investimentos e instituições de ensino modernas que o máximo que alguém pode esperar é reduzir a insensatez. Caso alguém tenha um QI de 150, mas ache que é de 160, isso leva ao desastre.

Buffett imaginou-se um professor de economia, professando a hipótese do mercado eficiente: "Tudo está precificado adequadamente." E refletiu: "O que fazer com o restante da hora?" E é esse o conteúdo dos Prêmios Nobel!

Em conclusão, ele citou a observação de Max Planck sobre a inexorável evolução da ciência apesar da forte resistência a novas ideias até mesmo pelos seus melhores e mais brilhantes pares: "A ciência avança um funeral por vez."

Substituir Ajit?

Ajit Jain chefia a BH Reinsurance e tem feito maravilhas, tendo aumentado o float para incríveis US$24 bilhões ao final do exercício de 2008. O que a Berkshire faria sem ele?

Buffett observou que a autoridade aqui vai com a pessoa, não com o cargo.

Embora ele esteja satisfeito em entregar o comando para Ajit fechar grandes negócios, ele não faria isso com nenhuma outra pessoa.

---

* Dessa forma, foque o *processo*, não o resultado.

Ele recontou a história de como, nos anos 1980, a Mutual of Omaha, a maior associação de saúde e acidentes na época, entrou no ramo de seguros de propriedade e sinistros. Ao entregar o comando para os corretores imobiliários, a empresa perdeu metade de seu valor líquido em um curto período — um escândalo enorme.

Em suma, se Ajit saísse, parte do que a BH Reinsurance faz não seria substituído.

Munger acrescentou que a Berkshire não está procurando uma má gestão. Embora eles gostem de empresas que consigam resistir a um pouco de insensatez, algumas coisas fabulosas são únicas. É o caso de Ajit.

O que Importa na Berkshire

Buffett afirmou que a Berkshire valia menos ao fim de 2008 do que ao fim de 2007. Os investimentos valem mais do que o que garantem. E os lucros das operações de não seguro podem sofrer um pouco, mas, em longo prazo, se sairão bem.

Munger comentou que 2008 foi um ano ruim para um negócio de float*.

No entanto, em longo prazo, o fato de que a Berkshire consegue ter tanto float com um custo menor que zero é uma grande vantagem. O segredo é focar o que importa.

De acordo com Munger, o que importa na Berkshire é que o negócio de propriedade e sinistro é provavelmente o melhor do mundo, a subsidiária de energia é a melhor, a ISCAR é a melhor no que faz etc.

Ele enfatizou ainda que não é fácil chegar a essas posições.

GEICO

Talvez nem as melhores subsidiárias do mundo sejam melhores que a GEICO no momento, a fornecedora de seguros de automóveis a baixo custo.

Buffett observou que a reviravolta econômica mudou o comportamento dos consumidores facilmente. Todos buscam pelos preços baixos agora.

Isso atingiu a American Express, na qual o ticket médio caiu 10%. Mas ajudou a GEICO, onde o telefone não para de tocar. Milhares estão visitando o site da empresa diariamente para ver se conseguem economizar dinheiro.

Nos primeiros quatro meses de 2009, a GEICO agregou 505 mil segurados. A vantagem competitiva que a empresa construiu durante a última década está dando enormes resultados.

---

* Acreditamos que ele esteja se referindo ao fator de alavancagem 15:1 — assim como isso turbinou os retornos da Berkshire com o mercado em alta, também alavanca as perdas sofridas em um mercado em baixa.

Buffett prevê que a participação no mercado subirá para 8,5% até o fim do ano, saindo de 7,2% no início de 2007.

Incrível!

E cada segurado tem um valor significativo — pagando efetivamente uma anuidade média de US$1,5 mil por ano por uma apólice obrigatória se quiserem dirigir — e os norte-americanos adoram dirigir.

Buffett citou Marshall Fields: "Desperdiçamos metade de nosso dinheiro gasto com propaganda... o problema é que simplesmente não sabemos qual metade."

De irrisórios US$20 milhões de orçamento para propaganda quando a Berkshire assumiu o controle da GEICO em 1995, Buffett ampliou o orçamento anual de propaganda para US$800 milhões — muito mais que a State Farm ou a Allstate.*

Seu objetivo é que todos nos EUA tenham em mente que há uma boa chance de economizar dinheiro com a GEICO.

Ele relacionou isso com a Coca-Cola, que, desde 1886, faz propagandas para associar a Coca a momentos de prazer e felicidade no mundo todo.

E esse share of mind está dando resultados para a GEICO — com a baixa da economia, milhares a mais de pessoas estão verificando se conseguem economizar US$100 com a GEICO.

Munger observou que, de fato, a empresa está lucrando US$800 milhões antes dos impostos (a propaganda gasta) que nunca aparecem nos lucros.

Buffett concordou, dizendo que a GEICO provavelmente poderia assumir um nível de manutenção de propaganda de, digamos, US$100 milhões e manter a conta dos segurados atuais por muitos anos.

Infraestrutura: Construa a Rede Elétrica

Munger quase arrancou Buffett de sua frente para responder a uma pergunta sobre se os EUA deveriam estar gastando mais em infraestrutura. "SIM" foi sua resposta.

E continuou dizendo que há uma obviedade gigante que melhoraria enormemente a indústria e o comércio dos EUA, e isso seria construir uma rede elétrica nacional. Temos a tecnologia e o conhecimento, e há 100% de chances de melhorar o sistema.†

---

* Não vimos os últimos números, mas a GEICO gastou mais em propaganda do que o restante das seguradoras *combinadas* durante a maior parte da última década.

† Munger falou muito sobre a rede na reunião da Wesco Financial também.

Derivativos

Buffett declarou que o uso de derivativos levou a alavancagem à loucura, pressionando um sistema econômico que já estava frágil e fazendo problemas surgirem em lugares inesperados.

Depois de 1929, o Congresso decidiu que era muito perigoso deixar as pessoas tomarem empréstimos para apostar contra seus próprios investimentos. O FED instituiu requisitos de margem de 50%. Os derivativos conseguiram driblar totalmente essas regulações dos mercados.

Além disso, enquanto os títulos normais são liquidados em três dias ou menos, mantendo o risco da contraparte no mínimo, os contratos de derivativos podem ter liquidações muito longas. Esses contratos não liquidados vão se acumulando com o tempo, aumentando o risco no sistema. (Buffett recomendou a leitura do livro de John Kenneth Galbraith, *1929: A grande crise.*)

Para Munger, o problema mais profundo foi que o negociante de derivativos não era apenas o crupiê na mesa de jogo, mas também estava jogando o próprio jogo contra seus clientes, com uma vantagem informacional.

Em conclusão, disse que a sociedade não precisa desse tipo de coisa.

Derivativos da Berkshire

Buffett emitiu contratos derivativos tanto para mercados de ações quanto para mercados de títulos de dívida de alto retorno (bonds de high yield), algo que causou certo tumulto.

As opções de venda (puts) de ações levantaram US$4,9 milhões em dinheiro, que ficarão com a Berkhsire pela duração dos contratos, e os contratos não exigem que a Berkshire disponibilize muito (se é que algum) colateral.

De fato, é muito parecido com emitir resseguros de catástrofe de cauda longa em que a Berkshire cria o tão cobiçado "float".

Os contratos de bonds de high yield estão experimentando taxas de seguro contra default maiores do que as esperadas, portanto, Buffett não está se saindo muito bem nesse caso e pode acabar perdendo um pouco de dinheiro.

A Vantagem da Berkshire

Buffett comentou que é muito difícil copiar a cultura e o modelo de negócio da Berkshire.

Os acionistas são de alto nível com uma rotatividade média de 20% por ano, em comparação com 100% de média de rotatividade em uma grande empresa com capital aberto.

Eles tocam a empresa sem as falanges de advogados e banqueiros. A gestão é descentralizada e os incentivos, racionais. A cultura é constantemente reforçada e os gerentes percebem que ela funciona.

Em contraste, Munger opinou, muitas corporações são tocadas de forma burra, forçando as coisas a partir da matriz, preocupando-se com os lucros trimestrais.

Para as empresas que estão vendendo para a Berkshire, Buffett comentou que é importante que "saibam que gostamos de alocar os fluxos de caixa. Nossa reputação é que compramos para manter, e as pessoas podem confiar em nós por isso".

Buffett observou que uma de suas perguntas-padrão para a gerência é: "O que você faria de diferente se possuísse 100% da empresa?"

Respondendo ele mesmo à pergunta, disse que não mudaria nada na Berkshire.

Copiar a Berkshire

Buffett disse que há três coisas na Berkshire que um investidor comum não consegue copiar:

1. Float — a Berkshire possui os tais US$58 bilhões em empréstimos livres de juros;

2. A Berkshire faz aquisições em negociações diretas de acordo com seu próprio modelo;

3. A Berkshire por vezes compra empresas inteiras.

Além disso, ele confessou que copiou Ben Graham ao estudar os relatórios da Graham Newman anos atrás. O termo era "coat-tailing".

Munger concluiu que é algo bem inteligente seguir alguns investidores muito bons.

Inflação

Buffett disse que certamente teremos alguma inflação com o tempo. Para os EUA e os governos por toda a história, essa é uma forma de reduzir o custo da dívida externa. Inflacione e pague o mundo de volta com dólares mais baratos.

Ele comentou que os chineses, os maiores possuidores dos bonds do governo, são os que mais sofrerão com a desvalorização, pois são os investidores em dólares fixos cujas notas valem menos na maturidade.

Buffett também repreendeu os políticos que constantemente fazem a referência a quanto os pacotes de ajuda deste governo estão custando aos pagadores de impostos. Eles ainda precisam pagar um centavo a mais do que nos anos passados!

O dólar comprará menos com o tempo, garantiu, e isso está acontecendo com todas as outras moedas também. Todas as nações principais estão decidindo incorrer em deficits grandes face à crise econômica.

Buffett foi enfático: "Pode apostar na inflação."

Munger refletiu que, na época em que crescia em Omaha, um selo postal custava dois centavos e um hambúrguer, cinco. E, contudo, ele viveu na época mais privilegiada da história.

Buffett acrescentou que uma Coca custava cinco centavos com um caução de dois — então não subiu tanto. Enquanto isso, um jornal custava um centavo, mas agora custa US$1 e perde dinheiro.

A melhor proteção contra a inflação, de acordo com Buffett, é seu próprio poder de incrementar sua remuneração. Caso a aumente constantemente, você estará seguro de que terá sua fatia do bolo econômico.

A próxima melhor coisa a se fazer é possuir empresas maravilhosas, especialmente aquelas que têm baixas exigências de capital. Por exemplo, a Coca-Cola precisa de pouco capital para crescer e certamente terá sua porcentagem de renda, independentemente de como seja medida, não importa a moeda.

Munger sintetizou: "Um jovem deve tornar-se um neurocirurgião e investir na Coca em vez de nos bonds do governo."

Jornais

Buffett ama jornais e lê pelo menos cinco por dia. No entanto, ele disse que a maioria deles não seria um bom investimento, não importa o preço. O que era considerado um negócio essencial 30 anos atrás, agora está vendo perdas infindáveis.

Buffett comentou que Walter Annenberg inventou um termo, "essencialidade", e que os jornais já ofereceram isso para publicitários e clientes. Com o tempo, essa essencialidade foi se corroendo, e parece que o processo não tem mais volta.

Quanto ao *Buffalo News*, da Berkshire, Buffett disse que os sindicatos têm cooperado muito e que ainda consegue lucrar um pouco. No *Washington Post*, há um ótimo negócio com os programas de TV por assinatura e de educação, mas ainda não há respostas quanto ao jornal.

Munger disse que perder tal coluna dorsal da civilização foi uma tragédia nacional. O jornal, com sua influência editorial desejável, fez com que o governo continuasse honesto.

Varejo e Manufatura

Buffett novamente disse esperar que produtos domésticos e sua demanda voltem a um equilíbrio em alguns anos. Então, os negócios da Berkshire relacionados com casas se recuperarão.

Quanto ao varejo, ele vê uma grande mudança no comportamento de consumo, fazendo com que as pessoas busquem os produtos com preços menores, e suspeita que isso durará um bom tempo ainda.

Ironicamente, ele observou que durante anos, o governo pedia que as pessoas poupassem mais, enquanto os índices poupança caíam para zero. Agora, o governo quer que as pessoas *gastem* mais, e os índices da poupança subiram para cerca de 4%–5%.

Quanto aos imóveis comerciais, a taxa de retorno total de 5% dos últimos anos parece ridícula agora. A vacância subiu. Os shoppings estão sofrendo. O setor pode ficar difícil por um bom período. Para o sul da Flórida em particular, ele espera uma estagnação longa por causa do enorme excesso de oferta.

Recompra de Ações

Buffett observou que as corporações dos EUA como um todo não agregaram valor com sua recompra de ações.

Nos anos 1970 e 1980, as ações eram baratas — claramente muito abaixo do valor intrínseco — e muito poucas corporações as recompravam.

Então, durante os últimos dez anos, comprar ações era a coisa a ser feita. Muitas empresas tinham programas de recompra de ações a preços altos e até ridículos.

Nas estimativas de Buffett, 90% da atividade de recompra nos últimos 5 anos foi em sua maioria um comportamento de manada.

Agora, com o preço das ações dramaticamente remarcados para baixo, muito menos da metade dos preços nos quais a recompra foi feita, há menos recompra.

Custo de Oportunidade

Buffett observou que foi um pouco louco calibrar os custos de oportunidade no ano anterior por que os preços e os valores intrínsecos mudavam muito rápido.

Ele contou que a Berkshire recebeu muitas ligações e que ignorou a maioria, mas que, curiosamente, até as ligações que escolheu ignorar foram úteis para calibrar as mais promissoras.[*]

---

[*] Quem consegue igualar o fluxo de informações de Buffett?

Por exemplo, a Goldman Sachs ligou em uma quarta-feira. O momento para a transação era AGORA — não estaria mais lá em uma semana. Assim, em um mercado caótico, a Berkshire conseguiu colocar grandes somas para trabalhar rapidamente.

A oferta da The Constellation Energy (que "falhou", embora a Berkshire tenha trazido um lucro de US$1 bilhão para casa), envolveu US$5 bilhões em ações preferenciais e opções de compra (warrants) do Goldman Sachs, US$3 bilhões em ações preferenciais e opções de compra (warrants) da GE etc.

Buffett comentou que fazia um bom tempo que não tinha um turbilhão de atividades assim.

O Novo PE na BYD

Munger estava bastante animado a respeito da tentativa da Berkshire em comprar 10% da BYD, uma fabricante chinesa.

Ele observou que a empresa não é nenhuma iniciante, com US$4 bilhões em receitas e já tendo realizado milagres ao tornar-se líder mundial no setor de baterias de lítio e grande participante no setor de componentes para celular.

Agora, a empresa busca conquistar o mundo automobilístico, saindo do zero, com a construção de carros elétricos. Ela já possui o modelo de carro mais vendido na China e produz todas as suas peças.

Munger se mostrou especialmente animado pelo fato de a BYD ter 17 mil engenheiros pós-graduados — os melhores da turma em um país com 1,3 bilhão de pessoas.*

As baterias de lítio são necessárias em todas as funções de energia. Para aproveitar a energia do sol, ainda precisamos delas. A BYD é a onda da vez, Munger concluiu.

Buffett brincou dizendo: "Os bancos irlandeses foram minha ideia e a BYD foi do Charlie. Ele venceu!"†

Rebaixamento na Moody's

Buffett admitiu sua irritação com o rebaixamento que a Moody's fez da Berkshire de AAA para AA.

---

* O que passa por nossa cabeça é que Munger pode estar prestes a usar um novo dispositivo analítico — o índice PE — ou seja, Preço para Engenheiros. Percebemos que ano passado ele nos apresentou sua ideia para avaliação contábil, o BASLM: Bom Até Ser Levado a Mercado.

† A Berkshire perdeu alguns milhões de dólares com bancos irlandeses no ano passado.

Para a Berkshire, afirmou, faz pouca diferença em relação aos custos de empréstimos e não há crédito mais forte que o nosso, tendo sempre conduzido nossos negócios de modo que ninguém se preocupe em receber pelos custos do seguro em um futuro muito distante.

Munger observou que, pelo menos, a Moody's demonstrou uma independência considerável ao realizar a mudança.* E predisse que a próxima mudança feita pela Moody's quanto à Berkshire será na direção contrária.

Buffett brincou dizendo que como Charlie já havia falado: "No fim, você verá as coisas do meu jeito, porque você é inteligente e eu estou sempre certo."

Investimentos em Energia

A MEC é a maior empresa de energia eólica dos EUA no momento.

Iowa é o estado número um na geração de energia eólica, com 20% da energia produzida sendo deste tipo. O vento sopra durante 35% do tempo, então esta não é a base da geração de energia.

Em geral, a MEC é exportadora líquida de energia para o estado de Iowa. A Berkshire é uma grande pagadora de impostos, então ela pode usar o crédito do imposto de 1,8 centavos por quilowatt/hora. Eles estão colocando geração eólica na Pacific Northwest e querem ir além.

Munger observou que está muito orgulhoso que a MEC é líder do setor.

Buffett disse que queria ter conseguido comprar a Constellation Energy.

No dia em que David Sokol ouviu que a CEG estava com problemas, enfrentando falência, ligou para Buffett com uma ideia para fazer uma oferta. Naquela noite, Sokol e Greg Abel estavam em Baltimore com uma oferta em dinheiro. Assim, a Berkshire saiu de um telefonema às 11 da manhã com Sokol para um lance feito pessoalmente naquela noite!

Munger acrescentou que a Berkshire certa vez comprou uma rede de canos em duas horas. A Dynergy comprara a rede de canos da Northern Natural Gas da Enron e, depois, a própria Dynergy caiu. Para fechar o negócio, a Berkshire precisava da aprovação da Comissão Federal Reguladora de Energia Elétrica dos EUA (FERC), então Buffett concordou em fazer qualquer coisa que a Comissão dissesse para fazer no pós-negócio.

Buffet observou que embora sejam os acionistas que devam ser agradados na maioria dos negócios, nas transações de energia, são os *reguladores*.

---

* A Berkshire possui 20% da Moody's.

China

Munger opinou de forma elogiosa sobre a política econômica chinesa:

A China possui uma das políticas econômicas mais bem-sucedidas do mundo. O crescimento é tão significativo e importante para o país que representa apenas uma ninharia caso o dólar decline. O objetivo dos chineses tem sido dificultar muito a concorrência com eles no mundo todo. É exatamente o que têm realizado, e o que deveriam fazer.

Gen Re

Buffett anunciou que a Gen Re está indo bem, após um início terrível.

Quando a Berkshire a comprou, em 1998, a alta reputação da Gen Re não representava a realidade. Era uma enorme bagunça.

Graças a Tad Montross e a Joe Brandon, as operações deram uma meia-volta. Agora, Buffett se sente formidável quanto ao futuro da empresa.

Munger comentou que às vezes é importante transformar limões em limonada e, embora não tenha sido bonito ou agradável, Joe Brandon foi o herói brilhante na transação.

Seguros

Buffett disse que eles possuem uma empresa maravilhosa no setor de seguros.

Sua estimativa de pior cenário foi de que a Berkshire poderia perder de 3%–4% em uma grande perda no setor.

Por exemplo, o furacão Katrina causou uma perda de cerca de US$60 bilhões, enquanto a Berkshire perdeu menos de US$3 bilhões.

Em um evento de US$100 bilhões, Buffett supôs que a Berkshire pagaria hoje entre US$3 bilhões e US$4 bilhões.[*]

Swiss Re: Uma Refeição com Quatro Pratos

Em outra empolgante história sobre ações rápidas, Buffett contou como a Swiss Re esteve sob pressão extrema no ano anterior durante a crise.

Ele encontrou-se com o pessoal da empresa em Washington D.C. para desenvolver uma negociação que suprisse suas necessidades e que fosse boa para a Berkshire.

O investidor enfatizou que os problemas da Swiss Re eram de adequação de capital, não de padrões de emissão.

---

[*] Novamente, nos perguntamos como a Berkshire consegue ter uma participação no mercado de resseguros de 6%–7% e, contudo, ter apenas entre 3%–4% de exposição em uma catástrofe.

A Berkshire concordou com uma quota de participação na qual receberia 20% da empresa de resseguro de propriedade e sinistros da Swiss Re em 5 anos.

No início de 2008, a empresa havia comprado 3% da Swiss Re. Então, em fevereiro deste ano, a Berkshire investiu $3 bilhões de francos suíços em uma nota promissória de 12% resgatável a 120% do valor de face por 2 anos e, em 3 anos, conversível à taxa de $25 francos/ação. As notas são seniores ao patrimônio de US$20 bilhões da Swiss Re.

Buffett disse que as chances são boas de que a nota será resgatada, o que não o deixaria feliz.

Então, além disso tudo, a Berkshire fez uma cobertura de perda adversa com a Swiss Re no valor de $2 bilhões de francos suíços. Isso impulsionou o float da Berkshire para mais de US$60 bilhões no fim do trimestre.

Assim, em resumo, a Berkshire comprou ações da Swiss Re, emitiu um contrato de 20% de quota em ações, investiu em uma nota resgatável a 12% e forneceu uma cobertura de perda adversa. São muitas mordidas em uma só maçã!

Esperança para o Mundo

Buffett expôs que há sempre muitas coisas erradas com o mundo, mas é o único que temos. Felizmente, as pessoas vão melhorando com o tempo.

Com todas as suas falhas, o sistema capitalista funciona, liberando o potencial humano. Considere o fato de que havia 35 mil pessoas na reunião da Berkshire — isso seria 10% da população dos EUA em 1790.

Buffett admitiu que teremos anos ruins com o capitalismo. Houve seis momentos de pânico no século XIX. Embora tenhamos essas interrupções, no todo, crescemos muito.

O padrão de vida nos EUA aumentou em sete para um no século XX. À certa altura, um homem negro era considerado três quintos de uma pessoa, e as mulheres não podiam votar durante os 130 primeiros anos de história do país. Potencial humano era desperdiçado. Nossos filhos e netos viverão cada vez melhor.

Ele repetiu que espera crescer cerca de 2% mais rápido do que o S&P 500 em valor intrínseco da empresa. E isso é uma enorme diferença de ser cerca de 10% melhor que o mercado anualmente em seus dias de sócio.

No entanto, Munger irradiou de alegria ao dizer que os melhores dias de contribuição da Berkshire para a sociedade ainda estão por vir.

Ele observou que a humanidade está prestes a resolver o problema técnico de nossa época — a energia solar. A energia barata, limpa e armazenável mudará o mundo.

Munger disse: "Conforme me aproximo da morte, fico cada vez mais animado com o futuro que não verei."

Ele falou sobre o potencial da energia elétrica como a revolução final. Isso resolveria os principais problemas técnicos da humanidade. Ele está animado que a MEC e a BYD participarão. Se tivermos energia limpa o suficiente, poderemos fazer todos os tipos de coisas.

2010

Local: Qwest Center

Participação: 40 mil pessoas

Detalhes Sobre Este Ano:

- Munger e Buffett responderam a perguntas dos acionistas por cerca de seis horas.

- Entre os destaques do filme deste ano havia:
    - Um tributo extra para a Burlington Northern Santa Fe.
    - O vídeo anual com os funcionários da GEICO, estrelando Buffett em uma imitação de Axl Rose.
    - "Warren the Whip" saindo da área de aquecimento (vestindo a camisa com número "1/16") para salvar os Red Sox no fim da nona entrada contra os Yankees — uma paródia na qual eles conseguiram, de alguma forma, fazer menção a cada uma das 70 empresas que a Berkshire possui.

- Corey e Daniel também participaram da reunião anual da Wesco Financial, da qual acrescentamos alguns comentários feitos por Munger.

Ranking na Fortune 500: 11º

- A Berkshire está agora entre as 10 melhores em termos de receita. Acrescentando as receitas da recentemente adquirida Burlington Northern, as receitas da Berkshire em 2009 teriam sido de cerca de US$126 bilhões. Isso a colocaria logo à frente da AT&T, na sétima posição.

Preço da Ação: US$99.238

Um dólar investido em 1964 valeria hoje **US$8.022**.

O valor patrimonial por ação da Berkshire subiu de US$19,46 para **US$95.453** (uma taxa de retorno composta de **20,2%** a.a.).

O S&P 500 acumulou **9,3%** anuais durante o mesmo período.

DESTAQUES DAS ANOTAÇÕES DE 2010

Lucros do Primeiro Trimestre: A Retomada da Recuperação

Buffett abriu o evento com uma apresentação de slides mostrando que o lucro na Berkshire no primeiro trimestre foi de US$2,2 bilhões, em comparação a US$1,7 bilhão no ano anterior, observando que a recuperação econômica está começando a pegar embalo.

Ele demonstrou especial satisfação em ver uma disparada no setor de indústria pesada, na qual não há acúmulo de estoques.

Por exemplo, os vagões da BNSF aumentaram significativamente. As ferramentas para trabalho com metal da ISCAR, usadas em linhas de produção no mundo todo, tiveram uma forte expansão. As vendas melhoraram para o Marmon Group.

O slide não mostra os lucros por ação por uma questão de princípios, acrescentou, dizendo que isso geralmente leva a uma falsificação dos números.

Ele citou um artigo do *Wall Street Journal*, o qual trazia um estudo da Stanford que analisara cerca de meio milhão de relatórios de ganhos, incluindo os decimais de centavos, durante um período de 27 anos.*

O que eles descobriram foi que os números referentes aos lucros raramente terminavam em quartos de um centavo. O estudo concluiu que a vasta maioria das empresas estava mascarando os números, então elas os arredondavam.†

O estudo sugeria ainda que essa falsificação era um bom e importante indicador para as empresas que posteriormente teriam problemas com a contabilidade.

Buffett concluiu que isso não é um bom empreendimento.

Perguntado se tinha algo a acrescentar, Munger disse: "Concordo com você."

Buffett brincou: "Ele é o vice-presidente perfeito."

Goldman Sachs

Antecipando uma rodada de perguntas sobre a investigação que a Comissão de Títulos e Câmbio dos EUA (SEC) realizava sobre a Goldman Sachs, Buffett já tinha com uma longa resposta pronta.

---

* "Quadraphobia", de 13 de fevereiro de 2010.

† Daí o título do artigo.

O que ele observou foi que entendeu que a transação em questão (denominada "Abacus") não era diferente das muitas transações feitas pela Berkshire ao longo dos anos. Para cada comprador, há um vendedor na outra ponta.

Em particular, uma das partes na transação, a ACA, era seguradora de bonds, então estava ativa no negócio de mexer com esses pacotes de financiamentos imobiliários. Eram partes raramente inocentes.[*]

Buffett apresentou um slide com dados de um pacote de bonds municipais no valor de US$8 bilhões, com bonds de vários outros estados que a Berkshire aceitara segurar por um prêmio de US$160 milhões.

Ele comentou que chegou a essa conclusão a partir de sua própria análise. Para ele, tanto fazia quem estava na outra ponta da transação. Se é algo que faz sentido, e se o prêmio for grande o suficiente, ele fará o negócio. E nem sonharia em voltar mais tarde para dizer que era "injusto" caso tivesse prejuízo.

Com relação à Goldman, Buffett esbanjou elogios ao CEO Lloyd Blankfein.

Munger concordou, dizendo: "Há muitos CEOs que não gostaria de ver nunca mais; Blankfein não é um deles."

No entanto, ele também observou que todas as empresas deveriam rejeitar alguns negócios — devemos aspirar a um padrão superior, e não ao meramente legal, juridicamente.

Buffett tinha alguns conselhos para Blankfein sobre como enfrentar a crise: "Acerte. Seja rápido. Saia dela. Conclua."

Ele acrescentou que o processo da SEC é um extra para a Berkshire porque isso provavelmente atrasará o momento no qual a Goldman poderá antecipar o resgate dos 10% preferenciais a 110% do valor dos US$5 bilhões da Berkshire. Esses preferenciais pagam US$500 milhões à Berkshire por ano, ou US$15 por segundo. Cada "tique" a mais que entre agora e o momento do resgate do preferencial representa US$15 a mais para a Berkshire. Tique-taque — enquanto ele dorme — tique-taque — nos fins de semana — tique-taque...

Buffett adora esse investimento.

Ele exibiu outro slide mostrando um prospecto de um bond de 1967 de 8% de US$5,5 milhões para vencer no dia 1º de novembro de 1985, da Diversified Retailing (embora só houvesse uma loja!).

Dois dos principais emissores — Gus Levy, da Goldman Sachs, e Al Gordon, da Kidder Peabody — não estavam listados, comentou. Cada um

---

[*] Um artigo publicado no *Wall Street Journal* no dia 8 de janeiro de 2008 indicava que a ACA tinha um capital de US$425 milhões e credit default swaps emitidos de US$69 bilhões — dificilmente um grupo avesso ao risco.

aceitou pegar US$350 mil do negócio com a condição de que não aparecessem no anúncio!

Buffett estava agradecido pela ajuda deles 43 anos atrás.[*]

Regulação Financeira

Munger duvidou que alguém no Congresso de fato tenha lido as 1.550 páginas do projeto de lei para a regulação financeira.

No entanto, para ele, fica clara a necessidade de tornar o sistema de bancos de investimento menos permissivo. É necessário reduzir as atividades permitidas; reduzir a complexidade; reinstituir a lei Glass-Steagall.

Igualmente, os setores de poupança e empréstimos ficaram longe de problemas por anos por terem estatutos mais restritos. Assim que foram afrouxados, surgiram os grandes problemas.

Lamentou: "Dê uma chance aos humanos e eles farão loucuras dantescas."

Na reunião da Wesco Financial, Munger usou a analogia de um árbitro de futebol. Quando um dos times tem um jogador excepcionalmente bom, será de grande interesse da outra equipe pegá-lo de jeito para que não jogue direito. Assim, o árbitro é necessário para manter a civilidade do jogo.

Da mesma forma, no mundo competitivo dos bancos de investimento, no qual todos tentam superar os outros de forma muito agressiva, é criado um sistema no qual mais cedo ou mais tarde todos irão pelos ares.

Acrescentou que os bancos de investimento revidam de forma violenta. Como um mergulhador com uma mangueira de ar, não querem que ninguém pise nessa mangueira. Eles defenderão o sistema como se suas vidas dependessem dele, tomando medidas austeras.

Concluindo, disse que, se fosse um déspota benevolente, faria com que Paul Volker parecesse um maricas.

Reforma dos Derivativos

Buffett esclareceu o lobby que fizera recentemente para que um dos pontos do projeto de lei para a regulação financeira fosse revisado quanto às garantias para os contratos existentes de derivativos.

Entendia-se que o projeto talvez exigisse, retroativamente, que centenas de empresas colocassem mais garantias, sem a devida compensação.

Nas palavras de Buffett: "Se eu lhe vender minha casa não mobiliada, seria um preço. Caso você a quisesse mobiliada posteriormente, bem, então teria que pagar mais."

---

* E, claramente, ele tem uma ótima memória em relação a seus amigos.

Ele observou que a Berkshire havia acabado de ver um contrato com dois preços, US$7,5 milhões sem garantias e US$11 milhões com garantia total.

Munger concluiu que esse provisionamento no projeto de lei era constitucionalmente dúbio, além de ser injusto e idiota.

A Grécia e o Dólar

Parece que as moedas mundiais estão caindo rapidamente.

Buffett comentou que os eventos ocorridos no mundo nos últimos anos o deixaram mais pessimista quanto à capacidade de todas as moedas manterem seu valor com o passar do tempo.

Ele enfatizou que não há possibilidades de calote dos EUA — porque o país imprime sua própria moeda e pode simplesmente imprimir mais dinheiro. A Grécia, por outro lado, está em uma posição mais complicada. Embora o país seja soberano em relação a seu próprio orçamento, ele não pode imprimir seu próprio dinheiro pois faz parte da zona do euro. Esse é um teste quanto à durabilidade do euro.

Munger observou que, no passado, os EUA eram conservadores, o que concedeu ao país um crédito maravilhoso.

Ele destacou que o status de crédito nos ajudou a financiar a Segunda Guerra Mundial, e depois, em uma das maiores decisões de política externa de toda a história, financiamos o Plano Marshall para auxiliar na reconstrução da Alemanha e do Japão. Agora, nosso governo tem forçado muito o crédito e por muito tempo. A Grécia representa apenas o início de um período interessante no qual veremos o que acontece quando o governo estraga as coisas, forçando muito e por muito tempo.

Buffett acrescentou que não é sustentável ter um orçamento com deficit de 10% do PIB. A forma pela qual o mundo se livra de deficits enormes em país após país será um filme interessante de se ver.

Munger acrescentou que promessas infundadas são muito maiores do que o problema reportado. Pode funcionar, desde que a economia cresça. Caso o crescimento pare, teremos um problema muito difícil.

Inflação Mais Alta

Com as observações anteriores, a conclusão é que possivelmente teremos a inflação mais alta no futuro.

Buffett comentou que, desde 1930, o dólar se depreciou mais de 90%, e, contudo, os EUA estão indo bem. Projeções de uma inflação significativa aumentaram no mundo todo. O remédio para a crise — doses imensas de dívida — deu certo, mas continuar com deficits altos como um percentual do PIB diminui o valor da moeda com o passar do tempo.

Tanto Buffett como Munger estão apostando em uma inflação maior, e talvez, muito maior, nos anos vindouros.*

O Principal Desafio Global

Como nos anos anteriores, Buffett observou que o maior desafio à civilização é um gigantesco ataque nuclear ou bioquímico.

A probabilidade de tal ataque ocorrer em 50 anos é alta. Já em um ano, é baixa.

Ele comentou que, ao longo da história, houve um progresso incrível com vários percalços, é óbvio, no estado da humanidade. Os EUA foram notáveis ao aproveitar o potencial humano, como nenhum outro país o fez.

Um fazendeiro nos anos 1790, Buffett imaginou, provavelmente sonhava com uma ferramenta que encurtaria o dia de trabalho de 12 para 10 horas. Naquela época, os EUA tinham uma fração da população da China, e veja como nos saímos bem.

Ele observou que o pessoal da Berkshire provavelmente não era mais inteligente que a turma de 200 anos atrás, mas, rapaz, vivemos muito melhor.

Sucessão

Buffett novamente assegurou aos acionistas que os planos de sucessão estão em ordem. Caso necessário, um novo CEO estaria pronto em pouco tempo, a qualquer momento.

Munger garantiu aos acionistas que está bem otimista que a cultura da Berkshire durará muito além, mesmo depois que seu fundador não estiver mais entre eles.

Buffett comentou que a cultura na empresa agora se autofortalece com muita firmeza.

E acrescentou que é realmente difícil mudar uma cultura existente. Um extra para a Berkshire é que a cultura está enraizada, tendo evoluído desde 1965 na medida em que Buffett adicionava mais e mais empresas complementares.

Empresas de Capital Intensivo

Buffett disse que a pergunta número um que faria a si mesmo seria: por que a Berkshire está investindo em empresas de capital intensivo?

A característica marcante da Berkshire tem sido encontrar empresas que jorram dinheiro com uma necessidade pequena ou inexistente de reinvestimento de capital — empresas como a See's Candy.

---

* Observamos como Buffett reagiu a essa situação. Ele investiu tudo em empresas e ações.

Na medida em que todo esse fluxo de caixa foi afunilando-se para Omaha, o trabalho de Buffett era reinvesti-lo na próxima máquina de fazer dinheiro.

Porém, conforme a Berkshire crescia, Buffett encontrou cada vez mais dificuldades para colocar todos aqueles bilhões de dólares de fluxo de caixa para trabalhar. Foi então que ele mudou seu *modus operandi*.

Começando com a MidAmerican Energy em 1999, ele viu o atrativo em empresas que conseguiam reinvestir todo o dinheiro que geravam, presumindo que faziam isso com bons retornos.

Possuir uma empresa de energia como a MEC cairia como uma luva. A MEC investiu cada centavo ganho de volta no negócio, na maioria das vezes com índices regulados de retorno na faixa de 11%–12%. Nada brilhante, mas o investimento funcionou de forma muito decente.

Com essa experiência no currículo, Buffett estava pronto para a próxima.

A Berkshire recentemente acertou a aquisição da Burlington Northern Santa Fe, outra empresa de alto capital intensivo da qual ele espera taxas de retorno sobre o investimento com números baixos de dois dígitos.

No relatório 10-Q do primeiro trimestre, a Berkshire estima que duas subsidiárias terão gastos de capital de US$3,9 bilhões para 2010.

Dívida versus Ação

Buffett observou que o obstáculo analítico para comprar um bond exige que se responda a pergunta: "A empresa vai falir?", enquanto para comprar uma ação é necessário responder uma pergunta mais difícil: "A empresa vai prosperar?"

É por isso que a Berkshire comprou as notas promissórias de 15% da Harley Davidson em vez das ações.

Para ele, não havia dúvidas de que a empresa não faliria e brincou: "Não tem como não gostar de uma empresa cujo nome os clientes tatuam no peito!"

Porém avaliar a prosperidade em longo prazo da Harley foi muito mais difícil, especialmente durante os espasmos da crise.

Surpreendentemente (para nós, de qualquer forma), Buffett acrescentou que caso a Goldman tivesse lhe oferecido um não resgatável de 12%, em vez de um resgatável de 10% mais garantias, ele teria aceitado os 12%.

Além disso, Buffett afirmou, a Berkshire possui cerca de US$60 bilhões de obrigações em seguros com algumas exposições por 50 anos, então a empresa nunca terá todo seu dinheiro em ações.

Munger falou em alto e bom tom que a Berkshire está investindo como fiduciária, então o nível de agressividade com que pode investir em ações fica limitado.

Porém, acrescentou, investir em ações de empresas em dificuldades pode ser uma área muito promissora.

Ajit

Buffett não poupa elogios todos os anos para Ajit Jain, o responsável pela National Indemnity, a unidade de resseguros da Berkshire.

No relatório anual, Buffett brincou: "Se Charlie, eu e Ajit estivermos em um barco que está afundando — e você só pode salvar um de nós — salve Ajit."

Jain tem sido essencial para expandir o float de seguros da Berkshire para muito além do que Buffett achou ser possível há muitos anos.

Três anos atrás, Ajit assumiu enormes obrigações da Lloyds, um contrato que deu à Berkshire um prêmio de US$7,1 bilhões.

Ano passado, ele negociou um contrato de seguro de vida que pode gerar um prêmio de US$50 bilhões para a empresa ao longo dos próximos 50 anos.

Então, embora Buffett duvidasse que o float de US$63 bilhões da Berkshire cresceria muito mais nos próximos anos, ele admitiu que sempre pode haver algum negócio que faça o float se expandir.

Buffett contou que Ajit controla uma equipe de 20 pessoas de tal forma que faria os jesuítas parecerem liberais em termos do que permitem que os membros façam. É uma operação disciplinada.

Se Ajit não estivesse lá, seria uma grande perda para a Berkshire, mas a empresa ainda conseguiria fazer alguns dos grandes negócios pelos quais ficou famosa.

Lições Sobre o Dinheiro

Buffett observou que as pessoas fazem coisas doidas de vez em quando, e isso não depende do QI. Não dá para mudar a loucura da humanidade.

Em caráter pessoal, enfatizou a importância de formar bons hábitos financeiros logo cedo na vida.

Contou ainda como ele e Charlie tiveram sorte. Ambos cresceram em lares nos quais lições básicas sobre o dinheiro eram ensinadas. É muito mais importante entender as ideias elementares do que aquelas que vêm com um diploma mais avançado.

Munger acrescentou que o McDonald's tem sido um grande educador para a mão de obra norte-americana. Ele ensina o povo a ser pontual, fazer o trabalho de forma eficaz e assim por diante. Isso teve um efeito gigantesco no aperfeiçoamento do país.

Buffett também promoveu uma série de animação cujo objetivo é educar as crianças com relação ao dinheiro, chamada "The Secret Millionaires Club".

Impostos

Buffett tem sido criticado por sugerir que impostos mais altos são apropriados para os ricos, enquanto ele escapou dos impostos sobre o patrimônio ao doar suas ações da Berkshire para caridade.

Ele incentivou as pessoas a seguirem seu exemplo. Isso evita, sim, os impostos e, possivelmente, o dinheiro causará um bem muito grande.

Munger acrescentou que Warren, e todos nós, em última instância, pagaremos um imposto de 100% — quando morrermos e deixarmos tudo para trás.

Em escala nacional, o orçamento do governo corresponde a 25%–26% do PIB, com cerca de 15% provindos de receitas com impostos e 10% do financiamento de deficit.

Buffett disse que a redução do deficit exigirá um equilíbrio de menos gastos e impostos mais altos.

NetJets

Buffett admitiu ter cometido um erro com a NetJets, comprando aviões demais a preços muito altos.

Ele deu um crédito enorme a David Sokol por ter mudado as coisas, fazendo com que os custos de operação ficassem mais alinhados às receitas.

E acrescentou que esse não é o primeiro erro que comete.

A Berkshire atuou no setor têxtil durante 20 anos, mesmo sabendo que era um negócio ruim. E brincou: "Finalmente despertei. Eu era o próprio Rip Van Winkle."

Munger trouxe certo contexto ao episódio.

Ele disse que, se você tiver 30 empresas cujos gerentes tenham um histórico de sucesso e isso funcionar 95% das vezes, haverá um caso que não dará tão certo.

E, no caso da NetJets, a franquia está bem — os lucros passados é que foram perdidos. No todo, esse é um sistema muito bom.

BYD

Na reunião da Wesco Financial, Munger soltou que ficará surpreso caso cheguem a encontrar outra empresa tão boa quanto a BYD. Ele observou que David Sokol foi essencial ao fazê-lo ver isso.

A BYD tinha um histórico de raras façanhas, então não era uma iniciante.

Ele ficou especialmente impressionado com o fundador, Wang Chuan-fu (que foi recentemente coroado como o homem mais rico da China devido ao acentuado aumento no preço da ação da BYD). Munger afirmou que a empresa se dará muito bem pois resolve problemas mundiais significativos de carros elétricos e baterias.

Com a Burlington Northern, a MidAmerican e agora com a BYD, ele acrescentou, há uma boa quantidade de engenharia agregada à Berkshire, algo que lhe agrada.

Quando mais jovem, contou, ele perdeu muito dinheiro em um investimento de capital de risco — eles perderam seu principal inventor para outra empresa, e o osciloscópio ficou obsoleto por causa da nova tecnologia, a fita magnética. Desde então, ele ficou ressentido com investimentos em tecnologia. Até que apareceu a BYD.

Munger sugeriu que a empresa ilustra a habilidade que tem de continuar aprendendo na Berkshire.

Compensação

Buffett compartilhou que a Berkshire possui mais de 70 empresas diferentes, então são necessários vários mecanismos de compensação.

Por exemplo, a Burlington Northern precisa de muito capital, enquanto a See's Candy não precisa de nenhum.

Cada empresa tem suas próprias medidas essenciais de construção de valor de negócio. Buffett quer agora pagar para ampliar o fosso.

Munger comentou que a GE e muitas outras grandes empresas centralizaram departamentos pessoais para essas coisas. Impor uma política provinda da matriz pode criar ressentimento. A Berkshire faz o contrário — uma gerência totalmente descentralizada.

Munger, refletindo, disse que é incrível o quanto tudo tem sido tão simples, como funciona tão bem e como exige tão pouco tempo.

Retornos Admissíveis

Os retornos do setor de energia se baseiam em retornos sobre as ações com média entre 11%–12%, dependendo dos reguladores estaduais. Quase certamente a Berkshire ganhará essa porcentagem, uma vez que é improvável que a demanda por energia caia muito.

As linhas de trem incorrem em mais risco pois são mais sensíveis à economia. No entanto, é de utilidade à sociedade que os investimentos em linhas de trem excedam a depreciação.

Esse interesse em comum sugere que a Berkshire ganhará bons retornos com a Burlington Northern e que haverá um investimento muito necessário nas linhas ao longo dos próximos 30 anos.

Munger constatou que as linhas de trem tiveram um sucesso enorme em um sistema regulado. Elas foram totalmente reconstruídas nos últimos 50 anos, e os trens comuns dobraram de tamanho e peso.

Riscos com Seguros

Buffett contou que os terremotos e furacões são os dois maiores riscos com catástrofes.

Atualmente, há mais demanda do que oferta, então a Berkshire tem feito menos negócios. A empresa está disposta a aceitar um risco máximo de US$5 bilhões. O furacão Katrina custou US$3 bilhões e o 11 de Setembro, US$2 bilhões.

A Berkshire está deliberadamente buscando grandes perdas totais ocasionais quando todos os demais estão tentando evitá-las. Essa é uma enorme vantagem competitiva.

Buffett disse que isso é, na verdade, praticamente uma vantagem permanente que fica maior a cada ano.

Ao aceitar o desejo da outra pessoa de ter lucros mais comportados, a Berkshire ganha grandes prêmios logo de cara e registra lucros maiores, embora mais escalonados.

Especulação

> *"Os especuladores podem não causar dano quando são apenas bolhas numa corrente estável de empreendimento. Mas a situação torna-se grave quando o empreendimento se resume a gerar essa bolha em um turbilhão especulativo. Quando o desenvolvimento do sistema financeiro de um país passa a ser apenas subproduto das atividades de um cassino, a obra provavelmente sairá torta."*

Buffett deu início a uma discussão estendida sobre a natureza da especulação com essa citação do Capítulo 12 do livro *Teoria Geral do Emprego, do Juro e da Moeda*, de John Maynard Keynes. (Buffett acrescentou que considera o Capítulo 12 desse livro de Keynes a *melhor* descrição da forma que os mercados de capital funcionam.)

Wall Street sempre foi uma operação de cassino, em partes, assim como uma operação socialmente importante na obtenção e alocação de capital. No entanto, esse elemento cassino ficou desequilibrado com o advento das opções e derivativos.

De acordo com Buffett, a caixa de Pandora foi aberta em 1982 quando o Congresso aprovou a criação dos contratos S&P 500.

Foi um divisor de águas.

Agora, qualquer um poderia comprar o índice e ignorar as empresas reais. O cassino foi, então, oficialmente aberto para todos.

Além disso, os contratos recebiam um tratamento de imposto preferencial, ganhos de 60% para o longo prazo e de 40% para o curto, independentemente do período de posse.

Naquele ano, Buffett escreveu para o congressista Dingell sugerindo que 95% da negociação nesses contratos seriam apostas.

Munger observou o grau de loucura daquilo e que Warren era o único que escreveu em oposição ao projeto de lei. Concluindo, citou Bismarck: "Há duas coisas que você não deve ver — como são feitas as salsichas e as leis."

Bonds Municipais

Perguntado sobre a possibilidade de inadimplência dos bonds municipais, Buffett comentou que é o que aconteceu recentemente em Harrisburg, na Pensilvânia.

O elemento realmente essencial, de acordo com Buffett, era a *correlação* — poderia haver uma epidemia onde muitos municípios entrassem em inadimplência ao mesmo tempo? Para as seguradoras de bonds, a quantidade de passivos é extraordinária em relação ao capital que as segura.

Buffett também observou que o governo foi ao resgate da GM, então, como não poderia também vir em auxílio de um estado com dificuldades? O problema é um risco moral: caso os indisciplinados não sejam punidos pelo fato, então por que outros devem ser disciplinados?

Munger concluiu dizendo que é sábio investir em lugares prósperos e disciplinados — a integridade ainda é importante.

Atualização sobre o "Buy American"

Buffett foi questionado a respeito de seu famoso artigo publicado no *New York Times* em outubro de 2008 intitulado "Buy American. I Am" ["Compre Produtos Norte-americanos. Eu compro", em tradução livre].

Ele comentou que muito raramente escreve e que ainda estava muito prematuro ao escrever o artigo mencionado. Contudo, sabia que as ações seriam melhores que os bonds ou que o dinheiro em longo prazo.

Mesmo após a manifestação do mercado, ele disse que ainda prefere possuir ações do que bonds pelos próximos 10 ou 20 anos.

Munger estava menos confiante, dizendo que, em um lote de oportunidades ruins, as ações eram a melhor opção, e que ele prevê um longo período de retornos pífios pela frente.

Energia

Buffett constatou a existência de 500 mil poços de petróleo em funcionamento nos EUA e que exploramos bastante algo que levou milhões de anos para ser criado. Isso contribuiu significantemente para a prosperidade mundial.

Ele disse para não desistirmos das habilidades humanas para resolver problemas. Na verdade, tirando o fato das ameaças nucleares e bioquímicas, este é um ótimo momento na história para nascer.

Munger comentou que o mundo está menos dependente do petróleo do que no passado. Nos anos 1850, a tecnologia de ponta precisava de petróleo para progredir. Hoje, ele não é tão essencial.

Ele citou o físico Freeman Dyson (vencedor do Prêmio Templeton em 2000), que mostra que o mundo ficar sem petróleo não é tão terrível assim — podemos sair de 85 milhões de barris/dia para 55 milhões de barris/dia nos próximos 50 anos. Ou seja, disse Munger, se isso não incomoda Freeman Dyson, então não deve incomodar você.

Munger afirmou que a energia solar está aparecendo porque é muito necessária. No entanto, ele não compraria painéis solares agora, porque ficarão mais baratos no futuro.

Ele ainda está preocupado a respeito do etanol, chamando o uso de um combustível fóssil e água para regar o milho para produzir etanol de uma "ideia impressionantemente idiota".

Ele está otimista de que ainda construiremos uma rede elétrica inteligente. Sua crença é de que nossos problemas a respeito da energia são solucionáveis e que a resposta certa pode acabar sendo contraintuitiva.

Kraft

A Berkshire possui 8,8% da Kraft.

Buffett não gostou do preço que a Kraft pagou para adquirir a Cadbury's. E muito menos da venda com ineficiência fiscal que a Kraft fez da DiGiorno Pizza para a Nestlé de modo a angariar fundos para a transação.

Ele disse que a Kraft está vendendo por consideravelmente menos que suas partes constituintes. O preço atual está abaixo do valor de empresas muito boas, como a Kool-Aid e a Jell-O.

Na opinião de Munger, muitos líderes das melhores empresas dos EUA pensam que sabem muito e sonham em administrar negócios mais fáceis com menos concorrência.

Ele recordou a compra que a Xerox fez da Crum and Forster (uma seguradora) — não tão forte para concorrer com as japonesas nos seguros. Foi simplesmente um péssimo negócio.

Munger disse ainda que a Berkshire evita um pequeno subgrupo de idiotices ao não ter um exército de vendedores forçando as vendas de negócios.

Integridade

Munger afirmou que a crise financeira se formou devido à falta de integridade nas gestões.

Ele, de forma contundente, citou a fala do Papa Urbano VIII sobre o Cardeal Richelieu: "Se há um deus, o Cardeal terá de prestar contas por muitas coisas. Se deus não existe, ele fez muito bem."

Buffett acrescentou que o fator "todo mundo está fazendo isso" é difícil de controlar.

Por exemplo, quando o Quadro de Normas Contábeis dos EUA (conforme instrução do Senado) permitiu que as opções fossem tratadas de outra forma, 498 empresas listadas no índice S&P 500 optaram por isso. Os CEOs se renderam: "Tenho que fazer isso, se todo mundo estiver fazendo também." O problema de ética da situação é enorme.

Buffett recomendou que o segredo para lidar com isso é criar uma estrutura que minimize a fraqueza da natureza humana.

Munger acrescentou que uma grande parte do mau comportamento é subconsciente e que a cura é fazer com que as pessoas aguentem as consequências de suas decisões. Vendo sob essa perspectiva, Wall Street é um sistema irresponsável e imoral.

Lamentou: "Você vê alguém pedindo desculpas? As pessoas acham que fizeram o certo."

Medo e Oportunidade

Buffett repetiu seu antigo mantra de que um investimento de sucesso exige o temperamento certo — ser ganancioso quando os outros estão com medo. Se você ficar com medo, não ganhará muito dinheiro no mercado de valores mobiliários.

Munger contou que criou coragem após momentos de dificuldade. Talvez seja uma boa ideia falhar de vez em quando.

A sugestão de Buffett é que a maioria das pessoas investiria melhor sem cotações diárias. Compre uma boa empresa e fique com ela por muito, muito tempo.

Munger concluiu com uma piada. O homem pergunta à esposa: "Você ainda me amaria se eu perdesse todo nosso dinheiro?" Ela responde: "Sim, sempre o amarei, e sentirei muito sua falta."

O Registro Eletrônico

Ao ser perguntado por que aparece tanto na TV, Buffett respondeu que gosta de ter o registro eletrônico para não haver chances de usarem mal suas palavras ou de ser mal compreendido.*

Quando vai ao programa de Charlie Rose, ele sabe que os registros serão permanentes e fiéis ao que ele disse.

Taxas de Juros de 0%

Buffett observou com ironia o fato de que, embora seja chamada de política de dinheiro fácil, não é tão fácil assim para aqueles que têm o dinheiro. Tem sido difícil para os poupadores. Enquanto isso, o poder de compra está sendo consumido pela inflação.

Ele afirmou que ter enormes deficits no orçamento e taxas de 0% não funcionará para sempre.

A propósito, ele acrescentou que, se der muito errado, não culpem o Fed, culpem o Congresso norte-americano.

Munger concordou que a situação é extremamente deprimente. As ações estão em alta, em parte porque os índices de poupança estão muito baixos. Não é possível durar muito.

Alcançando o Sucesso nos Negócios

Buffett citou Emerson: "O poder que reside dentro de você é novo na natureza."

Ele contou como Rose Blumkin, que nunca foi para a escola, era uma força da natureza, transformando um investimento de US$500 em uma empresa que vale hoje US$400 milhões, localizada em uma área de 31,5 hectares, a Nebraska Furniture Mart.

Ele recordou quando visitou a Sra. B em sua na casa certa vez e ela tinha etiquetas verdes de venda penduradas pela mobília. Buffett gracejou, dizendo que pensou consigo mesmo: "Esqueça Sophia Loren, aqui está meu tipo de mulher!"

E contou que não há nada como seguir sua paixão. Esse é o fator em comum com todos os excelentes gerentes da Berkshire — eles amam o que fazem.

Ele compartilhou ainda algumas de suas clássicas pérolas de sabedoria sobre aumentar suas riquezas. Gaste menos que você ganha. Conheça seu círculo de competência e permaneça dentro dele. As únicas empresas

---

* No relatório anual da Berkshire deste ano, Buffett mencionou como suas palavras foram totalmente mal utilizadas pela mídia após a reunião anual do ano passado.

que importam são aquelas nas quais você investe seu dinheiro. Continue aprendendo com o passar do tempo. Não perca. Insista em uma margem de segurança.

Munger sugeriu ir dormir estando mais sábio do que quando acordou. Talvez você cresça lentamente, mas tenha certeza de que crescerá.

E rememorou que o único curso de negócios que fez foi contabilidade.

Quando criança, ele observava um homem que passava o dia todo no clube, e perguntou ao pai o porquê daquilo. Seu pai explicou que aquele homem era muito bem-sucedido nos negócios porque não tinha concorrentes — ele fazia a graxaria de cavalos. Munger disse que, desde então, se interessou pelos negócios.

Em Omaha, diversas empresas abriram e fecharam, mas ele disse que dava para prever que a Kiewit teria sucesso porque trabalhavam bastante e eram disciplinados.

Causas para o Otimismo

Há muito tempo reconhecidamente um rabugento, Munger talvez tenha surpreendido o público com uma lista de coisas com as quais está muito otimista:

1. Os principais problemas da civilização são técnicos e solucionáveis, todos envolvendo energia, com benefícios enormes à civilização;

2. A cultura da Berkshire continuará dando certo por muitos e muitos anos;

3. Ele gosta de ver as pessoas saindo rapidamente da pobreza, e isso está acontecendo na China e na Índia;

4. Mantenha suas expectativas baixas — esse é o segredo da felicidade.

E concluiu, com um floreio: "Vendo como sou otimista estando à beira da morte, certamente vocês conseguirão lidar com um pouco de inflação."

Pragmatismo

Perguntado sobre sua filosofia de vida, Munger pegou o microfone e disse: "Pragmatismo! Faça aquilo que se adéqua a seu temperamento. Transforme o que funciona em algo melhor com a experiência. Faça o que dá certo e continue fazendo. Esse é o algoritmo fundamental da vida — REPITA O QUE FUNCIONA."

2011

Local: Qwest Center

Participação: 40 mil pessoas

Detalhes Sobre Este Ano:

- O filme deste ano incluía um clipe de rock dos funcionários da GEICO, destacando Buffett fazendo rap e breakdance (obviamente, era um dublê). Houve uma hilária apresentação especial da série "The Office", estrelando Buffett e Munger, na qual um dos funcionários do Office dizia: "Sou igual a Buffett. Economizo. Invisto. E meus filhos não vão ficar com nadica de nada."

- Munger e Buffett responderam a perguntas da turma de acionistas durante seis horas.

- Foi uma experiência incrível de aprendizado — ainda mais quando consideramos que os "Professores" Buffett e Munger (com idades de 80 e 87, respectivamente) estão mais afiados do que nunca.

Ranking na Fortune 500: 7º

Preço da Ação: US$120.475

Um dólar investido em 1964 valeria hoje **US$9.739**.

O valor patrimonial por ação da Berkshire subiu de US$19,46 para **US$99.860 (**uma taxa de retorno composta de **19,8%** a.a.).

O S&P 500 acumulou **9,4%** anuais durante o mesmo período.

DESTAQUES DAS ANOTAÇÕES DE 2011

Lucros do Primeiro Trimestre: Analisando o Significado dos Números

Buffett é o professor de contabilidade há muito tempo.

Em quatro décadas de relatórios anuais, falou sobre muitas nuances das convenções contábeis em comparação com um panorama prático da realidade da empresa.

A mensagem geral: não analise os números, mas o que eles significam.

Assim, achamos muito significativo que o "Professor" Buffett tenha aberto a reunião deste ano com uma apresentação contendo nada menos que quatro slides.

O primeiro mostrava o lucro líquido operacional da Berkshire de US$1,6 bilhão no primeiro trimestre em comparação aos US$2,2 bilhões um ano atrás — US$821 milhões de baixas contábeis na área de seguros ofuscaram um bom aumento nos lucros operacionais ex-seguros.

Com exceção do setor de construção civil, Buffett estava confiante em relação à melhora lenta, mas constante, da economia. Em especial, a compra que a Berkshire fez da ferrovia da BNSF estava se mostrado uma ótima aposta, com suas vantagens competitivas ficando cada vez mais evidentes na medida em que o preço dos combustíveis aumentam.

O significado dos números: com exceção da construção civil e algumas perdas com catástrofes, as empresas da Berkshire estão indo bem.

O segundo slide mostrava a estimativa das perdas da Berkshire ocorridas devido às recentes catástrofes de enchentes na Austrália (US$195 milhões), o terremoto na Nova Zelândia (US$412 milhões) e o terremoto no Japão (US$1.066 milhão), totalizando US$1.673 milhão.

Nas estimativas da Berkshire, US$700 milhões desse total vieram de sua participação de 25% do acordo feito com a Swiss Re.

Buffett observou que, historicamente, a Berkshire sofre perdas totalizando cerca de 3%–5% do total das perdas da catástrofe (o que se provou verdadeiro com o furacão Katrina).[*]

Para pôr em perspectiva, Buffett comentou que o tremor na Nova Zelândia causou perdas de US$12 bilhões em indenizações. Assim, o país, com uma população de 5 milhões de pessoas — apenas um sessenta avos

---

[*] Então, eis uma ótima pergunta que nunca foi feita: como a Berkshire consegue ter cerca de 10% do mercado mundial de resseguros e, ainda assim, participar de apenas uma fração da porcentagem das perdas quando as catástrofes ocorrem?

da população dos EUA — sofreu uma catástrofe que, com base no índice per capita, foi *10 vezes maior que o Katrina* em escala.

Buffett advertiu que o terceiro trimestre (a temporada de furacões) é geralmente o pior para as perdas por catástrofes, então 2011 talvez entre na história como um dos piores anos por tais perdas.

O terceiro slide apresentava o crescimento fenomenal de apólices na GEICO, que teve um aumento de 218.422 apólices no primeiro trimestre de 2010 e mais 319.676 no primeiro trimestre de 2011.

Nas contas de Buffett, cada segurado vale US$1.5 mil (cerca de 1x o prêmio), então a GEICO aumentou seu valor em aproximadamente US$500 milhões no primeiro trimestre. O *goodwill* na contabilidade não reflete esse aumento no valor.

Ele observou que o valor intrínseco da GEICO subiu para mais de US$14 bilhões agora, e que a empresa continua ganhando mais participação no mercado a cada dia.

O investidor brincou que se apenas 66 acionistas contratassem os seguros da GEICO no salão de convenções, isso aumentaria US$100 mil de valor para a Berkshire e ajudaria a arcar com os custos da reunião anual.*

O significado dos números: o crescimento do valor intrínseco da GEICO é muito maior do que apresentam os relatórios contábeis.

O quarto slide abordou uma convenção contábil chamada "redução ao valor recuperável de ativos financeiros". Não faz muito sentido, mas o fato foi que a Berkshire reduziu a ação da Wells Fargo, comprada a preços mais altos, e fez uma redução de US$337 milhões na declaração de renda devido a essa convenção. Enquanto isso, os US$3,7 bilhões da Berkshire em lucros não realizados em suas outras ações da Wells Fargo foram ignorados.

O significado dos números: ignore lucros ou perdas dos investimentos ao calcular os lucros operacionais da Berkshire.

Resumindo os slides, Buffett condenou as manchetes das notícias que registram o "número mais importante", que poderia facilmente ser o "número mais enganoso". Pelo contrário, os investidores devem colocar seu foco em ganhos nos lucros operacionais, no valor contábil e no valor intrínseco.

---

* Aqui temos outra indagação. A publicidade faz mais do que trazer novos acionistas, construindo vantagens para a retenção de clientes, para a marca e para o share of mind. Então, isso está simplificado demais. No entanto, percebemos que a GEICO está gastando US$225 milhões por trimestre em publicidade — ou seja, cerca de US$700 por cada novo segurado durante o primeiro trimestre. Caso a GEICO consiga ter um índice médio combinado de 94 (6% de margem) sobre um prêmio com preço médio de US$1.5 mil, isso significa US$90 de lucro por ano por acionista.

Isso quer dizer que pode levar oito anos para a Berkshire recuperar seu dinheiro, *somente considerando-se os custos de publicidade*. Sendo assim, quais são os atrativos (que sem dúvidas incluem a criação de float) que fazem esta empresa ser tão valiosa assim?

Para o primeiro trimestre de 2011, a Berkshire demonstrou progresso em todas essas três medidas.

O Caso Sokol: Imperdoável e Inexplicável

Conforme vasta divulgação, David Sokol se demitiu da Berkshire recentemente e deixou um rastro de controvérsias.

No olho do furacão estavam as questões sobre as compras de ações que ele fez da Lubrizol, contatos com o Citigroup — banco de investimentos da Lubrizol — e uma reunião com Buffett na qual Sokol lançou a ideia de que a Berkshire deveria comprar a Lubrizol.

Buffett recordou que há 20 anos ele enfrentava o escândalo do Salomon Brothers. Escândalo esse que, mesmo após todos esses anos, Buffett ainda descreve como "imperdoável" e "inexplicável". Em sua opinião, ele poderá muito bem dizer o mesmo sobre o escândalo Sokol daqui a 20 anos.

Ele observou que Sokol não fez nada para esconder suas negociações, então não houve enganações nesse caso.

Ele também comentou que, uma década atrás, ofereceu um plano de bônus de incentivo no qual, caso certos objetivos extremos fossem atingidos, Sokol ganharia US$50 milhões e seu sócio minoritário, Greg Abel, US$25 milhões.

Sokol concordou, sob a condição de que o bônus fosse igualmente dividido, US$37,5 milhões para cada.

Então, aqui está a parte que Buffett achou ser tão inexplicável — temos um homem com uma integridade tal que voluntariamente abre mão de US$12,5 milhões em bônus sendo que, posteriormente, age de forma suspeita com a Lubrizol para obter um lucro de apenas US$3 milhões.

A explicação de Munger, com uma única palavra, quanto às ações de Sokol: "húbris" [conceito grego que pode ser traduzido como "descomedimento"].

Houve raiva por parte de alguns acionistas porque a Berkshire não demonstrou indignação no primeiro boletim de imprensa, que continha elogios às contribuições feitas por Sokol, bem como lamentos por sua decisão de sair.

Munger reconheceu que aquele boletim de imprensa não foi o mais astuto da história do mundo.

Ao mesmo tempo, ele manteve firme a ideia de que não adianta tomar decisões com raiva, e citou Tom Murphy, membro da diretoria da Berkshire: "Sempre dá para mandar alguém para o inferno no dia seguinte, caso essa seja uma boa ideia."

O Negócio com a Lubrizol

Buffett comentou que a Lubrizol é fornecedora de baixo custo de aditivos para combustíveis, um mercado de US$10 bilhões.

Ela tem um moat* sustentável e de bom tamanho e com várias patentes, é número um em participação no mercado e regularmente trabalha em parceria com os clientes (majoritariamente empresas petrolíferas) no desenvolvimento de novos aditivos.

Buffett a comparou com a ISCAR, que "transforma tungstênio em ferramentas e em uma vantagem competitiva durável".

Munger observou que a Lubrizol e a ISCAR são empresas irmãs cujos mercados são pequenos o suficiente para que não valha a pena atacá-las.

Buffett também comentou que ao gastar US$9 bilhões na aquisição da Lubrizol, a Berkshire usou uma boa parcela dos lucros de US$12 bilhões após os impostos que ele espera obter neste ano.

Sucessão: Presidente Independente

Buffett compartilhou que, por ocasião de seu falecimento, Howard Buffett provavelmente será o presidente independente, pois representará um grande bloco de ações e receberá uma compensação pequena, ou nula.

Ao separar os cargos de presidente e de CEO, a Berkshire pode corrigir com mais facilidade os erros dos CEOs. Mande um embora e contrate outro, caso seja necessário.

Buffett citou a Bíblia: "Os mansos herdarão a terra", mas comentou que a questão que se segue é: "Eles continuarão mansos?" Dessa forma, é crucial separar os cargos de presidente e CEO.

1776–2011

Um acionista de longo prazo perguntou a Warren como ele consegue ser tão terrivelmente feliz quando temos tantos problemas.

Em sua resposta, Buffett disse que realmente está entusiasmado com os EUA. Desde 1776, o país tem sido a história econômica mais extraordinária do mundo.

Se alguém tivesse lhe dito que após o dia 30 de agosto de 1930, o dia em que Warren nasceu, o mercado entraria em colapso, 4 mil bancos faliriam, o Dow cairia para 32 (32!!!), que o desemprego estaria em 25%, tempestades de areia e invasão de gafanhotos… você poderia concluir que estávamos em dificuldades.

---

* Moat econômico é uma expressão cunhada por Buffett para se referir à capacidade que um negócio tem de manter suas vantagens competitivas de forma a proteger seus ganhos de longo prazo e sua parcela de mercado.

Ao contrário — apesar de todos esses problemas, o padrão médio de vida nos EUA aumentou seis vezes desde 1930.

Por contraste, Buffett comentou, podemos observar séculos inteiros na história mundial em que nada aconteceu. O crescimento econômico dos EUA tem sido um feito incrível.

Muitos subestimaram a resiliência de nossa república.

Buffett disse que seu então futuro sogro, Doc Thompson, era muito contrário ao New Deal. Ele chamou o jovem Warren para uma conversa pré-matrimonial, que o deixou muito nervoso.

Ele contou que Doc fez um discurso inflamado de duas horas sobre a falência certa da política da época e concluiu com o seguinte conselho ao jovem Warren: "Você vai fracassar, mas não é sua culpa. A Susie passaria fome de qualquer modo. Os democratas estão nos levando ao comunismo."

Em 1951, os dois homens que Warren mais admirava, seu pai e Ben Graham, aconselharam-no a não começar no ramo de investimentos na época. O Dow a 200 (200!!!) estava alto demais. Seria melhor estacionar no acostamento por um tempo.

Tivemos a Guerra Civil... 15 recessões... certamente não foi uma linha contínua de progresso, mas o poder do capitalismo foi incrível. O estímulo aumentou nossos problemas recentes, mas o que realmente nos tirou da recessão foi o capitalismo. E o mundo compreendeu isso.

Buffett fez uma previsão de que nos próximos 100 anos teremos entre 15 e 20 péssimos anos, e que estaremos tão distantes no futuro que será inacreditável.

Munger disse, em seu característico modo radiante: "A Europa teve a Peste Negra que matou um terço da população. O mundo vai continuar."

Hedges para a Inflação

Buffett declarou que o melhor hedge para a inflação é uma empresa com um produto maravilhoso que exija pouco capital para crescer.

Para nos testar, ele convidou que analisássemos nossa própria habilidade de lucrar. Na inflação, a compensação pode subir sem qualquer investimento adicional.

Para exemplificar, ele observou que quando a See's Candy foi comprada, em 1971, ela possuía receitas de US$25 milhões e vendia 7,2 milhões de quilos de doces por ano, tendo US$9 milhões em ativos tangíveis. Hoje, a empresa vende US$300 milhões em doces, com ativos tangíveis no valor de US$40 milhões. A Berkshire precisou investir apenas US$31 milhões para gerar um aumento maior que 10 vezes nas receitas.

No acumulado, Buffett observou, a Berkshire lucrou US$1,5 bilhão com a See's ao longo dos anos.

O estoque da See's tem um giro rápido, não possui recebíveis e tem um baixo investimento fixo — um hedge perfeito para a inflação.

Buffett reconheceu que é um negócio terrível durante a inflação quando se tem toneladas de recebíveis e de inventário.

A ferrovia e a MidAmerican Energy têm essas características indesejáveis, mas isso é compensado por sua utilidade para a economia e pelos retornos subsequentes permitidos.

Infelizmente, Buffett lamentou, não há "See's Candy" o suficiente para comprar.

Além disso, acrescentou que ser investidor o tornou um melhor empresário, e que ser empresário o tornou um investidor melhor.*

Munger comentou que eles nem sempre conheceram esse elemento inflação-empresa, o que mostra porque o aprendizado contínuo é tão importante.

Well Fargo/U.S. Bancorp

Buffett afirmou que ambos os bancos estão entre os melhores, se não forem os melhores, grandes bancos dos EUA, sendo a Wells Fargo quatro vezes maior que o U.S. Bancorp.

Nas previsões do investidor, a lucratividade do setor bancário será menor que no início deste século devido à alavancagem reduzida, o que é bom para a sociedade.

De forma expressiva, Buffett disse que, em sua opinião, já vimos, sem dúvidas, o pior das crises bancárias. As perdas com empréstimos continuarão a cair. Os bancos devem ser administrados de forma conservadora uma vez que pegam dinheiro a taxas muito baixas com garantias federais implícitas.

Ele observou que a FGC já foi ao resgate de 3,8 mil bancos desde 1934, sendo que 250 nos últimos dois anos, e todo o dinheiro veio de outros bancos. A FGC tem sido uma empresa de seguro mútuo bem desenvolvida.

As Três Categorias de Investimento

Ao ser perguntado sobre commodities, Buffett observou que, quando assumiu a Berkshire, a ação era negociada por três quartos de uma onça de ouro. A US$1,5 mil por onça, falta muito para que o ouro alcance a Berkshire, com sua ação valendo US$120 mil.

Na sequência, ele descreveu três categorias de investimentos:

---

* Estamos de acordo.

Categoria 1 — **Investimentos denominados em uma moeda.**
Buffett puxou sua carteira do bolso, pegou uma nota de um dólar e leu em voz alta: "Em Deus, Confiamos", e disse que isso é propaganda enganosa. O que deveria estar escrito é: "No Governo, Confiamos." Deus não fará nada em relação a esse dólar.

A questão é que *qualquer investimento em moeda é uma aposta em como o governo se comportará*. Quase todas as moedas tiveram seu declínio ao longo do tempo. A menos que você ganhe realmente bem, esses investimentos não fazem muito sentido.

Categoria 2 — **Investimentos que não produzem nada, mas que você espera vender por um preço maior.**
Por exemplo, o ouro. Buffett repetiu seu exercício mental, no qual se você pegasse todo o ouro do mundo, seria possível fazer um cubo de 20,4 metros pesando 175 mil toneladas métricas. Depois, você poderia pegar uma escada, subir e sentar no topo dele, fazendo carinho e polindo. Mas esse cubo não fará nada. Você está apenas apostando que alguém o comprará por um preço maior.

Ele citou Keynes — *A Teoria Geral do Emprego, do Juro e da Moeda*, Capítulo 12: "O Estado da Expectativa a Longo Prazo" — afirmando que tais investimentos correspondem a um concurso de beleza, no qual você não aposta na pessoa que acredita ser a mais bonita, mas naquela que os outros acharão a mais bonita.

O modesto Buffett nos relembrou de que ele tentou fazer isso com prata e acabou provando que foi (13 anos) cedo demais.

Categoria 3 — **Investimentos em ativos que produzem algo.**
É uma jogada com o que você acha que o ativo produzirá com o tempo.

Por exemplo, com uma fazenda, é possível fazer um cálculo racional sobre seu valor. O sucesso será determinado pelo dinheiro produzido. As cotações do dia ou mês seguintes não importam. Você cuida do negócio para obter seu retorno.

Essa é a base dos investimentos que a Berkshire fez na ISCAR e na Lubrizol.

Buffett observou que os preços crescentes criam suas próprias empolgações. O vizinho fica rico. Ele tem ouro. Você sabe que ele não é tão inteligente assim... no entanto, está ganhando mais do que você. Não demora muito e você compra ouro também.

Munger acrescentou que ouro é um investimento peculiar, pois só funciona se todo o restante for para o buraco.

Buffett brincou que são produzidos US$100 bilhões de ouro por ano, sendo que uma grande parte é extraída do solo da África do Sul e transportada por navio para prédio do Fed em Nova York, onde será depositado no solo novamente.

Todo o ouro no mundo vale atualmente US$8 trilhões. Com essa quantia, seria possível comprar todas as terras dos EUA, 10 ExxonMobils e ainda ficar com entre US$1 trilhão e US$2 trilhões no bolso.

Em conclusão, o investidor disse que apostará em boas empresas para superar o ouro.

Conglomerados

Buffett admitiu que, de fato, a Berkshire é um conglomerado. No máximo de desempenho, *os conglomerados permitem uma transferência de dinheiro fiscalmente eficiente de uma empresa que não consegue usar o dinheiro de forma inteligente para aquelas que conseguem.* A Berkshire é um conglomerado muito racional.

A palavra "conglomerado" recebeu uma reputação negativa por causa dos esquemas Ponzi dos anos 1960 do conglomerado Gulf and Western (Charles Bluhdorn), LTV (Jimmy Ling) etc., nos quais havia uma conspiração tácita e as ações eram emitidas como confete para comprar ativos reais. Isso acabou mal, e a palavra "conglomerado" deixou um rastro ruim.

Legado

Ao ser questionado por qual característica gostaria que fosse lembrado, Buffett brincou: "Idade avançada."

Munger disse que o maior desejo de Warren é que digam em seu funeral: "Este é o cadáver que aparenta ser o mais velho que já vi."

Em um tom mais sério e meditativo, Munger disse que preferiria algo como "Ganho justamente, usado sabiamente" em sua lápide.

Buffett achou que talvez escolheria "Professor".

Ele reconheceu que ama ensinar e é grato pelos professores que teve, incluindo seu pai, Ben Graham, e Tom Murphy, entre outros.

Depreciação da Moeda

Buffett comentou que desde seu nascimento em 1930 até hoje, o dólar teve uma depreciação de 16 para 1 (isto é, US$1 hoje compra o que seis centavos compravam na época). Contudo, a inflação não nos destruiu.

Algumas subsidiárias da Berkshire ganham seu dinheiro em moedas estrangeiras. A Coca-Cola recebe 80% de seus lucros em outras moedas que não o dólar.

Munger constatou que a Grécia está em uma situação terrível. As pessoas lá, embora maravilhosas em muitos aspectos, não querem trabalhar nem pagar impostos. Ele citou Adam Smith: "Uma grande civilização possui uma boa dose de ruína em si."

Apesar dessas preocupações, Buffett concluiu que, caso pudesse escolher qualquer lugar do mundo onde nascer hoje, escolheria os EUA.

Expectativas Mais Baixas

Buffett compartilhou seu conselho costumeiro de que o investidor comum se sairia bem apenas comprando ações de um fundo de índice ao longo do tempo.

Munger afirmou que definitivamente preferiria possuir a Berkshire em vez de um fundo de índice.

Ele também disse que, em suas previsões, os próximos 50 anos não serão tão bons quanto os últimos 50 para os investidores habilidosos.

Buffett reiterou que a missão da Berkshire era aumentar o poder de ganhos e valor intrínseco 100% alinhada com os acionistas. É sobre isso que pensam diariamente. A sorte ajudou, mas não há como a Berkshire capitalizar com taxas nem de longe parecidas com aquelas quando trabalhava com quantias menores.

Munger disse estar confiante de que a Berkshire vai se sobressair da indústria norte-americana em geral.

Ele sugeriu que as expectativas reduzidas formam a melhor defesa para o investidor. E acrescentou que diminuir as expectativas foi como conseguiu se casar: "Minha esposa diminuiu as expectativas dela."

Buffett imediatamente brincou: "E ele se manteve assim!"

Confiança

Considerando-se a situação de Sokol, foram feitas diversas perguntas a Buffett a respeito de regras e compliance.

Ele reiterou seu desejo de que os funcionários cumpram tanto com o espírito como com a letra da lei. No entanto, com 260 mil funcionários na Berkshire, número praticamente igual ao de domicílios em Omaha, nem todos cumprirão com as regras.

Buffett observou que você pode ter todas as regras e registros do mundo, e mesmo assim alguém pode se desvirtuar e fazer negócios no nome de algum familiar.

Munger contou que é divertido ter confiança e muito autorrespeito. Em seu ponto de vista, uma atitude de confiança foi o melhor compliance.

Ele comentou que é possível encontrarmos enormes departamentos de compliance em Wall Street, e que esse é o local onde os maiores escândalos ocorrem.

A Economia

Buffett constatou que, em termos de política monetária e fiscal nos EUA, estamos com os pés no chão, e isso seguirá assim por um bom período.

Ele observou que muitas pessoas pensam em nossa "política fiscal" como se tivesse passado um "projeto de lei de estímulo".

Buffett sugeriu não darmos atenção às palavras. Esqueça o "projeto de lei de estímulo". O que está realmente acontecendo é que temos um deficit de 10%, algo gigantesco. Estamos recebendo 15% de PIB e gastando 25%. Isso é um estímulo enorme.

A construção residencial nivelou-se a 500 mil unidades por ano, então os excessos loucos do boom estão sendo resolvidos.*

Quando isso terminar, veremos o emprego tomar muito mais embalo do que as pessoas acham. A construção tem um efeito dominó em muitas empresas correlacionadas.

Buffett manteve sua previsão, feita no relatório anual, de que veremos melhorias na construção residencial até o término do exercício.

Munger acrescentou que uma vantagem de investir em setores cíclicos é que muitas pessoas não gostam deles porque os ganhos são muito imprevisíveis. Na Berkshire, eles não se importam em ter ganhos irregulares dentro de um ciclo de negócios.

Por exemplo, o negócio acabou de comprar a maior empresa de tijolos do Alabama. Ninguém dá lances aos tijolos do Alabama quando não há consumidores. Buffett confessou que a See's Candy perde dinheiro durante oito meses do ano. No entanto, sabemos que o Natal chegará, então não há motivos para observar um mês de perdas e entrar em pânico. Ao longo dos próximos 20 anos, haverá alguns anos terríveis, mas outros ótimos e muitos na média.

Quanto às outras empresas da Berkshire, ele diz que a melhoria constante está difundida. Os carregamentos de vagões atingiram um pico de 219 mil, um piso de 150 mil e agora seguem a 190 mil. A ISCAR tem observado uma melhoria mensal.

---

* Em média, a construção fica com 1,2 milhão de unidades por ano. No ano da bolha na construção, esse número chegou a cerca de dois milhões de unidades por ano.

Reforma Financeira: Ou a Falta Dela

Para Munger, foi um erro grotesco não aprender mais com o fiasco dos financiamentos residenciais subprime.

Em seu ponto de vista, não matamos o pecado e a insensatez de um comportamento ganancioso e de jerico. Ele levaria um machado ao setor financeiro e deceparia esse mal, deixando-o em um tamanho mais produtivo. Ele mudaria o sistema tributário para desencorajar o trading, para que os valores mobiliários fossem negociados mais como imóveis.

Ele afirmou que a falta de contrição em Wall Street pelo fiasco fez Sokol parecer um herói.

Buffett exclamou: "Ele está se aquecendo!"

Em seguida, observou a inanidade de um sistema tributário no qual uma negociação de 60 segundos em um contrato de futuros no S&P 500 resulta em 60% do lucro sendo tributado como ganho capital de longo prazo.

Munger concluiu que ter um sistema no qual os fundos de hedge têm faixas de imposto menores do que as usadas para professores de física ou motoristas de táxi é insano.

Ele observou que os pânicos e a depressão passados começaram em Wall Street com grandes ondas de especulação e mau comportamento. Essa última confusão deveria ter causado uma reação à la 1930 (como a lei Securities Act de 1934). Não foi o que aconteceu, então Munger predisse com convicção que teremos outro fiasco.

Foi realmente idiota, ele afirmou, não ter feito mais, que parte da idiotice foi pela forma que as finanças e a economia são ensinadas nas universidades e que as finanças atraem o mesmo tipo de pessoas que são atraídas pelo encantamento de serpentes.

Buffett brincou: "Se nos esquecemos de insultar alguém, basta nos passar os nomes."

BYD

Embora a BYD negocie aproximadamente pelo dobro do custo da Berkshire nas quotas, as ações caíram cerca de 80% em relação ao seu topo.

Munger não estava preocupado, observando que uma empresa que esteja tentando caminhar tão rapidamente quanto a BYD terá atrasos e reveses. Na tentativa de dobrar a venda de automóveis a cada seis anos, a empresa o fez a cada cinco anos e então teve um revés.

No geral, Munger afirmou que está muito motivado.

Em uma inversão de papéis rara e agradável, Buffett resmungou: "Não tenho nada a acrescentar."

Grande Demais para Falir

Buffett reconheceu que há instituições no mundo que deveriam ser apropriadamente salvas pelo governo. A Europa está no processo de decidir se países inteiros são "grandes demais para falir".

Ele sugeriu que esse problema sempre estará entre nós, então nossa melhor tática é reduzir a propensão para a falência.

Uma das medidas propostas por ele foi a de que as instituições que colocam a sociedade em risco e falem deveriam deixar o CEO e o cônjuge totalmente falidos. A diretoria também deveria sofrer punições severas. Se a sociedade precisa salvá-lo, você deve sofrer punições dolorosas.

Meditando sobre o miserável caso da Fannie Mae e da Freddie Mac, Buffett as denominou "grandes demais para serem entendidas!".

Ótimas Empresas de Seguros

Buffett ficou bem entusiasmado ao falar sobre o império de seguros da Berkshire. Ele denominou a GEICO, agora a terceira maior seguradora de automóveis, uma empresa fabulosa.

A GEICO inaugurou a ideia de vender diretamente (sem um agente) há muito tempo, em 1936, e poucos foram os que conseguiram copiá-la.

Enquanto isso, Ajit Jain construiu do zero a empresa de resseguros da Berkshire.

Buffett adora Ajit, afirmando que não consegue pensar em nenhuma decisão tomada por ele que teria feito melhor. Ajit é a pessoa mais racional que Buffett já conheceu, ama o que faz, é muito criativo e infalivelmente pensa na Berkshire em primeiro lugar.

Curiosamente, Buffett afirmou depois na reunião que a Berkshire passou seus 15 anos iniciais no setor de resseguros sem ganhar dinheiro. Apenas após a chegada de Ajit que os resseguros se tornaram um centro de lucros real para a Berkshire.

A unidade Gen Re da Berkshire, com Tad Montross, administra uma empresa disciplinada, e as menores unidades de seguro da Berkshire possuem franquias incomuns.

E tudo isso começou quando a Berkshire comprou a National Indemnity por US$7 milhões em 1970. Agora, naquele mesmo prédio, eles administram uma empresa de seguros com o maior valor líquido em relação a qualquer outra no mundo, com cerca de US$66 bilhões de float.

Munger comentou que a Berkshire possui várias empresas que são as melhores de seu setor. A BNSF certamente é uma das melhores ferrovias do mundo. A MidAmerican Energy está entre as melhores fornecedoras de energia.

Ele concluiu que não é nada ruim ter qualidade internacional em suas principais empresas.

Buffett observou que a proposta de ferrovias de alta velocidade na Califórnia teve um custo estimado de US$43 bilhões, custo esse que certamente subirá.

Enquanto isso, a Berkshire pagou cerca de US$43 bilhões pela BNSF e obteve 35,4 mil quilômetros de ferrovias, seis mil locomotivas e 13 mil pontes (alguém quer comprar uma?). Assim, o valor de substituição da BNSF é enorme. O país sempre precisará de ferrovias. É um ativo fabuloso para se possuir.

Costco

Munger, membro da diretoria da Costco, fez sua afirmação anual de que a empresa (associação ao clube de descontos do varejista que vale US$80 bilhões) é a melhor no mundo em seu setor.

É uma meritocracia que considera como extremo dever ético repassar os descontos para os consumidores, algo que, por sua vez, cria uma lealdade feroz por parte deles.

A Costco tem uma loja na Coreia do Sul que atingirá US$400 milhões em receitas — algo que ninguém acharia possível existir no varejo, mas aí está.

A empresa tem a ética, a diligência e a gestão certas para continuar em seus caminhos de sucesso — algo muito raro.

Munger constatou que é um problema impedir que o sucesso e a riqueza criem sua extinção. A General Motors chegou a ser a empresa mais bem-sucedida do mundo à certa altura e, depois, virou vítima de seu sucesso com uma sindicalização muito grande e concorrências muito duras, posteriormente destruindo com seus acionistas.

Munger afirmou que, caso fosse professor em escolas de negócios, ele faria uma varredura total na história de uma empresa.

Buffett brincou que ele e Charlie foram sequestrados por terroristas que decidiram matar capitalistas. Eles lhes permitiram um último pedido. Charlie disse: "Gostaria de fazer minha apresentação com slides sobre as virtudes da Costco uma última vez." Os terroristas aceitaram com relutância. Depois, perguntaram a Warren qual era seu último pedido. Buffett respondeu: "Atire em mim primeiro."

Dinheiro em Tesouros

Buffett concordou que as escolhas de investimentos para dinheiro em curto prazo são terríveis no momento. No entanto, ele enfatizou que não faz besteiras com dinheiro em curto prazo.

Basicamente, na Berkshire, o dinheiro está sempre em títulos do tesouro. Embora possa ser irritante que eles não paguem praticamente nada, a Berkshire não alcançará outros 10–20 pontos-base.

"É um estacionamento, e queremos nosso carro de volta quando não quisermos mais ficar estacionados", Buffett declarou.

Ele contou como foi crucial em 2008, quando bateu o pânico, que a Berkshire possuísse o dinheiro para fazer os negócios. O dinheiro não estava em fundos de mercado ou em notas promissórias.

Munger observou que viu muitas pessoas lutarem de forma idiota para alcançar 10 pontos-base extras.

Eles conseguiram comprar oleodutos, comentou, porque foi possível aceitar um negócio na sexta-feira e ter o dinheiro à mão na segunda-feira.

Buffett acrescentou que o vendedor estava preocupado porque poderia falir na próxima semana. Ele concluiu que "se o pânico invadir porque Ben Bernanke fugiu com Paris Hilton, estamos prontos".

Aprendizado

Munger falou que estamos aqui para ir dormir mais inteligentes do que quando acordamos.

Buffett contou como, durante quatro anos, praticamente vivia na Biblioteca Pública de Omaha.*

Ele também observou que o curso que fez em Dale Carnegie em 1951 lhe custou US$100, quantia incalculável hoje, uma vez que o valor que as habilidades de uma boa comunicação trazem melhorou drasticamente sua vida.

Dessa forma, a grande mensagem de Buffett foi: desenvolva-se; descubra sua paixão e melhore suas habilidades.

---

* Há relatos de que ele leu todos os livros de investimento da biblioteca.

2012

Local: CenturyLink Center (antigo "Qwest")

Participação: 35 mil pessoas

Detalhes Sobre Este Ano:

- A reunião durou seis horas. Foi um feito impressionante ver os "Professores" Buffett e Munger (com idades de 81 e 88, respectivamente) ainda firmes e fortes.

- Após o fim de semana, Buffett orgulhosamente anunciou que os acionistas da Berkshire gastaram US$35 milhões no "Shopping Berkshire" em todos os produtos, que variavam dos doces da See's Candy às joias da Borsheim's. Foi uma média de US$1 mil por participante.

Ranking na Fortune 500: 7º

Preço da Ação: US$114.813

Um dólar investido em 1964 valeria hoje **US$9.282**.

O valor patrimonial por ação da Berkshire subiu de US$19,46 para **US$114.214** (uma taxa de retorno composta de **19,7%** a.a.).

O S&P 500 acumulou **9,2%** anuais durante o mesmo período.

DESTAQUES DAS ANOTAÇÕES DE 2012

Crise da Dívida Soberana

Munger e Buffett concordaram com o fato de que a confusão com a dívida soberana é a grande questão do momento e é difícil de ser respondida. Houve muitas falências por toda a história.

Buffett comentou que a riqueza não desaparece — as fazendas, as fábricas e o trabalho permanecem. Em vez disso, ela é realocada. É uma grande realocação de riqueza. Ele comparou o resgate de cerca de um trilhão de euros do Banco Central Europeu com o fato de dar mais dívidas a alguém com uma conta margem.

Munger constatou que é perigoso diminuir as virtudes fiscais, parafraseando Santo Agostinho: "Todos querem a virtude fiscal, mas não ainda."

Ele recomendou que seguíssemos o exemplo romano, no qual dois terços das Guerras Púnicas foram quitados antes que a guerra terminasse.

Em conclusão, disse que precisamos de mais sacrifício, de mais patriotismo e de políticas mais civilizadas.

Bancos

Buffett afirmou que os bancos norte-americanos estão em uma posição muito melhor que os bancos europeus. Eles já absorveram a maioria das perdas anormais, reforçaram o capital enormemente e possuem "liquidez para dar e vender".

Munger observou que os EUA têm uma união totalmente federal, então podem imprimir dinheiro. Ele está confortável com o sistema do país.

Buffett concordou, comentando que são duas coisas totalmente opostas. O Fed e o Tesouro norte-americanos tinham o poder de fazer o que fosse necessário. Em contrapartida, 17 países da Europa renderam sua soberania em relação à moeda. Como Henry Kissinger disse certa vez: "Quando quiser ligar para a Europa, qual número devo discar?"

Com respeito aos bancos europeus, Buffett chamou de grande ato o fato de o Banco Central Europeu aparecer com um trilhão de euros (US$1,3 trilhão — quantia igual a um sexto de todos os depósitos bancários nos EUA). Como os bancos europeus possuem menos em depósitos e dependem mais dos financiamentos por atacado, eles precisaram capitalizar mais, mas fizeram pouco nesse sentido. Ele observou que um banco italiano teve pelo menos uma emissão de ações com direito preferencial de emissão.

Munger comentou que o Canadá manteve os antigos padrões e praticamente não teve dificuldades. Deixamos para trás a decência sensata e participamos da tolice, repleta de comportamentos vergonhosos, e sofremos danos enormes. Coisas similares aconteceram na Irlanda e na Espanha. Greenspan estava errado com suas políticas de *laissez-faire*. É dever do governo interromper o mau comportamento. Uma vez o praticando, tivemos que nacionalizá-lo.

Buffett admitiu ter comprado algumas ações da JP Morgan para si mesmo. Seu banco favorito é a Wells Fargo, da qual ele compra exclusivamente para a Berkshire, que agora possui mais de 400 milhões de ações.*

Chief Risk Officer [Diretor-executivo de Riscos]

Buffett falou que o papel do diretor-executivo de riscos (CRO) não deve ser delegado. Por diversas vezes ele já viu relatórios do grupo de gerenciamento de riscos serem ignorados.

Ele observou que ele é o CRO na Berkshire e que essa função, juntamente com a alocação de capital e a seleção de gestores, são seus deveres primários. Os dois riscos básicos que ele analisa são alavancagem excessiva e risco de seguros.

Munger declarou que o gerenciamento de riscos não foi apenas delegado, mas que isso foi feito de forma idiota.

Ele caracterizou o "value at risk" como uma das ideias mais burras a serem postas em prática.

Buffett concordou que os PhDs, que deveriam ser mais espertos, ficaram viciados em sua matemática elaborada, que talvez não seja aplicável ao comportamento humano.

Munger contou a história de como Sandy Gottesman (que fundou a agência de consultoria em investimentos First Manhattan e se juntou ao conselho da Berkshire em 2003) demitiu um homem que era seu melhor produtor. O homem questionou: "Como você pode me demitir?" Gottesman respondeu: "Sou rico e velho, e você me deixa nervoso."

Buffett garantiu aos acionistas que ninguém na Berkshire o deixa nervoso.

Negócios Especiais

Buffett reconheceu que fez uma ligação não solicitada para o CEO do Bank of America, Brian Moynihan, para oferecer um negócio de preferenciais

---

* A Wells Fargo representa agora a segunda maior posição da Berkshire, atrás apenas da Coca-Cola, e está se tornando tão dominante quanto a Coca de sua própria maneira. A Wells fez 34% dos financiamentos residenciais originados no primeiro trimestre, mais do que o triplo de participação de seu concorrente mais próximo.

com garantias (US$5 bilhões de ações preferenciais a 6% ao ano e 700 milhões de opções de 10 anos para comprar ações ordinárias a US$7,14 cada).

Eles nunca haviam conversado antes. No entanto, Moynihan sabia que Buffett tinha 1) a habilidade de se comprometer; e 2) vultuosas quantias disponíveis.

Buffett afirmou que a Berkshire ainda terá essa vantagem após sua partida.

Embora o próximo CEO possa não ter a lista de contatos de Warren, ele ainda terá essas vantagens únicas da Berkshire para fazer negócios.

O investidor enfatizou que o impacto dos negócios especiais é uma mixaria em comparação ao impacto de longo prazo da compra de ótimas empresas para a Berkshire.

Seguros

Uma pergunta a respeito de uma mortalidade acima do esperado nos negócios de seguros da subsidiária da Berkshire, a Swiss Re, animou Buffett a falar sobre um de seus assuntos favoritos.

Ele observou que surpresas como essa são o motivo pelo qual o princípio supremo da Berkshire é ter reservas conservadoras. A GEICO é uma empresa de seguros do tipo short tail (em que o pedido de indenização ocorre em prazo curto após o sinistro) e possui redundâncias nas reservas ano após ano. Embora a Gen Re estivesse sem reservas quando a Berkshire a comprou, em 1998, agora, sob a gestão de Tad Montross, elas estão se desenvolvendo bem.

Munger acrescentou: "É inevitável que alguns contratos saiam piores do que o esperado. Por qual motivo alguém compraria seguros se esse não fosse o caso?"

Buffett observou que, após o 11 de Setembro, ficou muito difícil avaliar os danos de seguros. Por exemplo, o que conta para a interrupção de negócios?

De forma similar, o tsunami no Japão seria um motivo para a interrupção dos negócios de uma empresa norte-americana de peças automotivas? Esses tipos de questão levam anos para serem resolvidos e são um argumento, novamente, para reservar de forma conservadora.

É muito difícil precificar o resseguro de catástrofes. É complicado detectar uma série de eventos aleatórios a partir do que pode constituir uma tendência de longo prazo.

A tática usada por Buffett é presumir o pior e precificar a partir dali.

Nos últimos meses, a Berkshire emitiu muito mais contratos de seguros para empresas na Ásia, Nova Zelândia, Austrália, Tailândia etc.

Conforme observara no ano anterior, Buffett destacou que o segundo tremor na Nova Zelândia causou danos segurados no valor de US$12 bilhões em um país que tem cinco milhões de habitantes. Usando-se uma base per capita, isso foi equivalente a uma devastação 10 vezes maior que o furacão Katrina.

São eventos como esse que fazem Buffett insistir em manter, pelo menos, US$20 bilhões em dinheiro.

Ele está muito satisfeito com o sucesso contínuo da GEICO, afirmando que a empresa vale US$15 bilhões a mais do que os registros contábeis informam.*

A GEICO está funcionando com potência total. Em 1995, ela tinha 2% do mercado. Sob a maravilhosa gestão de Tony Nicely, a empresa agora tem 10% do mercado.

Buffett admitiu: "A Gen Re estava desgovernada quando a compramos — muitos 'negócios de acomodação' com ênfase no crescimento às custas da lucratividade."

Joe Brandon redirecionou o foco da emissão disciplinada e Tad Montross deu continuidade. Agora, a empresa está com o tamanho certo e a cultura é boa, assim como as projeções para um crescimento satisfatório em longo prazo, criando um ativo excelente para a Berkshire.

Ao avaliar a Gen Re, Buffett calculou o valor intrínseco como uma combinação do valor líquido e do float.

Ao avaliar a GEICO, ele também incluiu seus lucros consideráveis de emissão pelos próximos 10–20 anos e suas projeções significativas de crescimento.

Float

Quando a Berkshire atingiu US$40 bilhões de float, Buffett começou a falar sobre a pouca probabilidade de que ela crescesse muito mais. Agora, o float está em US$70 bilhões.

Ajit Jain descobriu maneiras inovadoras para criar mais float. No entanto, alguns negócios, como seguros retroativos, tem um run-off natural.

Ele deu os créditos a Ajit Jain por realizar milagres para a Berkshire ao longo dos anos e por fazer um trabalho espetacular de gerenciar o "derretimento do cubo de gelo" que é o float da empresa.

Além disso, como as empresas da Berkshire emitem contratos de seguros com lucratividade, a empresa obtém a economia do float a uma taxa

---

* Buffett disse no ano passado que avaliaria a GEICO em US$1,5 mil por segurado. Com mais de 10 milhões de segurados no momento vezes US$1,5 mil cada, isso equivaleria a US$15 bilhões.

muito barata. Contanto que a Berkshire subscreva com lucro, *as pessoas estarão, de fato, pagando à Berkshire* para manter esses US$70 bilhões de float.

Munger concluiu que o seguro de propriedade e contra acidentes não é um negócio excepcionalmente bom. Você precisa estar entre os 10% melhores para ir bem. A Berkshire provavelmente possui o melhor negócio do mundo. E tudo bem em possuir algo que seja muito bom e que não esteja crescendo muito.

Administrando a Berkshire

Munger deixou a entender que é uma ilusão que exista um vasto controle nas matrizes corporativas comuns. Uma das belezas da Berkshire, ele sustenta, é que não é necessário muito controle proveniente da matriz.

O segredo de Buffett para motivar os gestores da Berkshire é dar-lhes espaço para que pintem seus próprios quadros.

Ele brincou que se alguém lhe dissesse para usar mais vermelho do que azul, ele provavelmente diria à pessoa onde enfiar o pincel.

Ele gosta de pintar suas próprias telas e receber aplausos por ir bem. Assim, ele busca gestores que estejam conectados da mesma maneira, dando-lhes os pinceis e compensando-os bem pelo bom desempenho.

Além disso, os gestores da Berkshire não precisam falar com os acionistas, advogados, repórteres etc., então podem concentrar-se em suas empresas.

Buffett concluiu que seu foco está em não tirar algo que já é bom, um tipo de arte negativa.

Munger observou como essa abordagem é racional em comparação aos acordos de porcentagens e cotas sonhados pelos departamentos de recursos humanos. Com relação aos consultores de compensação, ele deixou a entender que a prostituição seria uma promoção para eles.

Buffett brincou: "Charlie é responsável pela diplomacia na Berkshire."

Avaliação

Buffett confessou que preferiria que a Berkshire negociasse apenas uma vez por ano por um preço justo que seria estabelecido por ele e Charlie. É assim que algumas empresas de capital fechado fazem.

Porém coisas estranhas podem acontecer no mercado de capital aberto.

O investidor nos lembrou de que a Berkshire emitiu ações no meio dos anos 1990, quando estava muito acima do preço. Certamente foi uma primeira vez para qualquer oferta pública, com a projeção declarada por Buffett e Munger de que não comprariam a ação por aquele preço, nem recomendariam aos familiares que o fizessem.

O valor intrínseco da Berkshire é significativamente maior do que seu valor contábil, ele nos garantiu, dizendo que está muito confortável com a ideia de comprar ações a 1,1 vezes o registro. Ele adoraria investir dezenas de bilhões de dólares a 110% do valor contábil, algo consistente para a manutenção de sua reserva de US$20 bilhões. Tal negócio certamente aumentaria o valor intrínseco por ação, então fazer isso em grande escala seria um sucesso garantido.

Ele observou que a Berkshire chegou perto de fechar um negócio no valor de US$22 bilhões, sugerindo que ainda há muito o que fazer no mundo da agregação de valor de outras maneiras que não sejam comprar ações.

Buffett comentou ainda que já viu o preço da ação ser cortado pela metade quatro vezes, e que sua beleza está em poderem ser vendidas por preços ridiculamente altos às vezes.

E declarou, concluindo: "Foi assim que ficamos ricos."

Assim como nos anos passados, Buffett afirmou que os Capítulos 8 (O Sr. Mercado) e 20 (Margem de Segurança) do livro *O Investidor Inteligente* proporcionam ao leitor tudo o que é preciso saber. Registre em seu subconsciente que as ações são precificadas de forma equivocada.

Nos próximos 20 anos, a Berkshire estará significativamente supervalorizada e subvalorizada em momentos diferentes. O mercado de ações é o mais prestativo dentre as entidades lucrativas. Usando o sistema certo, as regras viram a seu favor.

Ao avaliar as empresas em funcionamento, Buffett disse que adoraria comprar o grupo por dez vezes os lucros antes dos impostos, ou talvez até mais.

Recursos Naturais

Buffett constatou que o gás natural barato foi um grande extra para o deficit comercial. A situação energética dos EUA mudou muito em três anos.

Ele comentou que houve uma diminuição notável no uso de eletricidade, uma vez que a quantidade de quilowatts/hora usada caiu 4,7% no primeiro trimestre. Além disso, com o gás natural a US$2 por mcf (mil pés cúbicos — 28.317m³) e o petróleo a US$100 por barril, cria-se uma proporção de 50/1 na precificação do petróleo para o gás, algo que ele não achou ser possível. Agora o gás natural está substituindo o carvão com esses preços baixos.

Munger denominou o uso de nossas reservas de gás natural como algo "idiota". Ele usaria primeiro todo nosso carvão térmico, que é menos precioso. Isso seria racional e exatamente o contrário do que estamos fazendo.

Ele afirmou que os EUA estariam em uma situação muito melhor caso tivessem mantido o petróleo e o gás, os hidrocarbonetos que são o único recurso mais precioso do país, no solo durante os últimos 50 anos.

De seu modo sutil costumeiro, Munger resumiu seu ponto de vista: "A independência energética é idiotice. Devemos *conservá-la* e usar os recursos das outras pessoas."

Buffett brincou: "Esta é a versão de Charlie de economia de sexo para a idade avançada."

Munger replicou: "Mas vamos usar o petróleo!"

Escola de Negócios

Buffett e Munger fizeram suas críticas anuais sobre a teoria moderna do portfólio e aos cursos de negócio que a ensinam.

Buffett observou que essas escolas focam uma moda passageira após a outra, geralmente com base matemática.

De acordo com ele, caso administrasse uma escola de negócios, teria apenas dois cursos: 1) Como Avaliar uma Empresa; e 2) Como Pensar sobre os Mercados.

Ele comentou que Ray Kroc não precisava saber o valor da opção do McDonald's, e sim pensar muito sobre como fazer fritas cada vez melhores.

Em conclusão, ele disse: "Se você pensa sobre os negócios e compra empresas por menos do que valem, ganhará dinheiro."

Munger acrescentou que avaliar a opção de um prazo muito longo em um negócio que você não entende não se encaixa no modelo de opção de precificação Black Scholes.

Não faz sentido. Porém os contadores queriam uma forma padronizada de avaliá-los. E conseguiram.

A Regra Buffett

Buffett se esforçou muito para explicar que sua ideia de fazer com que os ricos paguem mais impostos se aplica apenas para as 400 maiores rendas, que agora estão em um patamar médio de US$270 milhões cada — 131 deste grupo pagaram impostos com uma taxa inferior a 15%.

Isso é igual a 1992, quando as 400 maiores rendas equivaliam em média a US$45 milhões cada e apenas 16 pagaram uma taxa inferior a 15%.

A ideia de Buffett é que um grupo que tem se saído tão bem durante as últimas duas décadas deveria estar pagando pelo menos a mesma taxa de impostos que pagava 20 anos atrás.

Ele disse que não tem planejamento fiscal para si mesmo, nenhuma artimanha.

Ele ganhou entre US$25 milhões e US$65 milhões nos últimos anos. E foi o que teve a menor taxa em seu escritório, cerca de 17%.

MidAmerican Energy

Buffett disse que a MEC fez muito com energia eólica graças a um sub-sídio de 10 anos de 2,2 centavos por quilowatt/hora. De outro modo, as contas não fechariam.

A MEC possui metade de dois grandes projetos de energia solar também. Tanto a energia solar quanto a eólica necessitam de subsídios para serem desenvolvidas. Além disso, levando-se em conta que o vento é imprevisível, nunca dá para contar com a energia eólica como sua carga de base. Ela sempre será complementar.

O CEO da MEC, Greg Abel, observou que com os incentivos para a energia solar, eles recuperarão 30% dos custos da construção. Como a Berkshire paga os impostos integralmente, ela obtém benefícios completos desses incentivos fiscais.

Por outro lado, Buffett afirmou que 80% das empresas de energia não conseguem colher os benefícios fiscais totais porque eliminam sua renda tributável com a depreciação.

Ele comentou que a MEC é uma empresa de capital intensivo, e uma expectativa sensata para o retorno sobre o investimento seria de 12%.

O investidor nos surpreendeu um pouco ao dizer que a MEC pode ter oportunidades enormes nos próximos 15 anos para investir, talvez, até US$100 bilhões.

Risco Sistêmico

Com relação ao risco sistêmico, Buffett comentou que sua regra número um é jogar amanhã. Isso quer dizer não falir, não importa o que aconteça. Assim, mantenha boas reservas e diminua as dívidas.*

Se isso estiver sob controle, então você pode investir.

Buffett alegou que, em 53 anos, ele e Charlie nunca chegaram a conversar sobre assuntos de ordem macro antes de comprar uma empresa. "Se é uma empresa boa e o preço está bom, nós a compramos. Sempre haverá más notícias por aí."

Ele disse que comprou sua primeira ação em 1942, quando os EUA estavam perdendo a guerra!

Buffett relembrou aos participantes que foi durante a queda em 2008 que ele escreveu seu artigo de opinião "compre ações" para o *New York Times*.

Resumindo de forma concisa, disse: "Queremos comprar valor. Não damos bola para as manchetes."

---

* Mais uma vez, na Berkshire, essa reserva é de US$20 bilhões em dinheiro.

Ferrovias

Buffett observou que as ferrovias melhoraram sua posição nos últimos 15–20 anos.

Elas representam uma forma de transporte de produtos muito eficaz e que respeita o meio ambiente. Os ativos não podem ser duplicados por provavelmente seis vezes o valor pelo qual estão sendo vendidos.

Buffett espera que a BNSF gaste muito mais que sua depreciação pelos próximos dez anos e antecipe um bom retorno.

Com as quantias com as quais a Berkshire está trabalhando, ele está satisfeito em ganhar um retorno de 12% sobre o capital, especialmente com o float de baixo custo (ou custo zero) da Berkshire. Na ferrovia, são necessários cerca de quatro litros de diesel para movimentar uma tonelada por 804km. Os caminhões custam três vezes mais. As ferrovias movimentam 42% de todo o tráfego intercidades no momento, oferecendo uma economia muito poderosa em comparação aos custos, congestionamentos e emissão de gases tóxicos provindos da movimentação pelas estradas. A BNSF gastará US$3,9 bilhões para melhorar e expandir seus sistemas durante todo este ano e sem um centavo do governo norte-americano.

Munger considerou que a BNSF teve algumas oportunidades com a tecnologia e com o boom do petróleo na Dakota do Norte. E, embora tenha oportunidades ruins também, em média, a BNSF é uma empresa fantástica com uma gestão fantástica.

Gestores de Investimento da Berkshire

Buffett está satisfeito com Todd Combs e Ted Wechsler, os dois gestores de fundos de hedge contratados para cuidar de uma parte do portfólio da Berkshire. Ele acha que marcou um gol de placa com os dois.

O investidor admitiu que os dois poderiam ganhar mais dinheiro em outros lugares — embora, brincou, eles tenham acesso à máquina gratuita de Coca no escritório.

Eles recebem US$1 milhão por ano mais 10% sobre a quantia que seus portfólios ultrapassarem o S&P em um período de três anos. De modo a encorajar o trabalho em equipe, 80% do bônus vêm do esforço de cada um e 20% vêm do trabalho do outro.

A Berkshire fez um acordo parecido com Lou Simpson, que gerenciou o portfólio da GEICO por muitos anos.

Buffett relatou que o acordo está dando mais certo do que esperava, e acrescentou US$1 bilhão em cada portfólio. Dessa forma, eles estão gerenciando US$2,75 bilhões agora.

Jornais

Questionado sobre a aquisição que a Berkshire fez do jornal *Omaha World Herald*, Buffett comentou que, 50 anos atrás, os jornais eram a fonte primária de notícias. Agora, há muita informação gratuita e imediata online. Para sobreviver, os jornais precisam ser primários em alguma coisa. Além disso, eles precisam mudar para assinaturas pagas na internet, assim não precisam abrir mão de seus produtos.

Uma estratégia que Buffett colocou em prática foi fazer com que os jornais se concentrassem em ser uma fonte primária para o mercado da comunidade local. Dessa maneira, a Berkshire está ganhando um pouco de dinheiro em Buffalo com o *Buffalo News*.

Ele nos contou que talvez a Berkshire compre mais jornais.[*]

Embora a economia não esteja tão boa quanto já foi, os jornais ainda têm um papel a cumprir.[†]

Empresas Encolhendo

A conversa sobre os jornais levou a uma discussão sobre como é mais rentável possuir empresas em crescimento, embora as que estão diminuindo possam gerar muito dinheiro. A Berkshire possui o suficiente dessas duas opções.

Na verdade, Buffett observou, a Berkshire começou como um shopping têxtil na Nova Inglaterra. Depois, passou para o varejo com a Diversified Retailing, uma loja de departamentos em Baltimore, com Sandy Gottesman em 1966. E Charlie era presidente de uma empresa[‡] cujas vendas caíram de US$120 milhões em 1967 para US$20 mil hoje.

Buffett concluiu que eles eram "masoquistas" naqueles dias. Munger acrescentou: "Ignorantes, também."

Evitando os Erros

Buffett sugeriu aos investidores que fiquem longe de negócios que não entendem bem.

Você precisa ter uma ideia muito boa de como a empresa estará em 5–10 anos — e, então, esperar um preço doido.

Evite novos problemas — pessoas bem informadas estão vendendo suas empresas, então é ridículo achar que uma oferta pública inicial (IPO)

---

[*] Naquela semana, a Berkshire comprou 63 estabelecimentos de jornais da Media General.

[†] Em abril, foi relatado que a Berkshire comprou US$85 milhões da dívida da Lee Enterprises por 65 centavos sobre o dólar da Goldman Sachs. A Lee é uma das editoras mais importantes de jornais locais, com seus 49 jornais diários e 300 semanais.

[‡] Provavelmente a Blue Chip Stamps.

será a coisa mais barata para comprar em um mundo com milhares de ações. Os vendedores da IPO escolhem o momento para vender. Sendo assim, não perca cinco segundos com isso.

Use filtros para não desperdiçar tempo com ideias contraprodutivas. Evite grandes perdas.

Munger disse para evitarmos problemas com uma grande comissão atrelada. Em vez disso, veja o que outras pessoas inteligentes estão comprando.

Buffett recordou quando lia avidamente os relatórios de Graham Newman anos atrás apenas por esse motivo.

Pense em jogar amanhã. Evite os piores erros.

Por outro lado, o investidor admitiu que ele e Munger têm um instinto para realizar grandes coisas.

Não fique remoendo seus erros. Aprenda com o erro das outras pessoas.

Buffett observou que o estudo constante que fazem dos desastres de outras pessoas os ajudou tremendamente. Leia as histórias de imprudências financeiras.

Nada de Dividendos

Buffett comentou que enquanto cada dólar retido gerar outro dólar ou mais valor, reter os lucros é o caminho para a Berkshire.

Se alguém precisa de renda, ele sugeriu apenas vender algumas ações por ano.

E concluiu: "Pagamos 10 centavos por ação nos anos 1960, e foi um grande erro. Pensaremos sobre dividendos quando ficarmos mais velhos."

Relembrando o que Pode Dar Errado

Em um aparte interessante, Buffett disse que em 1962, com um orçamento para artes de US$7, ele tirou cópias da história de sete dias de crise financeira.

Um foi em maio de 1901 — E. H. Harriman, da Northern Pacific Corner e da Union Pacific Railroad, e a JP Morgan possuíam mais de 50% das ações. Harriman estava tentando assumir o controle da Northern Pacific para conseguir acesso ferroviário para Chicago. A ação foi de 170 para mil em um dia, um short squeeze. As chamadas de margem vieram. Um cervejeiro se suicidou atirando-se em um tonel de cerveja.

Buffett disse que nunca gostaria de morrer em um tonel de cerveja.

Munger acrescentou que há muita falsa confiança em Wall Street. Os riscos por lá podem ser medidos por curvas gaussianas, mas as caudas gordas não são gordas o suficiente!

Barreiras de Entrada

"Compramos barreiras de entrada. Não as construímos", Munger declarou.

Buffett concordou, observando que alguns setores simplesmente não as têm — você precisa ficar correndo muito rápido.

No entanto, se tivesse US$30 bilhões para derrubar a marca da Coca--Cola das prateleiras, ele não conseguiria.

Para aprofundar sua ideia, Buffett mencionou como a Virgin Cola de Richard Branson veio e se foi, brincando que uma marca é uma promessa, mas que não sabe qual era a promessa do produto de Branson.

Ele também declarou que ninguém mais construirá ferrovias.

Munger observou que basta um concorrente para destruir uma empresa.

Buffett recordou que possuía um posto de gasolina no cruzamento da rua 30 com a Ruddick em Omaha que sofria com a concorrência diária de um posto Phillips 66 do outro lado da rua.

Plutocracia

Com um PIB de US$48 mil per capita, os EUA são uma nação rica. No entanto, compensações demais foram dadas aos principais executivos nos últimos 20 anos. O código fiscal encorajou essa tendência.

Buffett disse, meditativo, que essa poderia ser a progressão natural na democracia, partindo em direção à plutocracia.*

A sociedade precisa de alguns fatores mitigantes.

Munger relembrou que, quando foi a Boston pela primeira vez, o prefeito Curley administrava a cidade... da penitenciária! A política de Boston foi infestada por um comportamento ultrajante.

Impostos e Tênias

Perguntado sobre a taxa de impostos para as empresas dos EUA, Buffett respondeu que a maior taxa é de 35%, enquanto a taxa média de fato paga é de 13%. É possível deduzir 100% da maioria das compras de ativos fixos.

Porém, ele colocou, os lucros corporativos, os balanços e a liquidez não são o problema.

---

* "Plutocracia" — do grego antigo "ploutos" ("riqueza") e "kratos" ("poder").

Os impostos corporativos representam apenas 1,2% do PIB.

Enquanto isso, as despesas médicas representam 17%, uma desvantagem de sete pontos percentuais para o restante do mundo. As despesas médicas são a tênia da indústria norte-americana.

Na opinião de Munger, está na hora de haver um imposto sobre o valor agregado. É lógico que o imposto sobre consumo equalize o deficit comercial, e isso cria um fluxo mais constante de renda.

Como Está Se Sentindo?

Com o anúncio recente sobre estar com câncer de próstata, Buffett respondeu a pergunta inevitável: "Sinto-me fantástico. Amo o que faço. Trabalho com as pessoas que amo. Eu me divirto mais a cada dia. E tenho um bom sistema imunológico."

Munger brincou: "Fico magoado com toda essa compaixão pelo Warren. Provavelmente tenho mais câncer de próstata que ele. Apenas não sei porque não deixo que façam o exame em mim."

Perspectivas de Longo Prazo

Buffett declarou que se a população crescer 1% e o PIB, 2,5% por ano, pelo padrão de mil anos atrás, isso seria una realização incrível. Quadruplicaríamos o PIB por século, algo notável para um país que já tem um alto padrão de vida.

Ele observou que, durante sua vida, o PIB real per capita cresceu *seis vezes*. Os EUA são incrivelmente ricos, enormemente abundantes. As pessoas nos anos 1930 considerariam tal aumento praticamente impossível. O país não está uma bagunça. As perspectivas são incríveis. O sistema ainda funciona. Mesmo depois da incrível quebra de 2008/2009, as empresas demonstraram-se extraordinariamente resilientes.

Munger foi menos otimista. Ele disse que se conformaria com um crescimento real do PIB de 1% (depois de deduzida a inflação) com uma economia madura como a nossa, com uma grande rede de segurança social e com uma concorrência emergente. As expectativas são altas demais.

O Futuro da Berkshire

Munger comentou que os primeiros US$200 bilhões foram difíceis. Os próximos US$200 bilhões serão fáceis, agora que a Berkshire tem seu crescimento contínuo, as pessoas e a cultura no lugar. Ele espera que a família Munger continue com essa herança.

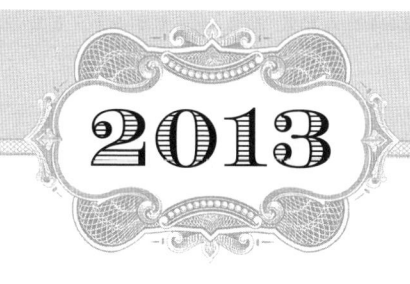

2013

Local: CenturyLink Center

Participação: 45 mil pessoas

Detalhes Sobre Este Ano:

- Durante a reunião de seis horas com os acionistas, os "Professores" Buffett e Munger (com idades de 82 e 89, respectivamente) ainda seguiam firmes.

- A qualidade das perguntas feitas na seção de perguntas e respostas melhorou significativamente porque havia um painel com três jornalistas e outro com três analistas (incluindo Doug Kass, que trabalha com venda a descoberto) que faziam a maioria das perguntas.

Ranking na Fortune 500: 5º

- Quanto ao valor de mercado, a Berkshire perde o título de empresa mais valiosa dos EUA apenas para Apple, ExxonMobil e Google.

Preço da Ação: US$134.102

Um dólar investido em 1964 valeria hoje **US$10.841**.

O valor patrimonial por ação da Berkshire subiu de US$19,46 para **US$134.973** (uma taxa de retorno composta de **19,7%** a.a.).

O S&P 500 acumulou **9,4%** anuais durante o mesmo período.

DESTAQUES DAS ANOTAÇÕES DE 2013

GEICO

Já falamos várias vezes sobre os grandes ficando maiores e os fortes ficando mais fortes com a maneira que a economia global está se desdobrando.

Empresas com boas gestões e modelos de negócios vencedores estão tomando a participação de mercado daquelas com gestões piores. Aquelas com escala conseguem negociar mais facilmente com as crescentes regulações e complexidades da sociedade moderna.

Adoramos as pequeninas, mas só há como apostar nas grandes. A GEICO está tornando-se grande rapidamente.

Ela sempre teve um modelo de negócios vencedor — com vendas diretas de seguros para automóveis. Ao eliminar os agentes, a GEICO passou a ter um sistema de entregas com custos reduzidos, e fornecedores com baixos custos geralmente vencem em negócios que trabalham com commodities.

Buffett escreveu sua dissertação de pós-graduação, que fez em Columbia, sobre a empresa.

Nos anos 1970, a GEICO passou a ter dificuldades e Buffett aproveitou os preços fracos das ações para comprar muitas delas.

A porcentagem que a Berkshire possuía da GEICO continuou a crescer, uma vez que o CEO Jack Byrne adquiria as ações agressivamente. Então, em 1995, a Berkshire comprou a porção que faltava da GEICO por cerca de três vezes seu valor contábil.

Na época, o preço parecia ser muito alto. No entanto, Buffett percebeu que a GEICO, sendo uma empresa de capital aberto, tinha uma limitação para quão agressivamente poderia crescer. Quando a Berkshire passou a tê-la totalmente sob sua posse, Buffett pôde pisar fundo. Não demorou muito para que o orçamento de publicidade da GEICO excedesse os gastos publicitários *de todo o restante do setor de seguradoras de automóveis combinado*. Essa gestão nacional da marca criou um share of mind que trouxe um crescimento excepcional em sua participação no mercado.

Desde 1995, a participação da GEICO no mercado de automóveis particulares cresceu de 2,5% para 9,7%. E os negócios estão acelerando.

Na reunião anual, Buffett ficou quase inebriado de satisfação com os ganhos da GEICO tanto nas taxas de fechamento quanto de persistência (renovação).

Taxas de fechamento altas e crescentes agregam um valor significativo, uma vez que a empresa já teve um aumento de mais de 470 mil novos segurados para este ano e pode ultrapassar um milhão até este momento, algo que, nas estimativas de Buffett, representaria *dois terços de todas as apólices emitidas em 2013*. Isso é surpreendente.

Além disso, a GEICO também teve um aumento significativo em sua taxa de renovação para os segurados existentes ("persistência"). Buffett denominou isso de "beleza pura". Qualquer empresa para a qual as pessoas enviam um cheque ano após ano certamente possui atrativos.

Buffett continuou, explicando que cada apólice possui um valor matemático de cerca de US$1,5 mil. Assim, se a GEICO adicionar um milhão de novos segurados este ano, isso criaria US$1,5 bilhão adicional de valor intrínseco para a Berkshire — nem um centavo apareceria diretamente na declaração de renda ou no balanço, mas claramente aumentaria o valor da GEICO com relação ao que está em seu registro contábil.[*]

Cartilha de Seguros de Automóveis

Perguntado sobre o novo produto da Progressive, o "Snapshot", Buffett iniciou uma aula sobre os fundamentos do negócio.

Ele observou que a emissão de seguros envolve definir a probabilidade de que uma pessoa gere uma indenização — isto é, sofra um acidente.

A GEICO faz um monte de perguntas que ajudam no cálculo dessa probabilidade, e a Progressive usa sua ferramenta Snapshot para ajudá-los a avaliar a mesma coisa.

Para ajudar a explicar, ele usou um exemplo do setor de seguros de vida, comentando que alguém que tem 100 anos de idade tem muito mais chances de morrer no ano que vem do que alguém que tem 20. Com os seguros de automóveis, descobrir quem tem mais chances de se envolver em um acidente envolve analisar muitas variáveis extras, e cada empresa faz isso de sua própria maneira.

Ele continuou, falando que um rapaz de 18 anos de idade tem mais chances de se envolver em um acidente do que ele. Isso não quer dizer que ele dirija melhor, mas porque, aos 18 anos, você dirigirá muito mais e também tentará impressionar sua namorada.

"Isso não funciona mais para mim, então desisti."

Efetivamente, se seu processo de seleção de riscos tratar pessoas com 18 anos de idade como se tivessem 82, você terá péssimos resultados de emissão de apólices.

Buffett contou ainda uma história que Peter Lewis, da Progressive, lhe contara. Quando Lewis fundou-a, a Progressive era uma minúscula em-

---

[*] Este crescimento sugere que a GEICO ultrapassará a Allstate este ano como a segunda maior seguradora de veículos dos EUA, ficando atrás apenas da velha rainha do pedaço, a State Farm. É uma bela jornada desde 1995.

presa mutual sem muito capital que vendia seguros para motocicletas. A primeira perda registrada foi com um rapaz ruivo, então Lewis decidiu que não venderia mais seguros para ruivos!

A habilidade da GEICO de vender seguros com preços consideravelmente mais baixos que de seus concorrentes, como podemos ver pelo enorme número de pessoas que estão migrando para a empresa, e emitir um grande lucro de subscrições mostra que seu sistema está funcionando bem.

Ele acrescentou que, como estão fazendo isso há décadas e que há muitos segurados, suas subscrições são extremamente críveis.*

Buffett encerrou dizendo que estão de olho no Snapshot, mas que estão bem felizes com o sistema atual.

Munger concluiu dizendo, de forma sempre sutil: "Bem, obviamente, não vamos copiar as coisas excêntricas que todos os concorrentes fazem quando temos uma operação que está funcionando muito bem."

Resseguros da Berkshire

Ajit Jain construiu um negócio impressionante de resseguros para a Berkshire Hathaway e recentemente, sua operação tomou duas decisões importantes.

Buffett analisou como a divisão de Ajit fechou um negócio no qual eles teriam uma participação de 7,5% em todas as empresas de todo o mercado de Londres. Ele também comentou que a Berkshire tinha um acordo parecido com Marsh em alguns dos negócios de lá antes, mas nunca assim, de forma completa.

A segunda decisão foi contratar quatro pessoas bem conhecidas que trabalham com seguros da AIG para vender seguros comerciais. Elas já haviam ajudado Ajit no passado. Na opinião de Buffett, isso poderia transformar a Berkshire em um fator importante no mundo todo no setor de seguros comerciais, talvez na casa dos bilhões.

Embora eles tenham feito aquisições de empresas de seguros no passado, Buffett disse que é muito melhor desenvolver do que comprar uma, caso consiga encontrar as pessoas certas com a mentalidade certa. De fato, a Berkshire poderá desenvolver uma empresa comercial muito grande essencialmente pelo valor contábil e não adotará nenhum mau hábito de outras empresas.

Munger observou que o negócio de resseguros geralmente não é muito bom para a maioria das pessoas. O segredo para o sucesso da Berkshire nesse setor é a forma única pela qual a empresa é administrada.

---

* O mantra para a subscrição de seguros é que os dados devem ser críveis e confiáveis. Grandes quantidades de dados são necessárias para se chegar a esse ponto.

Buffett concluiu que eles "têm as pessoas certas, capital como ninguém e conseguem emitir contratos de seguros sem pulverizar as coisas".

Cartilha de Resseguros

Buffett enfatizou por diversas vezes que a Berkshire é "um lugar excepcionalmente racional". O fato de que ele e Charlie não tiveram influências externas os pressionando para seguirem em direções indesejadas foi um benefício.

Os seguros, em particular, devem ser conduzidos como uma atividade racional. Um problema que algumas seguradoras têm é que sempre são pressionadas por Wall Street a aumentar os prêmios a cada ano.

Por outro lado, a Berkshire dará as costas quando a precificação estiver inadequada. Ele recordou que, certa vez, a National Indemnity contratou por 80% porque a precificação estava inadequada.*

Buffett acrescentou que caso a Berkshire faça algo idiota, não será por causa das influências externas.

Em contraste, a maioria dos gerentes teria muita dificuldade para resistir aos mandos e desmandos de Wall Street, especialmente se tiverem pouco interesse investido na empresa que administram. Eles não gostariam de se sujeitar à crítica da mídia e a outras pressões indesejadas.

Buffett observou que a Berkshire emitiu muitos contratos de seguros de catástrofe nos EUA quando os preços estavam certos. Agora, os preços não estão certos, então não estão emitindo. Ele concluiu: "Não deixamos o mercado. O mercado nos deixou."

Ele passou a comparar isso a recusar-se a comprar ações da internet no fim dos anos 1990. Referindo-se à situação como "prova social ou efeito adesão", ele disse ainda que é difícil resistir a essa pressão quando as pessoas ao seu redor estão ganhando muito dinheiro, e seus amigos e a mídia lhe questionam por que você não entra na onda também.

A vantagem da Berkshire é que eles não trabalham com tais pressões — "simplesmente não damos a mínima".

Munger acrescentou que não é à toa que a Bíblia diz coisas como: "Não cobice a bunda de seu próximo."

Fazendo uso de comentários anteriores, ele conclui dizendo: "E pior, a inveja é o único pecado que não traz diversão."

Buffett contribuiu: "A gula é bem divertida (enquanto pegava um doce de amendoim). A luxúria também tem suas vantagens, mas não falaremos sobre isso."

---

* Relembramos que a National Indemnity subsequentemente fez negócios a passos largos quando o mercado tinha mais demanda que oferta.

Ele reconheceu que os fundos de hedge recentemente entraram com força no mercado de resseguros. E opinou que esse é um produto que é facilmente vendido para os investidores.

O investidor disse, irritado: "Qualquer coisa que Wall Street conseguir vender, venderá. Conte com isso." Munger acrescentou: "Eles usam um monte de palavras grandes, também."

Trazendo uma lição de vida à conversa, Buffett enfatizou *que você não pode permitir-se ir com a multidão em termos de investimentos, seguros e em muitas outras coisas".*

Ele recontou que se você tem um posto de gasolina e seu concorrente do outro lado da rua vende com um preço abaixo do custo, você terá um problema enorme. Se isso acontecer no ramo de seguros, quer dizer que os custos fixos estão razoáveis e que não são um peso muito grande.

Efetivamente, a Berkshire pode apenas esperar que venham dias melhores e uma precificação melhor.

Mais uma vez, Buffett elogiou seus gerentes de seguros, dizendo que a Berkshire tinha muita sorte por ter pessoas tão especiais — tais como Ted Montross na General Re, Ajit Jain, Don Wurster e Tony Nicely na GEICO.

E concluiu essa parte dizendo que eles gostam das coisas na Berkshire, pois não são pressionados a fazer coisas idiotas.

Munger concordou: "Com nossos métodos ranzinzas, provavelmente temos a melhor operação de seguros no mundo. Por que mudar?"

Ferrovia da BNSF

Buffett reportou que a ferrovia está indo muito bem. Os números apresentados no início da reunião mostraram ganhos de 3,8% no carregamento de vagões, em comparação a apenas 0,3% de todas as outras ferrovias dos EUA juntas.

Há uma diferença significativa, ele comentou.

O que ajudou foi que muito petróleo foi descoberto perto dos trilhos deles. "Não poderia haver lugar melhor para descobrir petróleo!", disse, espirituosamente.

De fato, Buffett conversou com produtores de petróleo na operação Bakken, e, em sua compreensão, haverá um uso crescente das ferrovias por um bom tempo. E acrescentou que o petróleo é transportado com mais rapidez pelas ferrovias do que por oleodutos.*

---

* Um colega engenheiro da MidAmerican Energy nos disse que o petróleo só pode ser movido com velocidade aproximada de 48,2km/hora sem causar corrosão excessiva. Pela ferrovia, a velocidade pode chegar ao dobro, embora haja mais riscos de manuseio.

O CEO Matt Rose, da Burlington Northern Santa Fe, disse que a empresa está transportando cerca de 650 mil barris de petróleo cru por dia. Ele acredita que o número chegará a 750 mil até o fim do ano, podendo alcançar 1,4 milhão nos próximos anos.

Buffett trouxe um pouco de perspectiva, observando que os EUA inteiros produziam apenas cinco milhões de barris por dia, não muito tempo atrás. Isso já é muito petróleo, e não é apenas da Bakken. Há desenvolvimentos com xisto e outros desdobramentos.*

Quanto à franquia de carvão da BNSF, eles esperam que permaneça onde está atualmente. Com alguns trilhos dedicados ao carvão, poderia haver uma certa perda de valor com o passar do tempo. Os negócios flutuarão, dependendo dos preços do gás natural e da EPA [Agência de Proteção Ambiental dos EUA]. Um pouco de capacidade de geração pode ir em alguma dessas direções.

A BNSF em Comparação com o Novo Normal

Ao ser perguntado sobre o fato de o conceito de Bill Gross a respeito de menores retornos futuros ser denominado "o novo normal", Buffett destacou que ele e Charlie não dão a mínima para previsões macro.

Ele observou que as pessoas falam o tempo todo sobre questões futuras quanto ao micro e ao macro, mas não sabem o que estão dizendo. Não é algo muito produtivo.

Buffett comentou, sério: *"Não faz sentido ignorar o que você sabe para dar ouvidos a outra pessoa que não sabe."*

E disse ainda que, sim, sabe que a BNSF carregará cada vez mais vagões e que não haverá substitutos. Haverá apenas duas ferrovias no oeste norte-americano, então a empresa possui um valor incrível de reposição.

Ele sugeriu que as pessoas se sairão muito bem ao possuírem empresas se não pagarem muito por elas.

Munger duvidou, dizendo que acredita que é possível que os próximos dez anos talvez não sejam melhores que os últimos dez.

ISCAR

Logo antes da reunião, foi anunciado que a Berkshire compraria os 20% restantes da ISCAR, em posse da família Wertheimer, por cerca de US$2 bilhões.

---

* A Kinder Morgan propôs recentemente a construção de um oleoduto do Texas até a costa oeste norte-americana para suprir as refinadoras lá. Elas recusaram a oferta, preferindo a nova flexibilidade descoberta pelo transporte via ferrovias.

Buffett comentou que a relação com a família Wertheimer continuaria, comparando a ISCAR à Sandvik.*

A Sandvik é muito boa, mas a ISCAR é muito melhor, disse. A vantagem está na inteligência e na paixão incrível pelo negócio. Quando Seth Wertheimer fundou a empresa, por volta de 1951, o que havia era um jovem de 25 anos comprando tungstênio da China, a matéria-prima para fazer as ferramentas de corte, juntamente com todos os demais. Depois, ele começou a vender para clientes que usavam ferramentas de corte no mundo todo, basicamente a indústria pesada.

Não havia vantagens para ele em negociar a partir de Israel. Contudo, ele obtinha o tungstênio a quilômetros de distância, vendia para clientes a quilômetros de distância e competia com empresas bem administradas como a Sandvik.

Como ele conseguia isso?

Ele tinha uma equipe de pessoas incrivelmente esforçadas e talentosas, que constantemente melhoravam o produto para deixar os clientes mais felizes. E nunca pararam de fazer isso.

Buffett concluiu dizendo que a ISCAR é uma das melhores empresas do mundo, e sente-se privilegiado por estar associado à sua gerência.

Heinz

Buffett disse que o negócio de US$23 bilhões aconteceu no aeroporto em Boulder, Colorado, quando Jorge Paulo Lemann, da 3G Capital Partners, perguntou a Buffett se estaria interessado em se juntar a ele em uma negociação para comprar a Heinz. Como tinha grande respeito pela Heinz e por Jorge Paulo, Buffett disse: "Estou dentro."†

Cerca de uma semana depois, Buffett recebeu uma proposta dos termos e condições do negócio, e não precisou mudar nada. Em todos os aspectos, disse, foi uma negociação absolutamente justa para ambas as partes.

Ele reconheceu que pagaram um pouco mais do que queriam, como sempre, e não teria feito o negócio sem a 3G. Disse ainda acreditar que o pessoal da 3G é composto de gestores extraordinários e sofisticados.

Embora cada parte tenha investido US$4,1 bilhões de participação, a 3G queria mais alavancagem no negócio, então a Berkshire concordou em investir US$8 bilhões em ações preferenciais a 9%.

---

* A Sandvik é uma empresa sueca, dona da Sandvik Tooling e da Seco Tools — as principais concorrentes da ISCAR.

† Ele conhece Jorge Paulo há anos por participarem juntos do Conselho da Gillette.

Grande Demais para Ter Sucesso?

Perguntado se a Berkshire estava se transformando em um fundo de índice, Buffett reconheceu que, na medida em que a Berkshire cresce, mais difícil fica mudar as coisas substancialmente, e os retornos, embora satisfatórios, não serão tão bons quanto no passado.

Porém, o sucesso da Berkshire também dependerá das oportunidades oferecidas por mercados turbulentos como o de 2008, quando o tamanho e muito capital lhes trouxeram uma vantagem.

Graças às cutucadas de Charlie, eles pagaram o preço por boas empresas.

Buffett acrescentou que, quando você compra uma ótima empresa pelo que parece ser um preço alto, raramente é um engano.

Munger tentou fazer melhor que Buffett e percebeu que o histórico de possuir empresas que ficaram muito grandes não é bom. Ele acrescentou que a Standard Oil foi praticamente a única que ficou "monstruosamente grande e continuou a ir monstruosamente bem".

Mesmo com esse pano de fundo, ele disse que a Berkshire tem um sistema melhor que a maioria das outras.

Buffett acrescentou que eles continuam comprando algumas ótimas empresas e que, de fato, *oito* estariam na Fortune 500 como entidades independentes... 8,5 contando sua participação de 50% na aquisição da Heinz.

O Dólar

Buffett declarou que acha que o dólar será a moeda de reserva mundial por mais algumas décadas.

Ainda que a China e os EUA se tornem as superpotências econômicas mundiais, ele acredita que é extremamente improvável que qualquer moeda venha a suplantar o dólar norte-americano.

Munger reconheceu que ter a moeda das reservas é uma vantagem. No entanto, caso o dólar norte-americano seja substituído como a moeda de reserva mundial, que seja.

Ele observou que está na natureza das coisas que, mais cedo ou mais tarde, o líder já não será mais o líder. Como Keynes dizia: "No longo prazo, estaremos todos mortos."

Buffett brincou: "Esta é a parte animada da seção."

Munger continuou: "Bem, se você parar para pensar a respeito disso, todas as grandes civilizações do passado passaram o bastão."

Lucros Corporativos como Porcentagem do PIB

Buffett foi relembrado a respeito de um artigo publicado em 1999 na revista *Fortune* no qual escreveu que era necessário ser tremendamente otimista para achar que os lucros corporativos, como porcentagem do PIB, poderiam ficar muito acima de 6% por um período muito longo. Hoje, os lucros corporativos são maiores que *10% do PIB*.

Buffett disse que as pessoas deveriam aceitar com reservas as reclamações de altos impostos corporativos.

Ele comentou que as empresas estão muito melhores desde o colapso de 2008 do que o cidadão comum, e observou como os níveis de desemprego ainda não se recuperaram.

O melhor palpite de Buffett é que os lucros, como porcentagem do PIB, terão uma tendência para baixo a partir de onde estamos, mas que o PIB continuará crescendo, então não será algo terrível.

Munger comentou que é importante reconhecer que muitos fundos de pensão, que apoiam as massas de alguma forma, possuem ações. Então, embora os números mostrem que há um deficit na renda, isso não significa que o mundo ficou mais desigual e que os dois números não estejam automaticamente relacionados.

Ele disse que gosta da ideia de Warren de que os ricos deveriam pagar mais, mas preferiria ver um índice de imposto corporativo menor.

Buffett concluiu: "Ele é republicano, e eu sou democrata."

O Enorme Experimento do Fed

Perguntado sobre a compra mensal que o Fed faz de US$85 bilhões de títulos e tesouros de financiamentos imobiliários, e quais possam ser os riscos em longo prazo, Munger respondeu: "A resposta básica é que não sei." Buffett acrescentou que é realmente um território não mapeado.

No entanto, da mesma forma que os irmãos Hunt descobriram quando estavam comprando prata, *às vezes é muito mais fácil comprar coisas do que vendê-las.*

Ele comentou que o balanço patrimonial do Fed está em torno de US$3,4 trilhões. Isso fica de algum modo equilibrado por bancos com posições enormes de reserva. O investidor destacou que a Wells Fargo possui US$175 bilhões no Fed, e sem qualquer lucro efetivo.

Buffett disse ter muita fé em Ben Bernanke, embora se pergunte se o economista está abalado porque seu mandato esteja terminando.

Disse, espirituoso, que talvez o conselho de Bernanke para ajudar seu sucessor a diminuir o balanço patrimonial do Fed em alguns trilhões seja dizer a ele que leia algumas das palestras que deu na Universidade George Washington.

Voltando à seriedade, Buffett avisou que isso tem, sim, o potencial de ser muito inflacionário. Ele também especulou que alguns dos integrantes do Fed estavam provavelmente desapontados que não viram mais inflação.

Quanto ao mercado, Buffett predisse que o impacto não será sentido quando o Fed começar a vender, mas quando o mercado perceber que o Fed mudou sua rota — parou de comprar títulos.

Ele chamou isso de o tiro que pode ser ouvido no mundo todo. E especulou que isso não seria necessariamente cataclísmico, mas que essa mudança fará com que os investidores reavaliem seus investimentos — especialmente aqueles que tomaram decisões com base nas baixas taxas de juros.

Munger atacou o campo de economia, acrescentando que os economistas achavam que sabiam as respostas, mas ficaram surpresos pelo resultado. Disse ainda que, com seu histórico, talvez devessem ser mais cuidadosos em seu comportamento.

Ele recomendou que reavaliassem sua crença de que não nos deixarão em dificuldades quando imprimirem muito dinheiro.

Ao ser cutucado por Buffett, Munger indicou que está preocupado com a inflação e que será mais difícil no próximo século, mas que não estará aqui para ver.

Buffett brincou: "Charlie diz que não estará aqui para ver. Rejeito tal derrotismo."

Efeitos das Taxas de Juros com Base Zero

Iniciando um tutorial sobre taxas de juros, Buffett constatou: *"As taxas de juros são para os preços de ativos mais ou menos como a gravidade é para a maçã."*

Quando há taxas de juros muito baixas, não há uma atração gravitacional muito forte no preço dos ativos. As pessoas se comportam de forma diferente hoje em dia, quando o dinheiro não custa praticamente nada, em comparação com o início dos anos 1980, quando Volker estava tentando conter a inflação e as taxas estavam a 15%.

Ele continuou: *"As taxas de juros são a energia para tudo no universo econômico."*

E disse que parte de pagar um pouco a mais para a Heinz incluía poder pegar dinheiro emprestado tão barato.

As taxas de juro mudarão, observou, mas não é possível prever quando, como foi o caso do Japão por mais de 20 anos.

Para ele, os preços dos ativos estavam mais altos porque as pessoas acreditavam que as taxas de juros permaneceriam baixas. Relacionando o ambiente da taxa de juros aos bonds, ele acrescentou que quando o Tesouro de 30 anos estiver em 2,8%, o preço das casas ficará muito atrativo.

Observando que tem sido uma política inteligente, Buffett sugeriu que vender US$85 bilhões por mês será muito mais que comprar US$85 bilhões por mês. Ele concluiu que é como assistir a um bom filme, pois não sabe como vai terminar.

Munger comentou que a Berkshire possui esse float enorme* que vale menos do que costumava valer por causa das taxas baixas. Assim, a empresa seria beneficiada nesse sentido se e quando as taxas subirem.

Buffett enfatizou que, na Berkshire, eles *nunca exageram para obter rentabilidade*. No fim do primeiro trimestre, eles tinham cerca de US$49 bilhões em tesouros de curto prazo, não lucrando praticamente nada. Caso as taxas de juros de curto prazo voltem a 5%, isso traria alguns bilhões de dólares de lucros antes dos impostos à Berkshire, embora possa causar muitos outros efeitos em todas suas empresas.

Fraude

Um momento favorito na reunião surgiu quando Buffett estava comparando duas empresas de marketing multinível, a Pampered Chef e a Herbalife (que foi publicamente "queimada" pelo gerente de fundos de hedge Bill Ackman).

A alegação dos vendedores a descoberto é que a Herbalife enche as pessoas de produtos, que, sem suspeitar de nada, nunca conseguirão vendê-los, e o negócio principal é basicamente esse.

Em contraste, Buffett sustentou que a Pampered Chef, da Berkshire, está focada em vender para o usuário final por meio de milhares de festas toda semana.

Munger acertou na mosca: *"Acho que há mais fraude na venda de poções mágicas do que na venda de panelas e frigideiras."*

Buffett brincou: "Na nossa idade, estamos no mercado por causa das poções mágicas!"

Disque 0800-Berkshire

Não há dúvidas de que a reputação e sagacidade de Buffett resultaram em alguns negócios incríveis para a Berkshire. Será que seu sucessor vai se sair tão bem assim?

Buffett observou que seu sucessor terá ainda mais capital com que trabalhar, e que isso será especialmente valioso em tempos difíceis. Conseguir dizer "sim" rapidamente para grandes negócios coloca você em outro nível em relação a outros investidores. *"A Berkshire é o número 0800 para o qual as pessoas ligam quando há pânico nos mercados."*

Ele mencionou depois que isso acontece ocasionalmente, como em 2008 e 2011. Usando uma de suas metáforas favoritas, Buffett destacou que, quan-

---

* US$ 73 bilhões.

do a maré de investimentos fica baixa, você verá quem estava nadando pelado. E acrescentou secamente: "Esses peladões ligarão para a Berkshire."

Curiosamente, Buffett foi perguntado sobre o que faria quando uma daquelas decisões rápidas sobre investimentos tomada em fevereiro de 2009 chegasse à data de vencimento em 2014. A Berkshire investiu US$300 milhões em um título de 15% da Harley Davidson para cinco anos.

Buffett brincou que gostaria de apenas não responder o contato e continuar ganhando os 15%. E observou que será um dia triste quando o negócio expirar.

Ele revelou que conseguiram tomar a decisão rapidamente porque acreditou que a empresa não faliria.

Concluindo seus pensamentos sobre a Harley Davidson, Buffett disse: *"Qualquer empresa que consiga fazer com que seus clientes tatuem propagandas no peito não tem como ser tão ruim."*

Munger observou que, no início, Buffett fez sucesso porque não tinha uma concorrência real. O curioso é que, ao adentrar um campo no qual a Berkshire é uma ótima base para empresas que não querem alguém que fique supervisionando tudo o que fazem, ele foi para uma área na qual não há muita concorrência.

Buffett afirmou que é a Berkshire que recebe muitas ligações que outras empresas não recebem porque possui o dinheiro e a disposição de agir imediatamente.

Curiosamente, ele comentou que essa área fica cada vez mais sob o domínio da Berkshire na medida em que a empresa cresce.

Munger falou sobre as vantagens competitivas da Berkshire. De acordo com ele, elas incluem a habilidade de permanecerem lúcidos quando os outros estão loucos.

Outra vantagem mencionada por ele foi a de viverem de acordo com uma regra de ouro da governança corporativa que reza que devem tratar as subsidiárias como gostariam de ser tratados. Percebendo como esse comportamento é raro nas corporações dos EUA, observou que isso atrai empresas para a Berkshire.

Para ele, como a Berkshire se posiciona em um espaço menos concorrido, ela se tornou incomum. "Essa é uma ótima ideia... quem me dera tê-la tido deliberadamente."

Buffett nos contou a história de um dono de empresa que estava pensando em vender seu negócio.

Sua preocupação era que, se vendesse para seus concorrentes, eles demitiriam as pessoas que o ajudaram a construir a empresa. Eles viriam com tudo como Átila, rei dos Hunos. Caso vendesse para um fundo privado de ações, eles a encheriam de dívidas e a revenderiam posteriormente, momento no qual o cenário de Átila apareceria novamente.

Assim, ao matutar sobre o que fazer, ele não tinha interesse em vender para a Berkshire porque ela era muito atraente, mas porque era a única que restara de pé.

Acabou sendo uma aquisição maravilhosa para a Berkshire. Seu pessoal permaneceu, e ele continua fazendo o que ama.

Buffett concluiu: "Nossa vantagem competitiva é que não temos concorrentes."

E acrescentou ainda que considera que uma das vantagens que têm é que a Berkshire tem uma base diferente de acionistas, a qual a empresa enxerga como sócios. O dono e os gerentes querem que os acionistas obtenham os mesmos resultados que eles.

Gestão da Energia

Falando sobre seus hábitos de trabalho, Munger nos concedeu um insight fascinante. Acidentalmente, ele e Buffett têm hábitos ideais para o que fazem.

Por exemplo, quando começaram, não faziam ideia a respeito das evidências da psicologia moderna que não devemos tomar decisões importantes quando estamos cansados, e que essas decisões difíceis são cansativas.

Ele brincou que não sabia que consumir muita cafeína e açúcar ajuda bastante no processo de tomada de decisão.*

Para Munger, como eles dois vivem no automático, não desperdiçam energia com as coisas comuns que aparecem todos os dias. Ele disse que essa é a maneira ideal para fazer o que fazem.

Depois, comentou que nunca viu Buffett cansado, que ele dorme profundamente e que seu estilo de vida funciona muito bem para sua atividade.

Jornais

Buffett declarou que a Berkshire tem comprado jornais a preços muito baixos em comparação aos lucros correntes e que devem assim fazê-lo porque os lucros cairão.

Além disso, observou que suas compras recentes de jornais tiveram alguns benefícios fiscais. Ele espera um retorno de pelo menos 10% após os impostos, com lucros declinantes no decorrer do tempo. Com relação à escala, isso não muda nada para Berkshire.

Considerando tudo, Buffett estimou que possuem US$100 milhões em lucros antes dos impostos de suas holdings de jornais.

Curiosamente, embora o grupo esteja abaixo do limite para declarar, ele disse que declararia anualmente os resultados do grupo de jornais.

---

* Havia Cherry Coke e doce de amendoim da See's na reunião.

Munger disse, inexpressivo: "Acho que estou ouvindo você dizer que essa é uma exceção e que você gosta de fazer isso."

A Maior Ameaça

Como nos anos anteriores, Buffett afirmou que os custos com assistência médica são a maior ameaça à competitividade norte-americana. Estamos gastando algo em torno de 17% do PIB com isso, enquanto nossos rivais pagam cerca de 10%.

Ele comparou a situação aos custos de matéria-prima que a indústria dos EUA paga cerca de 7% a mais do que seus concorrentes globais. É a mesma coisa que ter uma matéria-prima ou algo do tipo que lhe custe mais. Contudo, como nenhuma empresa consegue controlar o custo, é uma grande desvantagem.

Munger prontamente abordou a questão e afirmou que os "mercados de ações e derivativos excessivamente inchados" não ajudam em nada a competitividade.

O investidor acrescentou que as negociações de derivativos feitas pelos formandos do Caltech e do MIT eram um "resultado completamente louco em âmbito nacional".

Ele concordou com Buffett quanto à assistência médica, mas considera essa outra questão mais revoltante.

Warren concluiu: "Charlie é muito Velho Testamento."

Conselhos para Vida

Munger declarou que ele e Warren vivem, basicamente, à moda antiga.

Ele acredita que o segredo para a vida é que as antigas virtudes ainda funcionem, como perseverar continuamente e permanecer racional.

Warren recomendou fazer coisas que lhe estimulem. Munger concordou, dizendo que ele nunca conseguiu fazer realmente bem aquelas coisas que não gostava de fazer.

Buffett recordou que tanto ele como Charlie começaram no mesmo supermercado, e que nenhum deles está mais nesse ramo.

Munger brincou que o jovem Buffett também não sofria riscos de ser promovido, mesmo que sua família fosse dona do estabelecimento.

Buffett interveio: "Meu avô também estava certo!"

Buffett continuou, dizendo que ele teve sorte — de viver nos EUA, de encontrar coisas que gostava de fazer logo cedo na vida.

"É muito divertido administrar a Berkshire", disse: "É quase um pecado."

Munger brincou: "Você encontrou uma forma de expiar seus pecados com tanta diversão — você vai devolver todo o dinheiro."

Buffett retrucou: "Ficaremos sem nada, queiramos ou não."

Timing

Bill Gross comentou recentemente que sua geração de investidores deve muito de seu sucesso ao timing de seu nascimento. Buffett concordou que não havia dúvidas de que ter nascido homem e nos EUA foi uma vantagem enorme.

Ele nos contou uma história, que publicou em 1979 na *Fortune*, relatando sobre como seu pai estava no negócio de ações e, como não havia ninguém a quem recorrer após a quebra, ele ficava em casa durante as tardes. "E não havia televisão... então aqui estou eu. Sinto-me sortudo que a quebra de 1929 tenha acontecido."

Ele relatou como a quebra fez com que as pessoas ficassem desligadas do mercado por uma década inteira, e que os negócios estavam horríveis.

Buffett observou que tivemos praticamente uma década similar até 2010 para as ações.

Ele admitiu que os anos 1950 ofereceram um ambiente favorável para os investimentos, com pouca concorrência em relação a ideias, e que ele teria ganhado mais dinheiro se tivesse nascido cinco anos antes, e provavelmente teria ganhado menos se tivesse nascido 15 ou 20 anos depois.

Buffett disse que inveja os bebês que nascem hoje nos EUA. São as pessoas mais sortudas do mundo. Em sua opinião, esses bebês se sairão melhor de todas as formas do que quando ele nasceu. Assim como vivemos de forma muito melhor do que pessoas como John D. Rockefeller, a pessoa nascida hoje viverá uma vida muito melhor que a nossa.

Munger comentou que a concorrência em relação às ideias de investimento no início da carreira de Buffett era muito mais fraca do que a atual. No entanto, isso não quer dizer que não haja nada mais a se fazer no mundo dos investimentos.

Buffett puxou um pouco a sardinha para o lado de Charlie, comentando que em 2008 e 2009 havia milhares e milhares de profissionais de investimento com alto QI. E Charlie investiu o dinheiro no *Daily Journal* (do qual é presidente do conselho), em títulos valendo X e que agora valem 3X-4X.*

Munger constatou que não faltavam oportunidades para Buffett quando se conheceram, mas faltava dinheiro.

E Buffett arrematou: "Agora temos dinheiro, mas faltam ideias."

Energia Solar

Nas previsões confiantes de Munger, haverá mais geração de energia solar nos desertos do que nos telhados das casas. As grandes operações de

---

* Vamos puxar a sardinha para o lado de Warren aqui. Como mencionamos anteriormente, a Berkshire colocou mais de US$100 bilhões para trabalhar desde 2008.

energia solar da Berkshire têm termos favoráveis e estão localizadas no deserto, então a empresa não terá problemas.

No entanto, ele não acredita que os painéis usados nos telhados das casas prejudiquem os serviços da Berkshire. Para ele, há certa falação sem sentido nessa área.

O CEO da MidAmerican Energy, Greg Abel, acrescentou que, embora o custo de instalação de painéis solares no telhado de uma casa tenha diminuído, há tarifas que protegem as empresas de geração.

Bancos

Perguntado a respeito de Dodd Frank, Buffett comentou que, quanto maior o índice de capital, menor será o retorno sobre o patrimônio. Em geral, ele acredita que os bancos dos EUA estão muito mais fortes do que há 25 anos. Em sua maioria, os antigos empréstimos ruins não existem mais, e os novos estão bem melhores.

Ele acrescentou que o sistema bancário dos EUA é de longe muito melhor que o da Europa.

Disse não estar preocupado com o sistema bancário ou com um boom na construção de casas como fatores de causa para a próxima bolha. Será alguma outra coisa. Ele observou que sempre teremos bolhas porque os excessos estão na natureza do capitalismo. É isso que os humanos fazem. Mas a próxima bolha virá de alguma outra maneira.

Ele disse que sente-se muito bem com relação aos investimentos nos bancos Wells Fargo, U.S. Bank e M&T Bank. Seus lucros devem ser razoáveis ao longo do tempo, mas o retorno sobre o patrimônio será menor do que sete ou oito anos atrás por causa de Dodd Frank.

Munger observou que está um pouco menos otimista com relação ao sistema bancário em longo prazo do que Warren. Ele ainda não entende por que as volumosas carteiras de derivativos deveriam ser misturadas com depósitos que são segurados pelos EUA.

Buffett concordou.

Munger concluiu: "Quanto mais os banqueiros quiserem ser banqueiros de investimento, menos gosto disso. Não posso dizer mais nada. Já estou com problemas suficientes quanto a este assunto."

Buffett brincou: "Consigo até ver os jornalistas com água na boca, esperando Charlie soltar a bomba. Hoje, está incomumente contido."

Plano de Sucessão: A Cultura

Novamente, houve várias perguntas com respeito à questão da sucessão. Andrew Ross Sorkin perguntou: "Ajit é seu sucessor?"

E Buffett respondeu, após um momento de pausa: "Percebi que você começou com a letra A. Você também terá sorte com a letra B."

Buffet disse que ele e o conselho administrativo pensam sobre a sucessão o tempo todo. Acrescentou ainda que é o assunto número um discutido nas reuniões, e que o conselho concorda "solidamente" com o indicado para a sucessão.

O importante será preservar a cultura, e escolher o CEO certo será o segredo para isso. Buffett acredita que a cultura tem se intensificado ano após ano e que qualquer tipo de comportamento estranho será "expulso". O tipo errado de pessoa seria rejeitado como um "corpo estranho".

Quanto à sucessão, a Berkshire pensou "no que poderia dar errado".

Quando o vendedor a descoberto Doug Kass indelicadamente perguntou quanto às qualificações de Howard Buffett para ser o presidente não executivo do conselho, Buffett ponderou que a intenção do cargo é única e exclusivamente cuidar da cultura da Berkshire, e ninguém está mais comprometido com essa tarefa do que Howard.

E quando perguntaram sobre a complexidade causada pela enorme quantidade de empresas que supervisiona, Buffett admitiu que seu sucessor talvez organize as coisas de uma forma diferente. No entanto, a Berkshire continuará deixando que seus CEOs administrem suas empresas, com as decisões de alocação de capital sendo tomadas no escritório central.

Ele brincou que, caso seu sucessor ficasse realmente louco, talvez ele pudesse contratar mais uma pessoa na matriz.

Munger observou que a gestão dessa estrutura seria de difícil controle se a Berkshire tivesse uma matriz imperial que forçasse sua vontade para as subsidiárias, mas destacou que essa não é a forma pela qual a empresa opera. Concluindo: "Caso seu sistema seja descentralizado ao ponto de abdicação, que diferença faz o número de subsidiárias que possui?"

Munger, sempre olhando os assuntos sob outra perspectiva em busca de insight, observou que se o que fazem fosse difícil demais, então, seria impossível. Mas não é.

Buffett brincou: "Terei que pensar sobre isso um instante."

Munger continuou, sugerindo que se 50 anos atrás alguém tivesse dito que Buffett administraria uma empresa enorme, como a Berkshire, em Omaha, Nebraska, e com uma pequena equipe no escritório, as pessoas teriam dito que isso nunca daria certo. Mas deu.

Ele concluiu: "Quero dizer aos muitos Mungers por aí: não sejam tolos a ponto de vender suas ações."

Buffett brincou: "Isso serve para os Buffetts, também."

2014

Local: CenturyLink Center

Participação: 40 mil pessoas

Detalhes Sobre Este Ano:

- Corey fez copiosas anotações sozinho este ano, pois Daniel estava sentindo-se mal e não veio.

- Buffett e Munger trouxeram edições especiais dos potes de ketchup da Heinz para vender. A versão Buffett custava US$2,00 cada e a versão Munger, apenas US $1,50. Brincando, disseram que vão acompanhar para ver quem vende mais ketchup.

- A Nebraska Furniture Mart ganhou mais de US$40 milhões em negócios feitos nesta semana. Isso representa 10% das vendas anuais da loja.

- A reunião com os acionistas durou seis horas. Os "Professores" Buffett e Munger (com idades de 83 e 90, respectivamente) ainda estavam firmes e fortes.

Ranking na Fortune 500: 5º

Preço da Ação: US$177.953

Um dólar investido em 1964 valeria hoje **US$14.386**.

O valor patrimonial por ação da Berkshire subiu de US$19,46 para **US$146.386** (uma taxa de retorno composta de **19,4%** a.a.).

O S&P 500 acumulou **9,8%** anuais durante o mesmo período.

DESTAQUES DAS ANOTAÇÕES DE 2014

Cinco Coisas que Você Talvez Tenha Deixado Passar

Há tempos percebemos o paradoxo de loucura que cerca Warren Buffett: nenhum outro investidor recebe tanta atenção da mídia e, contudo, uma compreensão muito pequena surge de toda essa atenção.

Achamos que possa ser um problema da cultura de atenção de curta duração/gratificação instantânea refletindo a sabedoria de todos os tempos.

De qualquer modo, agora que o frenesi da mídia para com as reuniões da Berkshire esfriou, daremos início às nossas observações sobre o encontro anual.

Aqui estão as coisas que são muito importantes para nós, mas que poucos parecem ter realmente percebido:

1. A Berkshire está mais investida em ações do que em qualquer outro momento desde 1997 (e menos investida em renda fixa do que em qualquer outro momento desde 1995).

Que tal isso como manchete?

Em todas as leituras que fizemos após a reunião, não vimos essa questão levantada.

Para todos aqueles que estão ansiosos e preocupados quanto a um iminente mercado em baixa, Buffett aparentemente não entendeu da mesma forma. Isso é especialmente digno de nota, uma vez que ele estava com muito dinheiro durante a "década perdida".

Certamente, ele não investe tudo em uma coisa só o tempo todo. Então, o fato de que esteja partindo para o lado das ações tão decisivamente vale a pena ser observado.

Além disso, embora o portfólio de investimentos tenha mudado durante a última década, deixando de ser a peça central do império da Berkshire para ser apenas uma parte do todo, ele ainda representa o pensamento de Buffet a respeito dos custos de oportunidade das várias classes de ativos ao longo do tempo.

Claramente, ele acredita que as ações são uma escolha superior aos títulos e ao dinheiro desta vez. Vale a pena prestar atenção nisso.

2. Buffett está divulgando o valor da Berkshire.

Isso é uma total reviravolta.

Lembramo-nos muito bem de que, por décadas, Buffett e Munger minimizaram o valor da Berkshire e diminuíram as expectativas quanto ao crescimento futuro, repetidas vezes. Dava quase para ouvir uma música triste ao fundo.

Nos últimos anos, Buffett tem sido mais direto sobre o que faz a Berkshire ser tão extraordinária, dando dicas de quanto seriam esses valores.

Este ano, Buffett fez uma *"declaração pública"* sobre o valor da Berkshire.

Ele foi bem direto ao dizer que o plano da empresa para recomprar ações a 120% do valor contábil é claramente uma indicação nada sutil vinda do próprio mestre para possuir a Berkshire.

Quantificando tudo isso, o patrimônio do primeiro trimestre no valor de US\$230 bilhões equivale a US\$93 do valor patrimonial por ação "B" — 120% disso seria US\$112. Com as ações "B" a US\$126, eles estão vendendo a apenas 12% acima do preço no qual Buffett compraria grandes quantidades de ações — um diferencial de valor que o crescimento da Berkshire alcançará este ano.

Após anos minimizando o valor da empresa, Buffett está praticamente berrando para quem quiser ouvir e perceber o valor em questão.

3. Buffett adora bancos.

É do conhecimento de todos que Buffett gosta da Wells Fargo. Não é do conhecimento de todos que ele gosta de bancos.

Por exemplo, qual é a quinta maior holding em valor da Berkshire?

Vamos lá, tente adivinhar.

As quatro maiores recebem muita divulgação: Wells Fargo, Coca-Cola, American Express e IBM.

Qual é a número cinco?

Se não souber, não se sinta mal. Perguntamos a vários amigos que estudam a Berkshire e ninguém sabia.

A resposta: Bank of America.

Considerando o exercício das garantias, as ações valiam US$10,9 bilhões no fim do exercício e US$12 bilhões no fim do primeiro trimestre.

Somando-se Wells Fargo, Bank of America, U.S. Bancorp, Bank of New York Mellon e M&T Bank, Buffett possui um investimento em bancos norte-americanos no valor de US$40 bilhões.

Essa é uma posição enorme e, portanto, digna de ser analisada.

Com toda aquela preocupação a respeito do aumento da regulação, aumento das exigências de capital, inúmeros processos judiciais e spreads a pequenas taxas de juros, deve haver algo muito certo quanto aos bancos e/ou quanto a esses bancos em específico para Buffett ter seu *maior setor pesando sobre os bancos*.

Acrescentaríamos que ele entende de bancos, tendo comprado o Illinois National Bank of Rockford em 1969.

No relatório da Berkshire de 1977, Buffett orgulhosamente fez menção à gestão capaz de Gene Abegg na construção de um banco cujas taxas de rendimento para os ativos eram de cerca de três vezes mais que a maioria dos bancos.

4. Buffett está feliz.

Sempre consideramos o nível geral de energia e entusiasmo de Buffett impressionantes com o passar do tempo.

No entanto, alguns anos são mais difíceis do que outros, e isso se transparece em um comportamento mais abatido nas reuniões.[*]

Informamos que foram raras as vezes que o vimos tão feliz quanto este ano.

Acreditamos que um grande fator para isso seja que a *Berkshire está a todo vapor*. Todos os seus principais investimentos e contratações importantes da última década estão dando certo e — em alguns casos — dando muito certo.

O homem está em uma maré de sorte.

5. A Berkshire é uma máquina eficiente de alocação de capital.

A alocação de capital é *o* segredo para retornos futuros no mundo dos negócios. Nunca antes o mundo viu uma máquina de alocação como a Berkshire Hathaway.

---

[*] O escândalo Salomon e o ano em que David Sokol saiu nos vêm à mente.

Gerando um fluxo de caixa anual na casa dos US$20 bilhões, *a Berkshire facilmente gerará mais de US$230 bilhões de caixa na próxima década, quantia igual a seu valor patrimonial atual.*

Ou seja, o que a Berkshire fizer com seu caixa excedente durante a próxima década se igualará ou ultrapassará em escala tudo que Buffett fez ao longo dos últimos 50 anos.

Buffett sabe muito bem que talvez já não esteja mais por aqui para presidir essas decisões de alocação, então quanto mais alocação de capital puder ser mecanizada ou delegada de uma boa maneira, melhor. E ele tem feito isso em um grau absolutamente impressionante ao longo dos últimos 15 anos.

Talvez, nos próximos anos, essa transição seja vista como seu maior trabalho.

Vamos analisar mais de perto o que ele criou.

Berkshire Hathaway: Máquina de Alocação

Há essencialmente cinco coisas que as corporações de capital aberto fazem com cada dólar ganho: reinvestem na empresa; adquirem outras empresas ou ativos; liquidam dívidas; pagam dividendos; e/ou compram ações.

A decisão de quanto alocar idealmente em cada uma dessas cinco áreas depende do "custo de oportunidade".

Dito de outro modo, cada dólar extra deve ser posto onde puder obter o melhor retorno ajustado ao risco no longo prazo em comparação com todas as outras oportunidades concorrentes.

Warren Buffett, mais do que ninguém que conheçamos, trouxe a arte da alocação de capital à vanguarda do pensamento empresarial dos EUA. Durante anos, ele e Charlie Munger têm observado que os gestores das empresas norte-americanas promovidos a CEOs são muito semelhantes ao caso do violinista mundialmente reconhecido que finalmente chega ao renomado Carnegie Hall e, então, lhe dizem para tocar piano.

Após anos dominando a contabilidade, a produção just in time ou vendas e marketing, o gerente em ascensão está, de repente, responsável por algo para o qual não foi treinado: alocação de capital.

Não é surpresa que o histórico geral de alocação de capital nas empresas dos EUA não está bem.

Lá nos anos 1980, raramente ouvíamos as empresas falarem desta função. Hoje, é algo comum (embora a execução ainda deixe muito a desejar).

Por exemplo, de acordo com um artigo recente do *Wall Street Journal*, os gastos corporativos com recompra de ações subiram 23% ano passado, atingindo US$477 bilhões, e os pagamentos de dividendos aumentaram em 14%, chegando a US$1,3 trilhões, enquanto se espera que o gasto de capital suba 6% esse ano, para US$650 bilhões.

Esse é um ótimo pequeno resumo, e não é o tipo de coisa que leríamos em um jornal de 30 anos atrás.

Durante anos, Buffett modelou uma abordagem racional, inteligente, e às vezes inspirada, à alocação de capital.

No relatório anual deste ano, ele foi bem específico quanto a como a alocação se deu em 2013 na Berkshire:

Reinvestir na empresa

Foi aqui que as maiores mudanças ocorreram.

Antes de 1998, a Berkshire possuía poucas empresas em operação em que pudesse reinvestir grandes quantias de dinheiro. Na verdade, Buffett preferia especificamente aquelas com baixo capital e alto fluxo de caixa para que ele mesmo pudesse reinvestir o dinheiro.

Desde então, no entanto, a Berkshire tem comprado compulsivamente empresas intensivas em capital, tendo como destaque as "cinco geradoras": MidAmerican Energy, Burlington Northern Santa Fe, ISCAR, Lubrizol e Marmon Group.

Exibindo uma flexibilidade impressionante de pensamento, Buffett mudou totalmente de rumo. Após anos comprando empresas com baixo capital e com alto fluxo de caixa, ele montou um grupo de empresas que pode esbanjar dinheiro.

As subsidiárias da Berkshire gastaram um recorde de *US$11 bilhões* em planta e equipamento durante 2013.

A BNSF sozinha planeja investir US$5 bilhões em 2014.

Quando os projetos atuais estiverem terminados, a MidAmerican Energy terá gastado US$15 bilhões em energia renovável.

Partindo do nada em 2004, a MidAmerican agora fornece 7% da capacidade nacional de geração de energia eólica e, quando os projetos estiverem concluídos, uma parcela ainda maior da capacidade norte-americana de energia solar.

Além disso, a Berkshire gastou US$3,5 bilhões nas compras das parcelas do Marmon Group e da ISCAR que ainda não possuía.

Estamos especulando, mas perceba que a Berkshire comprou as participações da GEICO que ainda não possuía em 1995. Então, Buffett pisou fundo no orçamento publicitário, de forma que a GEICO gastou mais do que todo o restante do setor de seguros para automóveis junto!

Não há como não se perguntar se o sucesso dessa intensidade de capital aplicado no momento certo e na empresa certa justificou as compras mais recentes e as políticas de investimento de capital feitas por Buffett.

Ter a habilidade de pensar e investir em prazos muito longos e não se preocupar com lucros atuais ou analistas de Wall Street pode ser uma grande vantagem competitiva em *determinadas* empresas.

Aquisição de outras empresas

Aqui, Buffett continua com um grande sucesso.

- **O Negócio Básico:** *Há muito tempo Buffett adora comprar o controle de boas empresas.* Na verdade, ele disse na reunião que prefere muito mais comprar empresas operantes que possam agregar valor ao poder de rendimentos da Berkshire do que comprar participações em empresas apenas para negociar no mercado. Ano passado, a Berkshire gastou *US$18 bilhões* na aquisição da NV Energy e em uma grande participação na Heinz (com a 3G Capital Partners). Logo antes da reunião, a Berkshire anunciou a aquisição da Alta Link, que faz operações de serviço de transmissão de energia para cerca de 85% da província canadense de Alberta, por US$2,9 bilhões.

- **O Negócio Extravagante:** Buffett tem fama, há muito tempo, de fechar negócios que apenas ele e a Berkshire poderiam sonhar em fazer. Dívida com opções de compra atreladas. Participações em quotas de seguro. Emissões de preferenciais conversíveis com dígito duplo. A Berkshire fechou dois negócios interessantes e com vantagens fiscais no ano passado: um swap de ações no *Washington Post* por uma estação de TV em Miami mais ações da Berkshire, e outro swap de US$1,4 bilhões de ações da Phillips 66 pela propriedade plena da empresa de serviços de transmissão da empresa de energia.

- **A Aquisição Relâmpago:** As subsidiárias menores da Berkshire têm carta branca para crescerem mediante aquisições inteligentes. Ano passado, US$3,1 bilhões foram investidos em aquisições relâmpago nas subsidiárias da Berkshire.

- **O Portfólio:** Antigamente, a joia da coroa da Berkshire, o portfólio de US$211 bilhões em dinheiro, bonds e ações agora é meramente uma parte deste império em pleno crescimento. No entanto, Buffett trouxe Ted Wechsler e Todd Combs à equipe nos últimos anos, sendo que cada um administra portfólios de mais de US$7 bilhões. Fica claro que Buffett gosta do que esses dois estão fazendo, e dá a entender que eles também contribuíram com alguns dos outros negócios mencionados.

Liquidar Dívidas

Anos atrás, Buffett ensinou que o momento para pegar dinheiro emprestado é quando ele está barato. A dívida está barata agora, então a questão pode realmente ser: "Por que a Berkshire não pega mais emprestado?"

Buffett disse que prefere manter o balanço patrimonial muito forte (com um mínimo de US$20 bilhões em dinheiro). Essa força inquestionável cria uma vantagem competitiva duradoura para as subsidiárias de seguros.*

Pagar Dividendos

Berkshire ficou famosa por não pagar dividendos.

Porém Buffett sugeriu durante a reunião que, em um "futuro não muito distante", a geração de dinheiro da Berkshire pode estar tão elevada que seria uma questão a ser revista.

"Que você possa viver até que a Berkshire pague um dividendo" pode não demorar muito.

Comprar Ações

A Berkshire implementou uma autorização surpreendente para comprar ações a 120% do valor contábil.

Embora poucas ações tenham sido recompradas até hoje, isso cria um piso sob o preço.

Uma observação interessante: durante a reunião, Buffett disse, meditativo, que, quando a Berkshire comprou a BNSF, ela pa-

---

* Percebemos que uma de nossas antigas e astutas empresas favoritas, a Leucadia National, fez exatamente isso, arrecadando US$3,3 bilhões em uma variedade de emissões de bonds no ano passado. De fato, pegue dinheiro emprestado quando está barato.

gou 70% do custo em dinheiro e o restante em ações. Teria sido sábio recomprar essas ações de volta no mercado aberto.

Outro ponto aqui, várias empresas que recebem investimentos da Berkshire recompram ações, aumentando sua porcentagem de propriedade — e essa é mais uma forma de alocação "automática" de capital para a Berkshire.

Em Resumo

Aqui está. A máquina de alocação da Berkshire não depende mais das próximas ideias de Buffett.

As cinco geradoras podem reinvestir dinheiro para aumentar suas operações durante muitos anos à frente. As subsidiárias menores podem fazer aquisições relâmpago. Wechsler e Combs estão caçando bons preços tanto no mercado de ações como no mundo dos negócios.

E praticamente toda essa capacidade de alocação de capital foi criada por Buffett nos últimos 15 anos.

Um feito impressionante.

2015

Local: CenturyLink Center

Participação: 40 mil pessoas

Detalhes Sobre Este Ano:

- A Berkshire celebrou 50 anos sob a gestão de Buffett.

- Buffett brincou que eles expandiram os transportes além de aviões, trens e automóveis, uma vez que a Justin Boots trouxe dois bois enormes e a Wells Fargo trouxe um ônibus de dois andares que desfilou pelo CenturyLink Center às 6h30.

- O filme anual incluiu Buffett como "O Bombardeiro da Berkshire" enfrentando o boxeador Floyd Mayweather, ao estilo Rocky. Houve participações especiais de Steve Wynn e Charlie Rose. Buffett falava besteiras para Mayweather. Munger disse: "O pessoal de Mayweather me procurou primeiro, mas estava muito ocupado." No início da luta, perguntaram a Buffett se lutaria usando óculos, e ele respondeu: "Mas é claro!" Os dois começam a se movimentar e quando estão prestes a se atingir, a tela fica branca.

- O filme também mostrava uma entrevista com Gladys Kaiser e Bill Scott, antigos sócios de Buffett. Buffett e Scott conversaram sobre a aquisição da Berkshire e sobre a época em que eram sócios. Kaiser recordou que 1991 foi um ano horrível, o ano do escândalo do Salomon Brothers, e que Buffett estava totalmente focado: "Foi uma responsabilidade tremenda. Você salvou os traseiros deles."

Ranking na Fortune 500: 4º

- A Berkshire agora está atrás apenas do Walmart, da ExxonMobil e da Chevron.

Preço da Ação: US$226 mil

Um dólar investido em 1964 valeria hoje **US$18.270**.

O valor patrimonial por ação da Berkshire subiu de US$19,46 para **US$146.186** (uma taxa de retorno composta de **19,4%** a.a.).

O S&P 500 acumulou **9,9%** anuais durante o mesmo período.

DESTAQUES DAS ANOTAÇÕES DE 2015

Berkshire Hathaway: Máquina de Alocação de Capital

"A falta de habilidade de muitos CEOs com a alocação de capital não é um assunto de pouca relevância: após dez anos na função, um CEO cuja empresa retenha lucros anuais iguais a 10% de seu valor líquido terá sido responsável pelo emprego de mais de 60% de todo o capital aplicado na empresa."

–CARTA DE BERKSHIRE EM 1987

A alocação inteligente de capital é a essência da construção segura de riquezas.

Na análise do último ano, observamos como Buffett remodelou a Berkshire de forma drástica como uma máquina de alocação de capital durante os últimos 15 anos. E da forma em que está disposta agora, a capitalização futura do valor da empresa depende menos de Warren Buffett do que em qualquer outro momento da história da Berkshire.

Ao considerarmos o péssimo nível de alocação de capital em geral, a Berkshire se destaca ainda mais como uma história excepcional.

O que não havíamos percebido até o relatório anual deste ano da Berkshire Hathaway é como a alocação de capital afetou a empresa de maneira tão forte desde seu princípio.

Buffett celebra o 50º aniversário da Berkshire sob seu comando com um relatório anual fantástico, incluindo trechos de antigos relatórios, planilhas de termos de compras de empresas e outras observações históricas.

De fato, Buffett observa que foi um anúncio de recompra que o atraiu inicialmente à Berkshire. Não foi a empresa, mas a realocação de capital que o trouxe às ações.[*]

BNSF

Buffett apresentou um slide dos lucros trimestrais da Berkshire. Ele comentou que não havia nada particularmente excepcional, com exceção de que a BNSF foi muito melhor do que ano passado, tanto em lucros quanto em outras medidas de performance.

Ele admitiu que a ferrovia ficou para trás logo no começo do ano passado, então a Berkshire gastou muito para deixar as coisas como deveriam ser.

---

[*] Veja essa história contada por Buffett no Apêndice I, além de nossa análise de suas movimentações de alocação de capital nos primeiros anos. É realmente muito espetacular.

Esses esforços extras compensaram. A Burlington Northern ganhou participação no mercado e melhorou seus lucros.

Clayton Homes

Surgiu uma pergunta sobre uma reportagem do *Seattle Times* que alegava que a Clayton Homes, subsidiária da Berkshire, estava praticando empréstimos predatórios.

Buffett tinha a resposta preparada, e disse que houve alguns erros importantes no artigo, reforçando que as práticas de empréstimos da Clayton são exemplares.

E assim iniciou-se uma aula muito interessante sobre empréstimos e construção de casas pré-fabricadas.

Os problemas dos financiamentos imobiliários de 2008 e 2009, Buffett afirmou, aconteceram em grande parte porque o titular e o originador do financiamento ficaram "totalmente divorciados".

Os originadores venderam os empréstimos para banqueiros de investimentos, que fatiaram e esmiuçaram os empréstimos em produtos derivativos, e os potenciais compradores geralmente não sabiam de fato o que possuíam.

As taxas padrão naqueles anos estavam extremamente mais altas para casas que custavam US$800 mil ou mais do que estavam para os empréstimos na Clayton. Por outro lado, a Clayton retém praticamente todos os financiamentos que origina. Ela reteve mais de US$12 bilhões em financiamentos imobiliários de cerca de 300 mil casas.

Não é de interesse da Clayton vender uma casa que o comprador não pagará, pois isso seria uma perda tanto para a empresa quando para o cliente.

Isso não se aplica para a maioria de originadores de financiamentos imobiliários, embora tenha havido conversas para que os originadores retenham cerca de 3% dos financiamentos originados, para que tenham certa gordura para queimar.

Buffett reconheceu que as casas pré-fabricadas atendem ao mercado de qualidade mais baixa, em termos do score de risco de crédito FICO (620 ou menos). Ele disse que 70% das casas vendidas por US$150 mil ou menos são pré-fabricadas e que o pagamento médio fica em cerca de US$670 por mês.

Assim, o desafio é emprestar para as pessoas de tal forma que elas consigam realizar os pagamentos e ficar com suas casas.

Na Clayton, em torno de 3% desses financiamentos não são pagos.

As principais causas para o não pagamento são a perda de emprego, o divórcio e a morte.

Porém 97% pagam.

Sem o financiamento disponibilizado pela Clayton e outras empresas, essas pessoas não teriam como ter uma casa como essa.

Buffett disse que a casa Clayton em exposição no auditório da CenturyLink sai por US$69,5 mil. O terreno geralmente custa cerca de US$25 mil. Assim, por um total de US$95 mil, é possível conseguir uma casa com eletrodomésticos, dois quartos e 110 metros quadrados de espaço.

De acordo com Buffett, havia erros no artigo do *Seattle Times*, que alegava que o lucro médio da Clayton era de US$11,6 mil por casa vendida. Ele sabia que isso era um absurdo, pois disse ter lido a declaração juramentada umas três vezes e não encontrou tal declaração.

O que, sim, havia na declaração juramentada era um comentário sobre o lucro bruto, não o líquido. No caso da Clayton, o lucro bruto é cerca de 20%, enquanto a margem de lucro líquido é de cerca de 3%.

Em um aparte interessante, Buffett contou que eles não têm absolutamente nenhuma reclamação sobre os padrões de empréstimos da Clayton. No entanto, admitiu, eles recebem cartas com reclamações de outras subsidiárias regularmente.

Ele acrescentou ainda que a Clayton está regulada de acordo com cada estado no qual tem financiamentos, ou seja, praticamente todos os estados.

Nos últimos três anos, a empresa teve 91 análises de compliance pelo estado. Em todas essas, a multa mais alta que teve que pagar foi de US $5.5 mil e a maior devolução foi de US $110 mil.[*]

Em conclusão, Buffett disse estar orgulhoso: "A Clayton colocou mais de 30 mil pessoas em casas muito boas a um custo baixíssimo no ano passado. E uma porcentagem muito alta dessas pessoas terá quitado seus empréstimos em 20 anos e terão uma casa que saiu por um ótimo preço."

Munger refletiu que, embora a Clayton tenha cerca de 50% do mercado de casas pré-fabricadas, ele está surpreso que o mercado não esteja maior, uma vez que essa é uma maneira muito eficiente de construir casas.

3G Capital Partners

Buffett também veio preparado para as perguntas a respeito de sua parceria com a 3G Capital Partners.

O questionamento era sobre o estilo da 3G de reduzir o número de funcionários nas companhias que assume.

Ele comentou que o pessoal da 3G é bem-sucedido na criação e na compra de empresas também. Eles procuram administrar suas empresas de forma eficiente, e isso inclui reduzir o efetivo, quando há consideravel-

---

[*] Buffett fez seu dever de casa.

mente mais pessoas do que o necessário. Depois de reduzir os gastos, as empresas da 3G vão bem.

Buffett constatou que o Burger King está indo melhor que seus concorrentes com uma margem significativa no momento. A aquisição mais recente da empresa, o Tim Horton's, já está demonstrando uma melhora significativa.

Munger destacou que a alternativa para não ter que diminuir a empresa para o tamanho adequado é o que acabou acontecendo na Rússia. Ele citou o trabalhador russo que disse: "Todos têm trabalho, e dá tudo certo. Eles fingem que nos pagam, e nós fingimos que trabalhamos."

Buffett comentou que, após a Segunda Guerra Mundial, havia 1,6 milhão de pessoas empregadas na construção das ferrovias, e era um setor péssimo e subcapitalizado. Hoje, o setor tem menos de 200 mil funcionários e é muito maior, mais eficiente e muito mais seguro. Ninguém está alegando hoje que seria melhor administrar as ferrovias com 1,6 milhão de pessoas. "A eficiência é necessária com o passar do tempo no capitalismo."

Em conclusão, disse: "Tiro meu chapéu para o que o pessoal da 3G fez."

Van Tuyl

Perguntado sobre a aquisição recente que a Berkshire fez da Van Tuyl, Buffett observou que a empresa é uma revendedora de carros muito produtiva.

Renomeada para Berkshire Hathaway Automotive, a unidade é um dos maiores grupos de revenda de carros nos EUA, com mais de US$9 bilhões em receitas e 81 revendas operadas de forma independente em 10 estados.

Algumas revendedoras, como a Carmax, partiram para um modelo mais transparente, com menos negociação.

Buffett comentou que a Van Tuyl vai se adaptar ao que o cliente quer. No entanto, o modelo negociado ainda predomina.

Munger contou-nos que negociar a compra de carros tem sido o modelo principal durante toda sua vida, e que está surpreso que isso não mudou mais.

Buffett assegurou aos acionistas que a Van Tuyl ficará bem, independentemente de como as coisas se desdobrem, embora não se surpreendesse se as coisas não mudarem muito nos próximos 10 a 15 anos. No todo, há 17 mil revendedoras de automóveis no país, e a Berkshire planeja comprar outras por meio da Van Tuyl nos próximos anos.

O curioso é que Buffett não vê quaisquer vantagens de escala na posse de revendedoras de carros. A maioria funciona no âmbito local.

Para ele, a Berkshire não entrará no negócio de financiamento de carros. A Wells Fargo é a maior financiadora de carros com um custo de fundos de cerca de 12 pontos base, então tem uma vantagem imbatível.

Munger concluiu que a Van Tuyl tem um "sistema de meritocracia no qual as pessoas certas têm uma participação proprietária significativa". Isso o fez lembrar-se da empresa Kiewit em Omaha, outra cultura muito bem-sucedida.

Filtros

Ao perguntarem quais seriam cinco ou seis critérios para escolher um investimento, Munger afirmou que a Berkshire não usa uma abordagem única para todos os casos. Cada setor é diferente. Além disso, eles continuam aprendendo.

Buffett observou que eles possuem filtros. Um dos principais é ter uma boa ideia de como a empresa se sairá nos próximos cinco ou dez anos. Esse filtro elimina muitas empresas de sua consideração.

Outro filtro são as pessoas. Ele quer que as pessoas administrem a empresa vendida à Berkshire da mesma maneira que a administravam antes da venda. Esse filtro também elimina muitos negócios.

Buffett concluiu: "Não consigo lhe dar cinco critérios. Talvez Charlie os tenha escondido de mim."

IBM

Perguntado se a IBM não era uma guimba de charuto, semelhante às fábricas têxteis dos anos 1960, Munger respondeu que não.

Ele comentou que a IBM é um caso raro quanto à habilidade de se adaptar às mudanças tecnológicas. Munger vê a empresa como "um empreendimento muito admirável adquirido por um preço razoável".

Buffett entrou na conversa dizendo que acha interessante quando lhe perguntam sobre investimentos que a Berkshire possui, e que as pessoas pensem que ele gostaria de ficar falando bem deles. Tanto a Berkshire como as empresas investidas podem vir a comprar mais ações no futuro, então por que eles iriam querer que o preço aumentasse?

E concluiu: "Wall Street acha que é melhor que o preço suba no dia seguinte, mesmo que esteja planejando comprar mais ações. Charlie, você tem alguma ideia de por quê?"

Munger respondeu: "Warren, se as pessoas não estivessem erradas tantas vezes, nós não seríamos tão ricos."

Desenvolvendo as Empresas de Seguros

Com respeito à construção do império de seguros da Berkshire, Buffett admitiu que teve muitos golpes de sorte. Três, em particular: a visita feita a Lorimar Davidson da GEICO, ter comprado a National Indemnity e a contratação de Ajit Jain.

De acordo com Buffett, o conhecimento que obteve em apenas quatro horas passadas com Davidson foi melhor do que qualquer curso universitário que pudesse ter feito. Foi então que percebeu que o ramo de seguros era algo de que gostava e do qual entendia. Essa compreensão o preparou para comprar a National Indemnity quando a oportunidade apareceu e também, obviamente, para comprar uma grande posição na GEICO e, depois, a empresa inteira nas décadas seguintes.

Ele geralmente conta como Jack Ringwalt tinha seus cinco minutos por ano nos quais queria vender sua empresa, a National Indemnity. Em 1967, Buffett recebeu aquela ligação e entrou de cabeça. A empresa tornou-se a base na qual ele construiria o império de seguros da Berkshire.

No meio da década de 1980, Ajit Jain apareceu certo sábado oferecendo seus serviços, mesmo nunca tendo trabalhado no ramo antes.

Buffett maravilhou-se por essa trinca da sorte e nos contou que o verdadeiro segredo foi estar aberto às ideias conforme apareciam.

Munger observou que o verdadeiro segredo é que a Berkshire comprou empresas maravilhosas.

Cultura

Buffett afirmou que a cultura da Berkshire está arraigada.

Ele nos contou que a Berkshire havia acabado de fechar uma transação na Alemanha com a Detlev Louis Motorradvertriebs GmbH, varejista no setor de roupas e acessórios para motociclistas. A Sra. Louis e seu esposo cuidadosamente desenvolveram a empresa ao longo de 35 anos. Seu esposo faleceu alguns anos atrás e ela entrou em contato com a Berkshire, pois era para essa empresa que queria vender.

Para a Berkshire, é essencial ter uma cultura que esteja arraigada por toda a empresa, inclusive para os acionistas.

Buffett ficou satisfeito com o fato de 97% dos acionistas terem votado contra terem dividendos e a favor de que a administração invista o dinheiro.

Ele observou, ainda, que a cultura vai se reforçando e torna-se autosseletora. Em sua opinião, essa cultura institucionalizou-se e não há dúvidas de que continuará por muito tempo depois que ele e Charlie não estiverem mais por aqui.

Munger observou que a taxa de ganhos da Berkshire diminuirá: "Há outras tragédias na vida além da capitalização da Berkshire diminuir o ritmo — isso é inevitável."

Buffett brincou: "Diga uma."

Para o investidor, a cultura vem de cima. O líder deve ser consistente, comunicar-se bem, recompensar o comportamento correto e punir o mau comportamento. Uma vez que isso leva tempo, é, na verdade, mais fácil herdar a cultura que você gosta.

Ele concluiu dizendo que um de seus valores centrais na Berkshire é sempre se esforçar para tratar as pessoas do modo que gostaria de ser tratado.

A conclusão cheia de insight de Munger: "Penso que uma das coisas que fizemos que deu mais certo é que estávamos sempre insatisfeitos com o que já sabíamos, e queríamos saber mais. Continuamos aprendendo, e foi isso que fez dar certo."

Marcas

Perguntado sobre a Berkshire estar há muito tempo no consumo de açúcar nos últimos 50 anos e mudar os gostos dos consumidores, Buffett rebateu que a Coca-Cola está bem protegida.

Com 1,9 bilhão de unidades com cerca de 235ml cada dos produtos da Coca-Cola consumidos diariamente no mundo todo, a empresa ainda é gigante. E ela precisará ajustar-se às mudanças nas preferências dos consumidores.

No entanto, assim como nas vendas negociadas de automóveis, Buffett disse que não prevê qualquer acontecimento revolucionário aqui. Para ele, daqui a 20 anos a Coca será mais consumida do que hoje.

Em uma confissão surpreendente, Buffett declarou que um quarto de todas as calorias que ele consumiu durante os últimos 30 anos veio da Coca-Cola.

E brincou: "Se tivesse comido brócolis e couve-de-bruxelas minha vida toda, acho que não teria vivido tanto assim."

Ele nos contou que, embora haja mudanças nas preferências com o passar do tempo, é impressionante como algumas marcas conseguem ser duráveis. A Coca começou em 1886. O ketchup Heinz surgiu em 1870.

Buffett reiterou que uma marca forte é muito poderosa, embora você tenha que construí-la e promovê-la.

A Gillette comprou os direitos para propagandas no rádio durante a final do campeonato World Series de beisebol de 1939 por US$100 mil, contou maravilhado. "Imagine quantas pessoas ouviram essas propagandas."

Macrofatores e Previsões

Buffett observou que nunca teria previsto cinco anos com taxas de juros zero. "Estamos operando em um mundo que Charlie e eu não compreendemos."

Munger comentou, ironicamente: "Se não conseguimos prever o que aconteceu antes, por que alguém ainda nos perguntaria qual é nossa previsão para o futuro?"

Felizmente para os acionistas, as macroprevisões não são essenciais para o processo da Berkshire.

Buffett enfatizou, com muito empenho, que ele e Charlie nunca recusaram uma aquisição com base em macrofatores, até onde podia lembrar-se.

Ele exemplificou comentando que a See's Candy e a BNSF foram compradas durante épocas difíceis na economia.

O segredo real, acrescentou, é conseguir descobrir qual será a lucratividade média da empresa em longo prazo, e a força que seu fosso poderá ter.

E arrematou: "Acreditamos que qualquer empresa que tenha um economista tem um funcionário desnecessário."

A Ferrovia

Em relação às preocupações com a segurança dos vagões, Buffett observou que a BNSF é uma transportadora comum e precisa transportar certas substâncias perigosas, como amônia e cloro.

O governo cria as regras para essas questões, e a ferrovia é a forma mais lógica para transportar muitas dessas substâncias.

A BNSF é a líder do setor quanto à segurança e, no geral, Buffett acredita que a ferrovia ficou significativamente mais segura com o passar dos anos.

Energia Renovável

O custo por megawatt de energia solar despencou de US$315 em 2009 para US$128 hoje. O custo por megawatt de energia eólica caiu de US$96,09 para US$85,48. Os custos da energia renovável estão ficando cada vez mais competitivos.

Greg Abel, CEO do Berkshire Energy Group, disse que até o fim de 2016, 58% da energia de Iowa será eólica.

Todos Dentro

Encerrando, Buffett observou que todo seu patrimônio e o de sua família estão na BRK.

Munger comentou que a Berkshire está apenas levemente alavancada e que é "loucura perder o sono por isso".

Buffett rapidamente elucidou: "Com relação às coisas financeiras."

E concluiu que, com US$60 bilhões em dinheiro, a Berkshire estaria pronta e disposta a agir caso alguma turbulência econômica crie oportunidades.*

Mercado de Ações e Taxas de Juros

Houve uma ótima pergunta sobre avaliação de empresas.

Um dos índices que sabe-se que Buffett acompanha é a proporção entre a capitalização total do mercado e o PIB. Recentemente, estava em 125%, que é um nível próximo do de 1999, durante a bolha da internet.

Outro número que Buffett mencionou é a proporção entre os lucros corporativos e o PIB.

De 1951 até 1999, esse número variou entre 4,5% e 6%. Mais recentemente, tem passado dos 10%.

Os investidores deveriam estar preocupados com esses números e com o mercado?

Buffett respondeu que essas porcentagens sugerem que as empresas dos EUA estão indo muito bem, embora isso possa ser uma preocupação para a sociedade. O cenário de avaliação de empresas fica muito afetado pela estrutura de taxas de juros com base zero. Claramente, as ações valem muito mais quando os bonds do governo rendem 1% do que quando rendem 5%.

Munger observou que as alternativas ficam limitadas com os bonds pagando tão pouco. Isso levou os preços das ações a ficarem mais altos do que ficariam de outro modo.

Buffett acrescentou que a questão é: por quanto tempo essas taxas baixas continuarão? No Japão, isso durou décadas. Ou voltaremos ao normal? Caso as taxas voltem a um nível mais normal, os preços das ações estarão altos. Caso permaneçam baixas, as ações estarão "muito baratas".

E concluiu: "Agora que apresentei as respostas, vocês podem fazer suas escolhas."

---

* Fiel à sua palavra, Buffett estava mesmo pronto para agir com os US$60 bilhões em dinheiro. Em agosto, a Berkshire realizou sua maior aquisição de todos os tempos, comprando a Precision Castparts (PCP), empresa de peças aeroespaciais, por US$32,4 bilhões em dinheiro, ou US$235/ação. A Berkshire pretende pagar o negócio usando cerca de US$23 bilhões de seu caixa e pegar outros US$10 bilhões emprestados.

O investidor não poupou palavras para dizer o quanto gosta do CEO da Precision Castparts, Mark Donegan: "O cara é fantástico. Ele é apaixonado por sua empresa, assim como eu sou com a Berkshire, e isso diz muito."

2016

Local: CenturyLink Center

Participação: 40 mil pessoas

Detalhes Sobre Este Ano:

- Os professores Buffett e Munger presidiram a primeira reunião da Berkshire por streaming ao vivo via Yahoo Finance, criando uma audiência global.
- O streaming ao vivo diminuiu a participação em cerca de 10%.

Ranking na Fortune 500: 4º

- A Berkshire está atrás apenas do Walmart, da ExxonMobil e da Apple.

Preço da Ação: US$197.800

Um dólar investido em 1964 valeria hoje **US$15.983**.

O valor patrimonial por ação da Berkshire subiu de US$19,46 para **US$155.501** (uma taxa de retorno composta de **19,2%** a.a.).

O S&P 500 acumulou **9,7%** anuais durante o mesmo período.

DESTAQUES DAS ANOTAÇÕES DE 2016

Só Começando

Buffett, claramente de bom humor, abriu a reunião com algumas piadas.

Ele disse: "Charlie fica com as garotas. Todas as mães dizem às filhas: 'Ao escolher entre dois homens velhos, fique com o mais velho.'"

Percebendo que tinha um bisneto na plateia, disse: "Se ouvirem um choro, é apenas a mãe da criança explicando minhas opiniões sobre herança."

Slides

Os slides são importantes. Buffett apenas os usa quando tem algo que quer transmitir.

No primeiro, ele deu um panorama dos resultados do primeiro trimestre. No segundo, mostrou o crescimento impressionante nos lucros operacionais após os impostos da Berkshire desde 1999.

Slide um: Embora os lucros líquidos do primeiro trimestre tenham subido de US$5,2 bilhões para US$5,6 bilhões, os lucros operacionais caíram de US$4,2 bilhões para US$3,7 bilhões.

Buffett forneceu mais detalhes: os lucros com a subscrição de seguros caíram pela metade devido às tempestades de granizos e às perdas com catástrofes. Os lucros das ferrovias caíram por causa da diminuição nos transportes de cargas. Os lucros com manufatura subiram com a Precision Castparts e a Duracell. Os lucros líquidos foram impulsionados por investimentos e ganhos com derivativos em cerca de US$900 milhões.

Slide dois: Este foi mais significativo. Buffett mostrou os lucros operacionais anuais por ação após os impostos desde 1999, o ano da aquisição da MidAmerican Energy.

Esses lucros subiram constantemente de US$0,67 para US$17,36 em 2015. Isso mostra como os lucros operacionais cresceram de forma substancial. Além disso, a Berkshire alcançou isso sem orçamentos corporativos nem projeções de lucros, mas com foco na agregação de poder de lucros sustentáveis e crescentes.

O gráfico também mostrou o desenvolvimento dos ganhos e perdas realizados dos investimentos da Berkshire. Eles são, claro, instáveis, pulando de US$0,89 em 2000 para uma perda de US$4,65 em 2008, para um ganho de US$6,73 em 2015.

No geral, os ganhos realizados de investimentos e receitas totalizaram US$32,39 para o período.

Considere o seguinte: os lucros operacionais de um ano (US$17,36 para 2015) foram iguais a 50% de todos os ganhos e receitas realizadas durante 17 anos.

Esse slide revela o grau de significância pelo qual a Berkshire se transformou de uma simples empresa de investimentos para uma geradora de lucros operacionais com um portfólio de investimentos.

Precision Castparts

A aquisição por US$32 bilhões da fabricante de peças aeroespaciais Precision Castparts (PCP) marca a maior transação na história da Berkshire.

Buffett observou que o ativo mais importante foi o CEO Mark Donegan, e o denominou como um dos gestores mais extraordinários que ele já viu — alguém único.

Além disso, o investidor percebeu algumas vantagens para a PCP como parte da Berkshire: Donegan agora poderia passar 100% de seu tempo concentrado nos motores, em vez de preocupar-se com teleconferências trimestrais com investidores, negociações de linhas bancárias e assim por diante. Donegan nem mesmo teria que ir à Omaha para realizar uma aquisição no valor de US$1 bilhão. Buffett concluiu que a Berkshire havia apanhado o ativo mais valioso da Precision, Donegan, e o tornado ainda mais valioso.

Munger reforçou que as operações da PCP exigem uma gerência superior.

Isso representa um adeus aos primeiros anos da Berkshire, quando possuíam ações baratas e empresas fáceis de serem operadas. Agora, aprenderam a encontrar ótimos gestores, o que cria uma abertura a empresas mais complexas.

Com componentes aeroespaciais, a qualidade e a confiabilidade são muito importantes. Os contratos duram muitos anos, então os clientes não pegam simplesmente a oferta mais baixa. A PCP tem uma reputação inigualável devido à sua qualidade.*

---

* Corey e eu conversamos com Donegan durante 20 minutos no estande da PCP no Shopping Berkshire. Ele repetiu os comentários de Buffett, contando que a primeira coisa que faz todas as manhãs agora é agradecer à Berkshire por ter comprado a empresa. Ele está mais do que feliz por não ter que fazer teleconferências com investidores nunca mais. Também nos explicou como faz inspeções nas instalações, perguntando constantemente: "Por que fazemos isso?", sempre desafiando sua equipe a tornar o processo mais eficiente.

O que nos marcou mais foi a intensidade de Donegan. Nossa percepção é a de que ele aplica uma meritocracia agressiva. Aqueles que são automotivados, esforçados e orientados pelos resultados amam trabalhar com ele. Caso esteja procurando um trabalho mais tranquilo, não envie seu currículo para lá.

Vemos pelo menos dois divisores de águas principais agora que a PCP tem acesso ao capital da Berkshire: 1) A PCP pode fazer aquisições mais agressivas; e 2) a empresa pode

Felicidade

A receita de Buffett para a felicidade é simples: "Faço o que gosto com pessoas de quem gosto." Ele comentou que aprendeu logo cedo na vida que seu empregador favorito era ele mesmo. Isso evita dissabores.

Munger nos contou que está tão fascinado aos 92 quanto esteve em qualquer outro período de sua vida.

Embora desejasse ter criado juízo antes, ele também vê o lado positivo disso: "Aos 92, ainda tenho muita ignorância a ser trabalhada."

Resseguros

Buffett foi um tanto profético: os resseguros não irão tão bem nos próximos dez anos como foram nos últimos dez, em parte, devido às taxas de juros ultrabaixas.

A Europa tem rendimentos negativos! A ideia geral do float é investir em retornos *positivos*.

Mesmo assim, a Berkshire está em melhor situação que a maioria. Seu capital reserva e suas receitas operacionais independentes conferem à empresa mais flexibilidade no investimento do float. A Berkshire também tem uma flexibilidade maior para modificar os modelos de negócios. Todas as outras empresas de resseguros estão atreladas a um modelo de negócio diferente.

Munger reconheceu que muitas novas habilidades e a concorrência pesada diminuirão o ritmo. A concorrência adicional veio de empresas de seguros do exterior. Ele resmungou que tais empresas são de fato operações de investimento em busca de jurisdições amigáveis de impostos.

Resumindo: a oferta está em alta, mas a demanda, não.

GEICO

Pergunta: A Progressive Direct teve um índice combinado de 95,1, enquanto a GEICO teve 98,0.* O que se passa?

Analisando a questão sob uma perspectiva mais ampla, Buffett comentou que, com o passar do tempo, ficou mais seguro dirigir. No meio da década de 1930, havia 32 mil fatalidades por ano, ou 15 fatalidades a cada 100 milhas dirigidas, ou 160 quilômetros. Houve cerca de 32 mil mortes

---

investir mais prontamente no desenvolvimento de longo prazo de contratos de peças — uma vez ganho um contrato, ele pode render sete anos ou mais. Esses dois usos do capital podem prejudicar os lucros de curto prazo para uma empresa de capital aberto e impedir o gestor de fazer investimentos de longo prazo.

Donegan está animado por não ter mais essa dor de cabeça.

* O índice combinado é uma medida da lucratividade dos seguros. Abaixo de 100 é lucrativo; então, quanto menor, melhor.

no ano passado — o mesmo número que nos anos 1930, mas com 15 vezes mais milhas/quilômetros dirigidos.

Após anos de declínio, Buffett relatou que, no ano passado, tanto a frequência como a severidade aumentaram de forma repentina e substancial. Houve mais pessoas dirigindo, e mais pessoas *dirigindo distraídas*. A GEICO precisou ajustar seus prêmios e se sairá melhor em 2016. Isso explica o índice combinado elevado.

Buffett continua gostando do modelo da GEICO, observando que ele excedeu a participação de mercado da Progressive em todos os estados norte-americanos. E maravilhou-se que, caso chegue aos 100 anos de idade, talvez até testemunhe a GEICO ultrapassar a State Farm.

Munger constatou que não é nenhuma tragédia que os outros tenham um bom trimestre.

A participação de mercado da GEICO aumentou cinco vezes desde que foi comprada pela Berkshire.

Amazon

Buffett admitiu que a Amazon é um desenvolvimento enorme. É impressionante o que ela conseguiu realizar em um período de tempo relativamente curto. A empresa criou uma grande vantagem com seu foco intensivo no desenvolvimento de milhões de clientes satisfeitos. Não dá para ganhar deles.

A GEICO foi lenta para mudar para a internet porque funcionava muito bem com o telefone. No entanto, Buffett está maravilhado pela velocidade com a qual os pedidos da GEICO migraram do telefone para o atendimento online. A adaptação do público norte-americano à internet tem sido incrível.

Se você possui uma boa empresa, muita gente tentará tirá-la de você. No todo, Buffett entende que a Berkshire está muito bem situada com sua coleção diversificada de empresas.

Munger sugeriu que, de um modo geral, a internet ajudou a Berkshire.

Coca-Cola

Desafiado por consumir muito açúcar, Buffett respondeu dizendo que consome 700 calorias de Coca-Cola por dia em sua dieta de cerca de 2.800 calorias. Ele escolhe ingerir 700 calorias por dia de uma forma que o faça sentir-se bem ao consumi-las.

A Coca-Cola entrega mais de 1,9 bilhão de unidades diárias com cerca de 235ml cada. Isso representa 693 bilhões de porções por ano, e 100 porções de 235ml per capita para 7,4 bilhões de pessoas.

Para Buffett, é especulação responsabilizar somente a Coca pela obesidade. O segredo está na decisão de não consumir mais calorias do que você consegue queimar.

Buffett gosta de fudge e de doce de amendoim. Queria ter um irmão gêmeo que comesse só brócolis, disse. Tenho certeza de que eu seria mais feliz do que ele.

Ainda sobre saúde, ele falou sobre expectativa de vida, observando que agora há 10 mil homens e mais de 45 mil mulheres com mais de 100 anos de idade nos EUA.

E brincou que, se realmente quiser viver mais, ele deveria trocar de sexo — teria 4,5 vezes chances a mais de chegar aos 100.

Em um esforço para melhorar o debate, Munger interveio com a Lei de Munger: *Não é possível listar os danos sem listar os benefícios.*

Ele sugeriu que seria como cancelar uma viagem de avião porque 100 pessoas morreram em uma queda. Buffett gosta de doce de amendoim e de bebidas saborizadas. As pessoas devem ser livres para escolher o que gostam.

Usando o clássico e sutil estilo Munger, afirmou: "Falar dos danos sem incluir os benefícios é imaturo e idiota."

Mais tarde, Munger chegou até a sugerir que, se discorda de alguém, você deve compreender o lado dessa pessoa melhor do que ela própria antes de abrir sua boca.

Renováveis

Buffett explicou que o governo federal incentivou o desenvolvimento de energia renovável, oferecendo um crédito fiscal ao produtor de 2,3 centavos/ quilowatt.

O subsídio tem o benefício de reduzir as emissões de carbono mundialmente. O custo do incentivo é recebido pelos cidadãos na forma de menores impostos. À medida que as fontes renováveis substituem o carvão e o gás natural, os benefícios se acumulam não apenas para a população, mas também para todo o mundo.

Como a Berkshire tem uma grande renda tributável e muito capital, a empresa continuará a ter um grande apetite pelo desenvolvimento de energia renovável.

Buffett comentou que a Berkshire Energy também se destaca pelas baixas tarifas de seus serviços. Em Iowa, sua concorrente Alliant (que não foi atrás das energias renováveis) terá que aumentar suas tarifas. A Berkshire não terá que fazer isso até 2029. Ele disse ainda que tem sido maravilhoso trabalhar com os reguladores de Iowa e que eles encorajam muito o uso das renováveis.

Munger resumiu dizendo que a Berkshire está fazendo mais que sua parte e cobrando tarifas menores.

Ele destacou que a Nebraska Public Power District, uma cooperativa, estava muito orgulhosa de seu recorde. Atualmente, a energia está mais barata do outro lado do rio, em Council Bluffs, Iowa, que está se tornando um refúgio tecnológico. O Google e outras empresas devoram eletricidade com seus enormes parques de servidores, por isso empresas de energia estão se mudando para lá.

Derivativos e Descontinuidades

Buffett alertou que os derivativos ainda representam perigo.

O grande perigo é quando há descontinuidades que fazem o sistema parar, como a Primeira Guerra Mundial, o 11 de Setembro de 2001 e o dia 19 de outubro de 1987 (a segunda-feira negra).

Ele observou que é praticamente certo que mais cedo ou mais tarde haverá um grande ataque cibernético, nuclear ou biológico. Em tempos assim, pode haver lacunas enormes nas posições.

A Berkshire só negociaria derivativos com os colaterais certos, observou. A carteira de clientes de derivativos da Gen Re ainda está inoperante após uma década de condições positivas de mercado.

Para Buffett, os derivativos ainda são uma possível bomba-relógio no sistema.

Resumindo, Munger disse: "Preferiríamos que derivativos fossem considerados ilegais."

Float

Buffett adora a ideia de aumentar o float, que agora atingiu os US$88 bilhões.

Com US$50 bilhões em títulos do tesouro mais US$8 bilhões provenientes do resgate de suas preferenciais da Kraft Heinz, a Berkshire terá cerca de US$60 bilhões em dinheiro.

As taxas baixas são um problema para todos que têm investimentos em renda fixa. No entanto, Buffett observou novamente, a Berkshire possui tanto capital e tantas fontes potenciais de lucros que pode usar seu float de maneiras que outras seguradoras não podem nem considerar.

Munger: "Não tenho nada a acrescentar."

Buffett: "Ele está com força total agora."

Ferrovias

Com as ações da ferrovia tendo baixa de 35% no mercado acionário, Buffett foi questionado se as ferrovias estavam em declínio secular ou cíclico.

Ele admitiu que um declínio no uso do carvão era provavelmente secular. No entanto, o declínio recente nos pedidos de carvão foi exagerado devido aos altos estoques das empresas de energia. Isso fez com que elas fizessem menos pedidos temporariamente.

Sobretudo, Buffett foi ostensivo, dizendo: "Amamos a Burlington Northern Santa Fe."

Em sua sugestão, não devemos marcar o progresso das empresas pelas altas e baixas do mercado acionário. Concluindo, disse: "É uma empresa muito boa, e ficaremos com ela para sempre."

Mais tarde, Buffett nos contou que a depreciação das ferrovias foi atenuada, e que a Berkshire teria que gastar mais para mantê-las em boas condições. Em 2015, a empresa investiu US$5,7 bilhões, em comparação aos US$3,4 bilhões de depreciação, como parte de sua tentativa de recuperação.

A BNSF tem uma receita bruta maior em toneladas/km do que qualquer outra ferrovia na América do Norte. Porém a composição dessas receitas está mudando.

Não haverá expansão com o carvão. É um investimento sensato com a Bakken, mas ficará menos intenso daqui em diante. Com os intermodais, a BNSF procurará crescer.

Conselho Básico

Buffett elogiou Andy Hayward e sua série "Clube Secreto dos Milionários", por ajudar milhares de crianças a aprender como cuidar do dinheiro, fazer amigos e tornarem-se cidadãs melhores.

O investidor relembrou a todos de que comprar uma ação significa comprar parte da posse de uma empresa. Não fique preso às cotações diárias dos preços. Pelo contrário, pense no desempenho da empresa e o que você pagaria por ela, assim como faria com uma fazenda.

Munger acrescentou que, embora seja difícil, é necessário buscar pessoas nas quais possa confiar ao lidar com investimentos.

Buffett garantiu que as empresas dos EUA irão bem ao longo do tempo. Não tenha inveja. Siga seu curso natural.

Política de Energia Solar de Nevada

Surgiu um debate sobre uma decisão controversa do Comitê de Serviços Públicos de Nevada.

O Comitê decidiu interromper um experimento de reembolso que permitia que os proprietários de casas com painéis de energia solar no teto vendessem de volta para a rede elétrica com uma taxa subsidiada. De fato, 99% dos proprietários estavam subsidiando o 1% que tinham painéis no teto ao pagar um preço inflacionado por sua energia.

Buffett pareceu concordar com a decisão.

Ele destacou que a pergunta-chave é: "Quem paga o subsídio?" Nesse caso, não era certo para os 99% pagarem um preço inflacionado em benefício do 1%. No entanto, caso a sociedade toda seja beneficiada, ela deveria pagar a conta.

Greg Abel deu sua opinião, afirmando que a Berkshire é totalmente a favor das energias renováveis, mas com um preço de mercado, não subsidiado. Ele observou que, até 2019, 76% das instalações da Berkshire alimentadas por carvão seriam substituídas por energia solar.

Educação nos EUA

Buffett observou que o monopólio e a burocracia estão muito difundidos na educação superior dos EUA. Se você quer mais eficiência financeira na educação, é como correr atrás do vento.

Munger concordou, comentando que uma sociedade rica tem uma obrigação para com os jovens, assim como para com os idosos. Os endowments subiram, porém não há redução nas mensalidades nem aumento no número de alunos. A única coisa que subiu foram os salários dos professores. Para muitas escolas, a proposta do endowment é apenas aumentar a si próprio.

Munger interrompeu a si mesmo: "Já fiz todos os inimigos que consegui."

Buffett: "Isso nunca o parou no passado."

Trump ou Clinton?

Buffett alegou que a Berkshire estará bem com qualquer candidato.

Apesar dos impostos de 50% durante muitos anos, dos controles de preços, das regulações e outras coisas, as empresas dos EUA se saíram extremamente bem ao longo dos últimos 200 anos. O país é um lugar extremamente atraente para fazer negócios. O PIB per capita teve um aumento sêxtuplo durante sua vida.

Embora o rendimento global seja muito bom, sua distribuição pode deixar a desejar.

Munger comentou que os números do PIB subestimam as vantagens reais que o sistema ofereceu aos cidadãos — vantagens que não são facilmente traduzidas em números monetários.

Buffett desafiou aqueles que pensam que este é um momento ruim para nascer. Eles estão errados. Considere o ritmo das inovações. Só com os telefones, há diversas escolhas que não existiam há apenas 20 anos.

Rentabilidade dos Bancos

Buffett comentou que é possível mudar totalmente a rentabilidade dos bancos com exigências de capital. Havendo uma exigência de capital de 100%, não seria possível ganhar dinheiro algum. Com uma exigência de 1%, há um acréscimo de risco muito grande ao sistema.

Exigências de capital novas e mais severas certamente farão com que grandes bancos sejam menos rentáveis, embora também tenham riscos menores.

A Wells Fargo é a maior posição em ações negociáveis em mercado da Berkshire. Buffett a aprecia muito, com sua enorme base de depósitos muito baratos. Infelizmente, a Wells precisa fazer empréstimos com taxas baratas no momento, mas Buffett espera que os spreads funcionem em seu favor no futuro.

Ativistas

Buffett acredita que a disposição da Berkshire para recomprar ações manterá seu preço de ação em uma aproximação razoável do preço de mercado. É muito improvável que a empresa quebre.

Munger observou que a preocupação com os acionistas ativistas é boa para a empresa. Se uma empresa está sendo atacada, a Berkshire se torna uma ótima aliada.

Sequoia Fund

Após sua constrangedora concentração excessiva na Valeant, o Sequoia Fund foi o tema da discussão.

Buffett relembrou que ele foi o pai do fundo.

Quando encerrou a Buffett Partnership em 1969, os sócios queriam saber o que fazer. Buffett sugeriu colocar uma quantia em bonds municipais, também sugerindo apenas dois gerentes: Sandy Gottesman e Bill Ruane — duas pessoas excelentes com talento e integridade.

Gottesman assumiu os clientes individuais. Ruane iniciou o Sequoia Fund para clientes com ganhos mais modestos, e realizou um trabalho fantástico até seu falecimento, em 2005.

Com a Valeant, apesar das objeções do conselho, os gerentes assumiram uma posição incomumente grande.* O principal gestor envolvido no Sequoia não está mais lá. O modelo de negócios da Valeant era cheio de defeitos e havia sido propagandeado para a Berkshire.

Buffett expôs que o fiasco da Valeant ilustra um princípio de Peter Kiewit: "Quando precisar de um gestor, busque alguém com inteligência, energia e integridade. Se não tiverem integridade, esteja certo de que não têm inteligência e energia. Se não tiverem integridade, devem ser burros e preguiçosos."

Buffett comentou que já viu certas coisas acontecerem repetidas vezes. A Valeant apresentava elementos de um esquema de corrente de mensagens. Muitas coisas de Wall Street parecem ter esse elemento.

Buffett acreditava que a equipe no Sequoia dali em diante era composta de pessoas capazes. Munger concordou. O Sequoia, da forma que foi reconstituído, está bem conceituado. O problema está resolvido. Quanto à Valeant, Munger disse que é um esgoto e que aqueles que a criaram mereceram o que receberam.

Atualização da Aposta

Buffett ofereceu uma atualização a respeito de sua aposta com a Protégé Partners de que o S&P 500 superaria uma seleção de fundos de hedge ao longo de 10 anos, começando em 2008.

Até 2015, o placar era S&P 500 acima de 65%; fundos de hedge da Protégé acima de 22%.

Buffett está demonstrando muito eficazmente sua ideia sobre a excessiva remuneração dos gerentes de fundos de hedge: ganham 2 e 20 apenas por respirar!† Considerados em conjunto, os retornos de todos os gerentes devem estar na média. Com os fundos de hedge, você obtém a média depois de descontar as gigantescas despesas.

Além disso, há os honorários dos consultores. Caso apenas dissessem: "Compre um fundo do Índice S&P 500 e descanse por 50 anos", eles não conseguiriam cobrar tanto. Os traders hiperativos e seus "ajudantes" são, em conjunto, um imposto para o sistema.

Resumindo, você consegue escapar das taxas e obter a performance da indústria dos EUA ao possuir um fundo de Índice S&P 500.

---

* À certa altura, a Valeant consistia em 30% do fundo.

† 2% de taxa de ativos mais 20% dos lucros.

Isso não é novidade. Buffett mencionou o clássico escrito por Fred Schwed em 1940, *Where Are the Customers' Yachts?* ["Onde Estão os Iates dos Clientes?", em tradução livre].*

Buffett assegurou que muito mais dinheiro é ganho em Wall Street com o talento de vendas do que com o talento de investimentos.

Munger expôs, novamente, que encontrar pessoas nas quais você pode confiar é difícil — é como encontrar uma agulha no palheiro.

Buffett reiterou que ele tinha apenas duas recomendações em 1969: Gottesman e Ruane.

Só isso.

Cultura

Buffett afirmou com satisfação que a diretoria, os gerentes e os acionistas da Berkshire claramente reconhecem e abraçam a cultura da empresa. Ela funciona e não há muita concorrência.

O principal problema da Berkshire, observou, é seu tamanho. Até certo grau, o tamanho é inimigo do desempenho.

Munger sustentou que estava mais otimista, prevendo que a cultura da Berkshire surpreenderá a todos por funcionar tão bem. Muita potência no lugar certo com uma baixa rotatividade. Uma estabilidade ótima para pessoas que não estão lá pelo dinheiro.

Buffett comentou que a Berkshire seleciona membros do conselho administrativo com 1) inteligência para negócios; 2) orientados aos acionistas; e 3) com interesses especiais na Berkshire.

Eles têm o melhor conselho possível, afirmou, porque todos os seus membros compraram ações no mercado aberto. Não há opções de ações. Ele lamentou que os integrantes do conselho geralmente recebem opções apenas por respirar.

Sua sugestão foi que nos lembrássemos da foto de Natal no relatório anual. Ele espera que seja exatamente a mesma no próximo ano. É um grupo impressionante. Não há comitês. Não há grupos temporários de trabalho. É um esforço cooperativo de todos.

Recompras da Berkshire

Quando perguntaram a Buffett sobre a autorização para a recompra por 120% do valor contábil da Berkshire, ele reconheceu que a ação não foi negociada aos níveis de recompra, então não compraram nenhuma.

---

* Frase clássica do livro: "Disseram-me para comprar essa ação para me ajudar na velhice. Funcionou perfeitamente. Em uma semana, envelheci."

No entanto, ele adora a ideia, pois a maneira mais certa de ganhar dinheiro é comprar notas de um dólar por menos de um dólar.

Com o passar do tempo, a recompra é uma contribuição para garantir que uma política de não pagar dividendos resulte em um retorno maior do que pagar um dólar. É provável que funcione, mas não garantido.

Buffett observou que o valor intrínseco da Berkshire ficou maior que o valor contábil. Ele se admirou que, caso a empresa chegue a US$100-120 bilhões em dinheiro, talvez precisem aumentar o limiar.

Munger comentou que as recompras estão na moda, são vendidas por consultores, e geralmente destroem o valor.

Buffett opinou que a maioria das recompras é feita a qualquer preço, o que não faz sentido. É muito raro vermos métricas para governar os preços pagos. As recompras acima do valor intrínseco destroem valor.

Nas palavras dele: "Uma carteira cheia é como uma bexiga cheia. Pode ser que de repente surja uma vontade de esvaziá-la."

Nebraska Furniture Mart

Buffett nos contou que a nova loja da NFM em Dallas teve um volume inicial tão alto que eles não conseguiram dar conta. Levou um bom tempo até que as entregas se normalizassem.

Dallas já é sua maior loja e alcançará o patamar de US$1 bilhão em breve.

A NFM está trazendo preços e variedades inéditas para Dallas.

Cuidado com CNBQ

Ou seja, ataques cibernéticos, nucleares, bioquímicos e químicos.

Fazendo uma divagação séria, Buffett expôs que CNBQ é o nome do maior problema do mundo. Ele advertiu que algo do tipo acontecerá. É só uma questão de tempo, pois uma porcentagem da população inclui psicopatas, megalomaníacos e fanáticos religiosos.

E o problema está crescendo. Há mais dessas pessoas agora que a população mundial é de 7,4 bilhões do que quando era de três bilhões.

Além disso, nossas inovações nos levaram além dos arcos, flechas e espadas, então os danos potenciais aumentaram. Em 1945, com a explosão da bomba no Japão, desencadeamos um poder nunca antes visto pelo mundo. Aquela bomba compara-se a um revólver de brinquedo em face do que podemos fazer agora.

Ele recomendou que visitássemos o site da Union of Concerned Scientists para obtermos um estudo mais aprofundado dessas questões.

Para Buffett esse é um problema predominantemente reservado ao governo e uma prioridade para todos os presidentes.

Ele sugeriu que poderíamos argumentar que, se Hitler não tivesse sido tão antissemita, expulsando todos os cientistas, ele teria tido a bomba. Foi Leo Szilard que fez Einstein coassinar uma carta para o presidente Franklin D. Roosevelt que o convenceu a seguir em frente com o Projeto Manhattan. Um dos dois lados a teria.

Fazendo referências ao 11 de Setembro e à carta com antraz, Buffett observou que a capacidade de danos é assustadora. E ainda não sabemos exatamente o que fazer a respeito disso. É um problema difícil.

Mais uma vez ele advertiu, qualquer coisa que tenha 99,9% de chances de não acontecer, acabará acontecendo em algum momento.

Veja os Detalhes

Perguntado sobre como faz as coisas, Buffett contou que ele e Charlie leem muito.

O mais importante para ele são os microfatores, e não os macro, que geralmente recebem toda a atenção. Ele adora saber todos os detalhes de uma empresa.

Buffett recordou que, em 1972, a See's Candy tinha 140 lojas. Dava para analisar cada uma, ver como foram no primeiro, segundo e terceiro anos. Era muito interessante. Nunca se sabe quando algum fato pode tornar-se útil.

Ele comparou isso com beisebol, em que cada movimento chama a atenção e, de repente, você tem um roubo duplo.

Perspectiva de Fluxo de Caixa Livre

Uma pergunta sobre o fluxo de caixa livre se transformou em um adorável passeio pelos conceitos sobre o valor de bons mentores.

Buffett começou explicando a questão do imposto diferido da Berkshire (cerca de US$21 bilhões sobre cerca de US$60 bilhões de apreciação não realizada), o float (US$88 bilhões) e a depreciação.

Ele admitiu que a Berkshire gastará mais que a depreciação tanto na Burlington Northern Santa Fe como na Berkshire Hathaway Energy durante muitos e muitos anos.

Comentou ainda que os lucros operacionais anuais (cerca de US$17 bilhões) e adicionais ao float se igualariam ao novo caixa líquido disponível da Berkshire.

Essa torrente de fluxo de caixa a ser alocada pode causar muitos erros.

O objetivo, mais uma vez, é agregar, a cada ano, poder à capacidade da empresa de gerar lucros por ação.

Munger brincou que o segredo é não ficar à mercê de idiotices padronizadas. Caso contrário, você se sairá bem.

Ele comentou que o dom de Warren é pensar à frente das pessoas. Ele faz isso de uma maneira muito clara.

Buffett citou Yogi Berra: "Você pode observar muito apenas assistindo."

E disse que eles veem pessoas muito inteligentes fazendo coisas muito burras. Pessoas ricas alavancando e apresentando outros comportamentos autodestrutivos.

Munger contribuiu, dizendo que o necessário é ter o temperamento de oportunismo adequado, combinado com paciência e misturados com a tentativa de se comportar bem.

Ele fez referência ao pastor que, no discurso fúnebre de seu avô, disse: "Ninguém invejou o sucesso do homem tão justamente conquistado e tão sabiamente usado." Não significa apenas ser inteligente, mas também realizar as coisas de uma boa maneira.

Então, surgiu uma recordação de mentores que já se foram.

Munger mencionou que Fred, tio de Warren, foi uma das melhores pessoas que ele conheceu.

Buffett mencionou suas quatro tias e como todas elas reforçaram boas qualidades nele.

Soltando uma piada, Munger expressou seu desejo de que Warren tivesse tido mais tias, assim ele teria se saído ainda melhor.

Ele recordou-se do avô de Warren, Earnest, que os fazia dar duro no supermercado da família Buffett e depois discursava para eles sobre autoconfiança.

Resumindo, Buffett disse que tiveram muita sorte por essas pessoas terem passado por suas vidas.

Aquisições: Qualidade da Empresa + Qualidade das Pessoas

Buffett disse que o mais importante em uma aquisição é se você sabe o suficiente sobre a economia da empresa.

Ele argumentou que as due diligences típicas não chegam a identificar os riscos reais. Ele poderia listar pelo menos meia dúzia de erros cometidos, sendo que nenhum poderia ter sido prevenido usando-se uma checklist padrão. Tudo se resume à economia futura.

Por exemplo, se você der US$1 bilhão a um gerente por uma empresa da qual ele já possuiu 100%, ele se comportará no futuro da mesma forma que o fez no passado? É uma questão muito importante que não está em uma lista de verificação.

Munger concordou, comentando que a essência de tudo isso está na qualidade da empresa e a qualidade humana da gerência. Nenhuma das duas pode ser garantida pela "devida diligência".

Ele disse que não conhecia ninguém que tenha feito um trabalho melhor com aquisições do que a Berkshire.

Acrescentando, Buffett disse que gosta de demonstrar confiança e que a recíproca geralmente é rápida. Isso faz com que as coisas continuem em movimento.

Além disso, ele descobriu que pessoas realmente capazes conseguem resolver muitas coisas. Não há limites para o que as pessoas talentosas podem fazer.

Ele observou que os gerentes da Berkshire agregaram bilhões de dólares ao valor da empresa com o passar dos anos.

Munger destacou que o contrário é verdadeiro: "Não apenas é fácil confiar nos mais capazes; é impossível consertar os incapazes. Você é forçado a usar nosso sistema se estiver sempre alerta e vigilante."

3G Capital Partners e Corte de Custos

A 3G Capital Partners foi muito criticada por sua abordagem de corte de custos com a Kraft Heinz.

Buffett defendeu a 3G, citando Tom Murphy, CEO da Cap Cities, que disse que a melhor abordagem é nunca contratar alguém de quem não precise, então não precisará mandar ninguém embora.

Na sugestão de Buffett, todos os tipos de empresas têm pessoas que não fazem muito. Ele abriria mão da equipe de economia e do departamento de relações com investidores, por exemplo.

Sua impressão é de que a 3G é extremamente inteligente em relação a seus funcionários. No setor de alimentos industrializados, as tendências volumétricas não são boas, então alguns cortes são necessários.

Munger comentou que reduzir o volume de vendas às vezes pode ser bem inteligente. Assim como talvez seja necessário reduzir o quadro de funcionários, pode haver épocas em que é necessário perder alguns clientes.

Ele concluiu dizendo que uma equipe enxuta é sempre melhor.

Buffett observou que, quando ideias negligentes aparecem em uma área, aparecerão em outra também. Ele recomendou a leitura de *Barbarians at the Gate* para uma lição de como uma ótima empresa pode se tornar negligente.

Van Tuyl

Quanto à aquisição feita pela Berkshire da revendedora de automóveis Van Tuyl por US$4,1 bilhões, Buffett comentou que US$1 bilhão em valores mobiliários diversos vieram com o negócio, então desconte essa quantia do preço! Além disso, a saúde financeira está boa e o CEO, Jeff Rachor, é de primeira classe.

NIRP (Políticas de Taxas de Juros Negativas)

Buffett constatou que, embora as taxas de juros passarem de 0% para -0,5% não seja diferente do que sair de 4,0% para 3,5%, a impressão é diferente.

O mais impressionante é que tivemos taxas de juros a 0% por muito tempo. Isso faz com que as pessoas paguem muito mais por empresas do que quando as taxas estão a, digamos, 15%.

A regra de Esopo de que vale mais um pássaro na mão do que dois voando está sendo reescrita como um pássaro na mão vale 9/10 de um pássaro voando.

Munger observou que nunca tiveram NIRP antes. Todos os keynesianos permaneceram estagnados, entorpecidos com o Japão por 25 anos.

E disse que sua vantagem é que ele sabe que não entende disso.

Munger: "Se não está confuso, é porque não pensou sobre isso corretamente."

Buffett: "Então eu pensei corretamente."

Compensação

Munger observou a importância de incentivos adequados. Você obtém na medida pela qual recompensa. Recompense a tolice e terá resultados tolos.

Buffett nos contou que a GEICO usa apenas duas variáveis que se aplicam para o bônus de plano de carreira de seus 20 mil funcionários: 1) crescimento das apólices em vigor; e 2) rentabilidade de empresas maduras.

Ele observou que essa abordagem permite a natureza cara das apólices de primeiro ano. É simples, todos a entendem e ela alinha os objetivos dos proprietários com os objetivos dos funcionários.

Munger partiu para suas críticas anuais aos consultores de compensação.

Ele afirmou que é importante não recompensar apenas os lucros. Os bancos e as empresas de seguros podem apresentar lucros enormes no papel antes de o desastre aparecer. Isso foi uma das principais causas do fiasco dos financiamentos residenciais subprime. Os contadores permitiram que os credores usassem apenas a experiência de empréstimos passados para concedê-los. Foi insano — e ninguém está envergonhado. O CEO

muito ganancioso recruta outros no setor para formar uma pirâmide, então não parece que está nisso sozinho. As opções de ações são remarcadas
com preços mais baixos.

Munger interrompeu a si mesmo, resumindo que a compensação inteligente não é tão complicada quanto o mundo a faz parecer.

Reestruturação

Uma pergunta sobre reestruturação cutucou uma ferida.

Munger retrucou: "Você mataria sua mãe para ficar com o dinheiro do
seguro?"

Ele observou que a Berkshire nunca teve custos de reestruturação e que
nunca iniciaria uma.

Buffett disse que o segredo é que seus números contábeis são declarados
de forma conservadora. A única subavaliação no balanço patrimonial da
Berkshire era a baixa depreciação da BNSF, que foi abertamente discutida.

Citação Final

Munger: "Penso que, se você vir o mundo com exatidão, de tão ridículo ele
chega a ser engraçado."

2017

Local: CenturyLink Center

Participação: 40 mil pessoas

Detalhes Sobre Este Ano:

- Apesar de a reunião ter sido transmitida ao vivo por stream, o que reduz a necessidade de locomoção até Omaha, pelo segundo ano consecutivo, a participação presencial foi a maior de todas.

- Um dos motivos para a grande adesão pode ter sido que, ano passado, Warren acrescentou um dia a mais de compras, abrindo o Shopping Berkshire na sexta-feira. Nesse ano, os acionistas/compradores estavam prontos. O lugar estava abarrotado. Os recordes anteriores de vendas no evento anual foram provavelmente ultrapassados com folga pelos ávidos caçadores de tesouros.

- As festividades tiveram início com um filme de uma hora de duração. Uma das vinhetas mostrava um clipe de Munger em uma reunião do Daily Journal na qual ele conversava sobre ser nerd e sobre namoro. Ele consegue um encontro com uma deusa loira, coloca fogo nela sem querer e apaga com Coca, deixando-a encharcada. Ele encoraja os camaradas nerds a perseverarem. Supomos que é sua versão de discurso motivacional.

Ranking na Fortune 500: 2º

- Agora a Berkshire só está atrás do WalMart.

Preço da Ação: US$244.121

Um dólar investido em 1964 valeria hoje **US$19.726**.

O valor patrimonial por ação da Berkshire subiu de US$19,46 para **US$172.108** (uma taxa de retorno composta de **19%** a.a.).

O S&P 500 acumulou **9,7%** anuais durante o mesmo período.

DESTAQUES DAS ANOTAÇÕES DE 2017

Lucros do Primeiro Trimestre

Buffett abriu a reunião fazendo uma análise dos lucros do primeiro trimestre.

Embora tenha sido relativamente curta, de certa forma, foi uma aula por si só, pois ilustrou muitos elementos do modelo Berkshire.

Para o trimestre, os lucros por ação foram de US$4.060, em comparação aos US$5.589 de um ano atrás.

No entanto, o importante não são os números, mas *o que eles representam*.

A pergunta-chave sempre é: *"O valor intrínseco cresceu?"* Buffett claramente acreditava que a resposta era "sim", sendo esse um bom trimestre em sua perspectiva.

Primeiro, ele orgulhosamente observou que a GEICO havia acrescentado 748 mil segurados desde o começo do ano.[*]

Os concorrentes aumentaram suas taxas. Os custos com perdas aumentaram bastante no setor[†] e alguns decidiram diminuir o ritmo, assumindo novos negócios. Agindo mais como um guepardo do que como um lagarto, a reação da GEICO foi acelerar seu empenho nos novos negócios.

Buffett considera cada segurado como uma corrente contínua de prêmios. Cada apólice vale algo em torno de US$2 mil para a Berkshire. Dessa forma, a GEICO agregou praticamente US$1,5 bilhão de valor intrínseco para a Berkshire apenas nos últimos quatro meses.[‡]

Segundo, ele observou que o float da Berkshire atingiu um novo patamar de US$105 bilhões, graças principalmente a um negócio com a AIG no qual a Berkshire recebeu um prêmio de US$10,5 bilhões por assumir 80% de substancialmente todas as exposições de cauda longa comerciais da AIG nos EUA por acidentes em 2015 e antes.

É bom para a AIG, permitindo que se desfaçam de uma carteira problemática de empresas que estava diminuindo os lucros.[§] Também é bom para a Berkshire, pois recebe bastante dinheiro agora no início (float) com o qual trabalhar em troca do pagamento dos pedidos de indenização durante muitos anos.

Ao destacar esses dois eventos, Buffett estava ensinando aos acionistas diversas lições essenciais:

---

[*] Em comparação, a GEICO acrescentou 707 mil apólices em 2015 e 974 mil em 2016.

[†] Em grande parte devido à "condução distraída". É perigoso usar o celular.

[‡] 748.000 x US$2.000 por apólice.

[§] Atualmente, o ativista Carl Icahn está de olho na AIG.

Por um lado, foco no crescimento do valor intrínseco, não nos lucros declarados. Mais uma vez, o importante não são os números, mas o que eles significam.

Cada empresa terá alguns fatores únicos que são essenciais na avaliação de seu progresso. Com frequência, *esses fatores únicos não são imediatamente refletidos nos lucros declarados.* Em nosso mundo com baixo limiar de atenção, os analistas e a mídia muitas vezes se concentram nos lucros declarados e não vão mais a fundo.

Com a GEICO, um desses fatores essenciais é a conta dos segurados. É Buffett quem está nos dizendo isso. Outro fator é o índice combinado, que reflete a lucratividade (ou a falta dela) dessas apólices com o passar do tempo. Há também a geração de float.

São essas as coisas que importam para a GEICO — e todas estão crescendo de maneira saudável. Em especial, o crescimento de segurados acelerou.

Para as operações de seguros da Berkshire, o crescimento do float com baixo custo, ou custo zero, é primordial. Acrescentar US$10,5 bilhões de float (um aumento de 11% de uma só vez) é uma grande soma ao valor intrínseco. Caso o float venha com custo baixo ou zero, ela atua de forma muito semelhante ao capital líquido.

Não é à toa que Buffett está encantado com o negócio com a AIG.

Outra lição é como o foco cirúrgico da Berkshire no crescimento do valor intrínseco em longo prazo e em estar confortável com lucros irregulares a coloca em uma posição de grande vantagem quando comparada com suas concorrentes de capital aberto.

No caso da GEICO, os concorrentes estão cedendo participação no mercado para proteger margens de lucro.

Sob a pressão de analistas, acionistas e outros grupos, as empresas de capital aberto são geralmente levadas a abrir mão de decisões racionais e em longo prazo em favor de gratificações em curto prazo.

Considerando a AIG, com Carl Icahn em seu pé, a empresa está cedendo 80% de sua carteira comercial pré-2016 nos EUA para melhorar a aparência dos lucros trimestrais.

Essa dinâmica criou rios de valor para a Berkshire ao longo dos anos.

Terceiro, isso destaca o valor da força e do share of mind da GEICO.

Há tempos a empresa tem sido uma operadora de baixo custo no setor de seguros para automóveis. Além disso, sua gestão investiu pesadamente para tornar a empresa sempre mais eficiente.

E a cereja do bolo é que, após anos fazendo um marketing gigantesco, a GEICO também criou um grande share of mind. *Ainda tem alguém que não saiba onde pode economizar 15% no seguro de seus automóveis?*

Quando as empresas aumentam os preços, os consumidores compram. A GEICO reagiu de forma imediata e exitosa a essa onda no mercado, pisando fundo no acelerador em seus esforços com novos negócios.

Quarto, isso destaca a característica de "Fort Knox" do balanço e da reputação da Berkshire.

Quando uma empresa de seguros cede uma carteira de empresas para uma resseguradora, ela ainda estará devendo caso a resseguradora não pagar.

A AIG tinha 10,5 bilhões de motivos para fazer esse negócio apenas com a Berkshire. Nenhuma outra empresa o teria feito.

Então, novamente, os lucros trimestrais estavam em baixa. Indo mais a fundo, Buffett nos informou que foi um bom trimestre para aumentar o valor intrínseco. E é isso o que importa na Berkshire Hathaway.

Carros Autônomos

Buffett observou que os carros autônomos são uma ameaça tanto para a GEICO como para as ferrovias.

Estradas mais seguras diminuiriam os custos com perdas econômicas, o que resultaria em menos dinheiro de prêmios para a GEICO. Caminhões mais seguros ofereceriam uma concorrência mais feroz para as ferrovias.

No entanto, Buffett acrescentou ainda que pensa que isso está muito distante no futuro

Munger: "Acho que está perfeitamente claro."

Buffett: "Até que enfim a aprovação, depois de todos esses anos."

Tecnologia

Uma pergunta sobre tecnologia transformou-se em uma revelação fascinante sobre os investimentos e não investimentos de Buffett nessa área.

Por um lado, a Berkshire vendeu partes da IBM. O investidor admitiu que estava errado acerca daquela empresa. Ele pensava que ela se sairia melhor durante os últimos seis anos.

Por outro, a Berkshire acumulou uma participação de US$18 bilhões na Apple. Buffett explicou que, embora a Apple obviamente tenha produtos com tecnologia embutida, a grande questão é: *"O que seus consumidores farão nos próximos anos?"*

Munger observou que a compra que Buffett fez da Apple sugere que, ou ele está louco, ou está aprendendo, sendo que a segunda opção é muito mais provável.

A Era da Tecnologia

Buffett sacudiu a reunião quando declarou que as pessoas não compreendem o quanto o mundo mudou.

Ele comentou que as cinco maiores empresas dos EUA em termos de capitalização de mercado (excluindo a Berkshire) — cerca de US$2,5 trilhões de valor de mercado — agora representam 10% de todo o mercado.

Essas cinco empresas (Alphabet, Amazon, Apple, Facebook e Microsoft) não precisam de capital próprio para serem administradas. Nada.

É um mundo muito diferente. Antigamente, o comum era que, para crescer e ganhar cada vez mais dinheiro, eram necessários grandes reinvestimentos de capital. Não é o caso dessas cinco, que geram *retornos quase infinitos sobre o capital*.

Reflexivo, Buffett disse que Andrew Mellon ficaria perplexo. Em seu mundo, o crescimento só poderia vir mediante mais capital. Mais caminhões. Mais fábricas. Mais instalações e equipamentos. Nosso sistema capitalista foi construído sobre ativos reais tangíveis associados à inovação.

Munger advertiu que o capital de risco tem corrido muito atrás dessa tendência e perdeu muito dinheiro com isso. Apenas poucos vão ganhar muito.*

Google

Munger assegurou que eles não possuem vantagens em tecnologia. Eles não foram inteligentes o suficiente para pegar o Google quando estava embaixo de seus narizes.

Buffett concordou que estiveram sempre muito próximos da empresa. Eles sabiam que a GEICO estava pagando US$10 por clique, e sem reclamar. Além do mais, não havia custo incremental com o Google. Os donos até mesmo vieram conversar com Buffett antes da oferta pública inicial.

Buffett confessou: "Pisei na bola."

Munger acrescentou que achavam que o Walmart seria moleza total, e pisaram na bola lá também.†

---

* O que compreendemos da fala de Buffett, de certa forma, é que por maiores que tenham sido as ações de tipo "FANG", *elas ainda são subreconhecidas*. A partir disso, deduzimos que essas ações podem ainda não estar totalmente valorizadas uma vez que as pessoas não compreendem o quanto seus modelos de capital são radicalmente diferentes de modelos anteriores.

† Munger é membro a diretoria da Costco há muito tempo, então ele conhece as grandes varejistas. Por que a Berkshire nunca assumiu uma participação significativa na Costco?

Amazon

Embora a Berkshire também não possua a Amazon, Buffett entende que não perdem muito nesse caso.

Em sua observação, disse que é difícil prever vencedores em novas áreas. É ainda mais surpreendente quando alguém constrói duas grandes empresas a partir do nada, como Jeff Bezos da Amazon fez com o varejo e a nuvem.

Ele comentou que Bezos expôs sua ideia no relatório anual de 1997.* Mesmo sabendo quais eram seus planos, colocá-los em execução com sucesso levaria muito tempo.

Munger constatou que o que a Amazon fez foi algo muito difícil e nada óbvio. Foi pior ter perdido o Google.

Munger concluiu que Jeff Bezos é de uma espécie diferente.

Indexação

Buffett pediu a John Bogle, que estava completando 88 anos de idade, para que se levantasse para ser homenageado.

Ele brincou que, em dois anos, Bogle estaria apto a se candidatar para uma vaga no conselho administrativo da Berkshire.

Ele o elogiou por sua defesa contínua da ideia de fundos de índice.

Posteriormente na reunião, Buffett discutiu sobre sua grande aposta em um fundo de fundos em 2007.

Ele analisou seu raciocínio de que um fundo de fundos de hedge, que cobra 2 e 20,† no total, simplesmente não conseguiria bater o índice. Por definição, o grande grupo de retornos agregados ficará na média. Subtraia as grandes taxas e o resultado deve ser pior que a média.

Buffett assegurou que foi a cultura de vendas de Wall Street que perpetuou o esquema.

Munger brincou que perguntaram a um gestor de fundos de hedge: "Por que você cobra 2 e 20?", e ele respondeu: "Porque não consegui 3 e 30."

O Erro da Wells Fargo

Em resposta sobre os erros ocorridos na Wells Fargo, Buffett observou que a Berkshire se beneficia da descentralização. No entanto, com centenas de milhares de funcionários, não há dúvidas de que, em algum lugar, alguns se comportarão de forma não apropriada.

---

* Ele também recomendou assistirmos à entrevista de Bezos concedida a Charlie Rose.

† 2% dos ativos mais 20% dos lucros.

A Berkshire apoia-se intensamente em princípios de comportamento em vez de montanhas de regras. Ele afirmou que uma cultura que se autosseleciona é melhor que um manual com mil páginas.

A cada dois anos, Buffett envia uma carta a todos os gestores com o "juramento Salomon": *"Perca dinheiro pela empresa e serei compreensivo. Perca uma gota de reputação pela empresa e serei implacável."*

Com a Wells Fargo, Buffett constatou que houve três erros, mas um deles, em particular, ofuscou os outros.

O erro foi incentivar o mau comportamento sem perceber. Além disso, como em qualquer cultura forte de vendas, há o risco de pressionar demais. Mas o erro gigante no caso foi que, quando o programa sai dos trilhos, *o CEO deve agir.*

Buffett recordou como se deu o escândalo Salomon. Paul Moser, do banco Salomon, estava fraudando os leilões do Tesouro com lances falsos. O então CEO, John Gutfreund, ficou sabendo e disse que cuidaria do caso. Só que não fez nada. Na verdade, ele chegou a comparar a infração a uma "multa de trânsito". Então, Moser repetiu a fraude. O piromaníaco havia acendido outra fogueira. Foi aí que as coisas implodiram para o Salomon. Essa "multa de trânsito" quase fez com que o empreendimento falisse.

Há momentos em que o CEO deve agir.

Com a Wells Fargo, o alto escalão subestimou o impacto das aberturas fraudulentas de contas. As multas totalizaram US$185 milhões, quantia que não pareceu nada ofensiva. Foi um erro enorme. O CEO não agiu.

Buffett reformulou Ben Franklin: *"Um grama de prevenção vale mais do que uma tonelada de cura."*

A Compra Ideal

Buffett disse que reconhece um grande negócio quando vê um.

Embora cada situação seja única, em geral, ele adora uma vantagem competitiva que possa durar décadas, gestores talentosos e dispostos que se adequem à cultura da Berkshire e, obviamente, um bom preço.

Ele recontou como a compra da See's Candy em 1972 foi um divisor de águas.

Eles pagaram US$25 milhões líquidos por uma entidade que estava lucrando US$4 milhões antes dos impostos que, desde então, geraram lucros antes dos impostos de US$2 bilhões.

A See's Candy era especial naquela época, e ainda continua especial. No entanto, por um preço levemente maior, eles não a teriam comprado.

Munger: "Éramos jovens e ignorantes."

Buffett: "Agora somos velhos e ignorantes."

Aprendizado Contínuo — A Idiotice Precoce nos Ajudou

Um dos temas anuais de Buffett é o valor da aprendizagem. Ele observou que uma vida que é vivida adequadamente é um aprendizado constante.

Ele observou que os maiores momentos de aprendizado foram quando esteve errado.

Munger entrou na conversa dizendo que não há nada como as dolorosas experiências pessoais para nos ajudar a aprender.

Ele disse ainda que os dois tiveram muitas experiências precoces consertando empresas terríveis, e que isso os ajudou a aprender com os erros.

Buffett concordou que sua idiotice precoce de fato os ajudou.

Munger expôs de forma mais gráfica: *"Uma experiência dolorosa é como comer carrapichos. Realmente chama sua atenção."*

Acrescentando, Buffett disse que caso alguém queira ser um bom avaliador de uma empresa, deve administrar uma horrível por um tempo. Será possível ver o quanto pode ser ruim e que ter um QI alto não ajuda.*

Vantagem Competitiva Durável

Questionado sobre alguns de seus investimentos mais desafiadores (como American Express, Coca-Cola, Wells Fargo e as companhias aéreas), Buffett nos relembrou de que essas empresas não foram compradas porque nunca teriam problemas ou concorrência, mas porque tinham *vantagens competitivas duráveis.*

No caso da American Express, ele observou que o Platinum Card está indo muito bem.

A Berkshire é agora a detentora de quatro das maiores linhas aéreas — embora o setor tenha seus problemas, também tem seus pontos fortes.

Há também uma avaliação quanto à habilidade da gestão em afastar a concorrência.

Buffett comentou que a National Indemnity, comprada em 1968 por US$8 milhões, tornou-se um enorme ativo para a Berkshire após afastar saqueadores durante anos.

Resumindo, ele disse que é importante ter um castelo financeiro com um fosso muito grande e um cavaleiro honesto e talentoso para afastar os saqueadores.

Munger: "Não tenho nada a acrescentar."

Buffett: "Cortaremos o salário dele se não participar."

---

* Não podemos evitar um certo sentimento de vingança.

Em 1986, uma de minhas perguntas foi se possuir as fábricas têxteis, apesar de ser uma bagunça financeira, de fato acrescentava valor à Berkshire pelas lições aprendidas e mostrando a paciência e lealdade de Buffett às empresas adquiridas. Ele fez uma piada com minha pergunta, fiquei vermelho de vergonha e não me lembro do que ele disse depois.

De qualquer modo, na reunião desse ano, eles claramente defenderam que aqueles primeiros erros foram formativos na construção da máquina capitalizadora da Berkshire.

Companhias Aéreas

Surpreendentemente, Buffett expôs seu raciocínio quanto aos investimentos da Berkshire nas companhias aéreas. É raro vê-lo mostrando suas cartas de forma tão direta.

Operando a 80% da capacidade assento/milhas, para Buffett é muito possível que as receitas por passageiro/milha aumentem durante os próximos 5–10 anos.

Curiosamente, as companhias aéreas estão recebendo retornos maiores sobre o capital do que a UPS ou a FedEx.

Além disso, elas estão comprando muitas ações em múltiplos muito baixos. Mesmo que o negócio fique estável, as ações valerão mais nos próximos anos.

Buffett advertiu que não é moleza. A precificação será racional ou suicida? O que acontecerá com os preços do petróleo? Embora as relações trabalhistas pareçam estar mais estáveis, há falta de pilotos.

Munger observou que as ferrovias foram terríveis durante muitas décadas. Então, as coisas mudaram e ficaram boas.

Em resumo, Buffett contou que o segredo serão as margens operacionais, menor participação e a intensidade da concorrência na precificação.[*]

Valor Intrínseco da Empresa

Buffett observou que o valor intrínseco da empresa só pode ser calculado em retrospecto: o caixa gerado entre agora e o dia da avaliação, descontado a valor presente por uma taxa de juros apropriada.

Embora o valor contábil seja um ponto de partida, até mesmo 120% do valor patrimonial[†] subestima o valor intrínseco da Berkshire.

Voltando a 2007, Buffett estimou que a Berkshire tinha uma capitalização de cerca de 10% por ano. Seguindo em frente, Buffett disse, meditativo, que será difícil alcançar essa taxa de crescimento com as taxas de juros tão baixas.

A estatística futura imprescindível para Buffett seria: *"Qual será a taxa de juros pelos próximos 20 anos?"*

O palpite de Buffett é de que as taxas serão de alguma forma maiores nos próximos 20 anos. Caso isso ocorra, talvez seja possível ter 10% por ano para a Berkshire. Caso as taxas permaneçam baixas, a Berkshire provavelmente terá um número menor.

No entanto, a afirmação de Buffett foi que o negócio foi construído para durar.

Ele assegurou que as chances de a empresa ter um retorno terrível são as mais baixas possíveis. E as chances de ter um retorno sensacional também são as mais baixas possíveis.

---

[*] Mais uma vez, Buffett nos ensina que cada setor tem suas variáveis essenciais. As acima expostas são aquelas nas quais ele aposta para sua companhia aérea.

[†] A meta de recompra de ações da Berkshire.

Munger observou que o tamanho é a âncora que impede o bom desempenho, e que estão demonstrando isso.*

Ele também afirmou que a coleção de empresas da Berkshire é superior àquelas do S&P 500, em média.

Buffett concordou, comentando que a cultura da Berkshire é significativamente mais orientada aos acionistas do que as empresas do S&P 500. A cultura e a cosmovisão da Berkshire orientadas ao dono são distintamente diferentes da maioria das empresas de capital aberto, que estão sujeitas a todos os tipos de pressões.

Ele foi mais longe ainda: "Não consigo pensar em nada que conseguiria quebrar a Berkshire."

A empresa tem uma grande variedade de fluxos de lucros. Ela está estruturada para enfrentar dificuldades de todas as formas.†

Munger conclui, cheio de insight: "Muitas pessoas estão tentando ser brilhantes. Nós estamos apenas tentando ser racionais. É uma grande vantagem. É perigoso tentar ser brilhante."

Redução de Impostos

Quanto aos cortes de impostos propostos, Buffett observou que os efeitos podem variar bastante.

Para as empresas reguladas da Berkshire, os retornos são regulados, então todos os benefícios fluiriam para os consumidores. Para outras empresas, os ganhos podem ser perdidos por causa da concorrência. Quanto aos monopólios, todos os benefícios fluiriam para o lucro líquido da corporação.

A história mostra que os benefícios gerais são divididos entre as empresas e os consumidores.

Aversão aos Riscos

Munger comentou que, caso as coisas fossem de mal a pior de repente, a Berkshire se sairia muito melhor. Embora ele não deseje a adversidade para ninguém, a empresa se beneficia em tempos de caos.

Buffett observou que, quando o mundo está temeroso, as pessoas têm dificuldade em acreditar que as coisas melhorarão. Não é o caso com a Berkshire.

---

* Não obstante, ser grande tem suas vantagens: apenas a Berkshire era grande o suficiente para fazer o negócio com a AIG.

† Buffett muitas vezes menciona essa diversificação de fluxos de lucros. Foi o que permitiu que o Berkshire Insurance Group tivesse lucros após o Furacão Andrew. Ele também tem construído essa diversificação nas subsidiárias de energia e nas empresas em operação.

A confiança de Buffett na recuperação das coisas, repetidas vezes lhe permitiu colocar muito dinheiro para trabalhar em tempos difíceis. E, quando o medo bate, as coisas podem acontecer mais rapidamente do que você acredita.

Exemplificando, Buffett disse que, em 2008, com US$2,5 trilhões em fundos de renda fixa de curto prazo, US$750 bilhões se esvaíram em uma semana.

Em um aparte bonitinho, Buffett recordou que sua tia Katie, que viveu até os 97 anos, viveu de forma simples e tinha US$200 milhões em ações da Berkshire. Contudo, ela escrevia para Warren a cada 3–4 meses: "Desculpe incomodá-lo, mas vou ficar sem dinheiro?" Ele escrevia de volta: "Querida Katie, é uma boa pergunta. Porque se viver até 986 anos de idade, ficará sem dinheiro."

E disse, em conclusão: "Não há maneira, se você tem dinheiro o suficiente, de ficar no negativo durante sua vida."

Alocação de Capital

Quanto ao seu sucessor, Buffett enfatizou que habilidades comprovadas em alocação de capital será o segredo.

Em suas estimativas, a Berkshire precisará alocar cerca de US$400 bilhões durante a próxima década. Isso excede e muito todo o dinheiro colocado na empresa até hoje. Claramente, a alocação de capital precisará ser o talento primordial.

Buffett observou que tal pessoa precisará de uma "mentalidade financeira". Mesmo alguém com um QI de 140 pode ter uma mentalidade muito diferente que o leva a fazer péssimos investimentos. É necessário uma mentalidade financeira para refletir bem quanto ao dinheiro e aos investimentos.

Precision Castparts

Buffett se mostrou satisfeito com essa aquisição, observando que a empresa tem uma posição forte no setor aeroespacial e uma gestão extraordinária.

De acordo com ele, os lucros da Precision Castparts (PCP) estão subestimados, na medida em que há US$400 milhões de amortização anual da compra.

Ele adora as perspectivas de longo prazo para as peças de aeronaves e acredita que é improvável que sejam substituídas digitalmente. Em suas palavras: "Não haverá impressão 3D de peças aeroespaciais."

No geral, Buffett acredita que a PCP tem um grande futuro.[*]

---

[*] Antecipamos que parte do atrativo da PCP era sua habilidade de fazer aquisições, e a empresa já realizou duas.

O CEO da PCP, Mark Donegan, disse a Corey que adora trabalhar para Warren. Presume-se que, quando Donegan vê a possibilidade de fazer um bom negócio, tudo que precisa fazer é uma ligação para Omaha.

Produtividade

Buffett respondeu várias perguntas sobre a 3G Partners e suas maneiras agressivas de cortes de custos. A discussão rapidamente se transformou em um panorama sobre produtividade.

Como fez no relatório anual de 2016 da Berkshire, ele refletiu sobre a história das melhorias na produção.

Ele observou que, sem essas melhorias, ainda estaríamos vivendo da mesma forma que em 1776. Oitenta por cento da população trabalhadora dos EUA estavam nas fazendas 200 anos atrás.

Agricultura, aço, varejo — todas essas áreas estão sempre se tornando mais produtivas. Os EUA têm uma história marcada por constantemente encontrar formas melhores de fazer as coisas.

Com relação à Kraft Heinz, a 3G descobriu que poderia administrar as coisas com menos pessoas.

Buffett afirmou que a 3G foi justa nas indenizações.

Munger entrou na conversa dizendo que não se importaria em ser um agricultor de subsistência, e que tampouco sente a falta do operador de elevador. Embora seja desagradável para as pessoas envolvidas, a produtividade e a mudança são partes da vida.

Ele observou que as empresas têxteis, o ramo original da Berkshire, estavam fadadas ao ostracismo. Embora não tenha sido divertido, mover a produção para um lugar em que pudesse ser realizada mais eficientemente foi algo pró-social. As fábricas têxteis da Berkshire foram fechadas e duas mil pessoas foram demitidas.

Ele concordou ainda que não há nada de errado em melhorar a produtividade. No entanto, admitiu que, só porque você está certo, não significa que deva sempre fazer isso.

Em relação à inteligência artificial, Buffett observou que mais mudanças ocorrerão. É quase certo que ela diminuirá os empregos em certas áreas, embora seja boa para a sociedade em geral.

Ele nos propôs um problema filosófico: digamos que alguém pudesse apertar um botão e todo o PIB dos EUA fosse produzido, deixando 150 milhões de trabalhadores sem emprego. Seria uma transformação disruptiva e pró-social, em algum momento futuro.

Além disso, a Berkshire dá a Donegan a liberdade de investir em contratos aeroespaciais de longo prazo. Embora esses ciclos de peças aeroespaciais sejam caros de início, podem criar fluxos de ganhos muito lucrativos em longo prazo.

Antigamente, quando a PCP tinha seu capital aberto, o processo de ganhos irregulares deu muitas dores de cabeça a Donegan na lida com os acionistas, banqueiros e analistas. Agora, trabalhando na Berkshire, ele está livre para desenvolver valor intrínseco de longo prazo sem uma preocupação indevida com a turbulência dos ciclos de lucros de curto prazo.

Na visão de Munger, isso é uma questão de quão rapidamente as pessoas se adaptam. Quando surgiu o ar-condicionado, a aceitação foi imediata. Ninguém queria voltar a ficar suado e cheirando mal no sul dos EUA.

Ele encerrou o tópico opinando que as mudanças continuarão, mas que não serão tão rápidas; ninguém precisa se preocupar tanto.

Berkshire Hathaway Energy: Eólica e Solar

Buffett está orgulhoso dos grandes investimentos feitos pela Berkshire em energia eólica e solar, e está ávido por mais. Ele disse que, se houvesse um projeto de energia solar de US$5 bilhões, eles dariam uma olhada.

Iowa demonstrou ser uma bonança para os projetos eólicos. Em 2016, o vento gerou 55% de todos os megawatt/hora vendidos aos consumidores de varejo no estado. Novos projetos que aumentarão a porcentagem para 89% até 2020 estão a caminho.

Buffett concluiu que Iowa é excelente para a energia eólica, e a Califórnia é excelente para a solar.

Um dos segredos é que a Berkshire paga muitos impostos, então os subsídios fiscais para a energia eólica e solar oferecem um valor real à empresa.

Em contraste, a maioria das companhias públicas de energia 1) não tem muito dinheiro após os dividendos para investir; e 2) não paga muitos impostos reais, então os subsídios são pequenos ou sem valor.

Ele disse que Greg Abel tem feito um trabalho sensacional.

Os preços da Berkshire Hathaway Energy estão 21%–33% mais baixos nos estados nos quais oferecem seus serviços.

Embora as provedoras do centro-oeste produzam energia a 9,7 centavos por kilowatt em média, a MidAmerican Energy está produzindo por apenas 7,1 centavos.

Nas previsões de Buffett, durante os próximos dez anos a Berkshire terá significativamente mais dinheiro investido em sistemas de energia, e a empresa é a preferida entre as agências reguladoras de serviços públicos.

Oportunidades

Munger sugeriu que devemos pescar onde os peixes estão. A China tem muitos peixes. No mercado norte-americano, há porcarias de barcos demais.

Assistência Médica

As taxas fiscais corporativas estão baixas há 50 anos. Enquanto isso, os custos de assistência médica dispararam. Buffett relatou que, em 1960, as taxas corporativas eram de 4% do PIB e os custos com assistência médica eram de 5%. Hoje, as taxas corporativas são de 2% do PIB e a assistência médica é de 17%.

Ele denominou os custos médicos como *a tênia da competitividade econômica norte-americana*. O restante do mundo gasta 5%–10% do PIB em assistência médica, sendo a maioria com sistemas públicos de saúde.

Munger opinou que há muito na assistência médica de que não gosta. Quimioterapias demais para os moribundos, médicos realizando muitas cirurgias desnecessárias.

Ele afirmou que isso não é algo moral. No entanto, interesses adquiridos são difíceis de serem mudados. Estamos apaixonados por nossas tecnologias que salvam vidas. O sistema está louco e os custos estão selvagens.

Em sua previsão, as tendências presentes ficarão cada vez piores.

Olhando para o Passado e para o Futuro

Certo homem da região e que estava na plateia, nascido em 1965, disse que Buffett havia administrado a Berkshire Hathaway durante sua vida inteira. Olhando para o passado, durante todos aqueles anos, o homem de 52 anos estava interessado em ouvir alguma memória em referência à primeira reunião anual da Berkshire.

Continuando, o cidadão local disse que perguntou a Buffett em 2011 como gostaria de ser reconhecido daqui a 100 anos. Agora, em 2017, ele gostaria de saber o mesmo de Munger.

Munger respondeu de uma vez a pergunta dupla daquele homem.

Ele recordou que sua memória mais antiga sobre a reunião era da resposta dada por Buffett quanto à velha pergunta sobre legado: "Perguntaram-lhe o que gostaria que dissessem em seu funeral, e ele respondeu: 'Quero que todos estejam comentado que é o cadáver mais velho que já viram.'"

Buffett brincou, rindo dessa piada frequentemente contada: "Isso pode ter sido a coisa mais inteligente que eu já disse."

Então, ficando sério, Buffett nos contou que seu legado ideal é muito simples. Ele realmente gosta de ensinar. Durante toda sua vida, sempre ensinou, seja formal ou informalmente. Ele também teve alguns dos melhores professores possíveis. Assim, entende que, se alguém considera que ele fez um bom trabalho ensinando, ele se sentiria muito satisfeito.

Munger concluiu: "E para tornar o ensino durável, é necessário ter um pouco de esperteza. E isso nós dois conseguimos oferecer."

APÊNDICES

APÊNDICE I:
NO PRINCÍPIO...
HOUVE A ALOCAÇÃO DE
CAPITAL

A história da aquisição da Berkshire Hathaway por Buffett começa com a alocação de capital.

Foi a enorme proposta de recompra na reunião de acionistas em 1962 que chamou a atenção dele. Aquela era uma época em que as recompras eram quase inexistentes.

Consideramos o episódio todo fascinante, então reproduzimos a seguir o relato do próprio Buffett, compartilhado por ele no relatório anual da Berkshire de 2014:

> "No dia 6 de maio de 1964, a Berkshire Hathaway, na época administrada por Seabury Stanton, enviou uma carta a seus acionistas oferecendo-se para comprar 225 mil ações por US\$11,375 cada. Eu sabia que a carta chegaria em algum momento; fiquei surpreso foi com o preço.
>
> Na época, a Berkshire tinha 1.583.680 ações emitidas. Cerca de 7% dessas ações estavam sob a posse da Buffett Partnership Ltd. ("BPL"), uma firma de investimento que eu administrava e na qual tinha praticamente todo meu patrimônio líquido. Logo antes da proposta de compra de ações ser enviada, Stanton havia me perguntado o preço pelo qual a BPL venderia suas participações. Respondi US\$11,50, e ele disse: 'Certo, temos um acordo.' Então, chegou a carta da Berkshire oferecendo um oitavo de um ponto a menos. Fiquei enfurecido pelo comportamento de Stanton e não fiz a oferta.

Foi uma decisão monumentalmente idiota.

A Berkshire era então uma fabricante têxtil no norte dos EUA atolada em um péssimo negócio. O ramo no qual operava estava deslocando-se para o sul, e começando a dar errado. E a Berkshire, por vários motivos, não conseguiu mudar seu rumo."*

"Isso era verdade, muito embora os problemas do setor há tempos tenham sido amplamente reconhecidos. As próprias atas da diretoria da Berkshire de 29 de julho de 1954 expunham os fatos sombrios: 'O setor têxtil na Nova Inglaterra começou a falir quarenta anos atrás. Durante os anos de guerra, esse ramo ficou parado. O ramo deve continuar até que a oferta e a demanda estejam equilibrados.'

Cerca de um ano após aquela reunião da diretoria, a Berkshire Fine Spinning Associates e a Hathaway Manufacturing — ambas com suas raízes no século XIX — juntaram forças, assumindo o nome que carregamos até hoje. Com suas 14 instalações e 10 mil funcionários, a fusão tornou a empresa a gigante dentre as têxteis na Nova Inglaterra. No entanto, o que as duas gerências viram como um acordo de fusão, logo transformou-se em um pacto suicida. Durante os sete anos seguintes à consolidação, a Berkshire operou com uma perda geral, e seu patrimônio líquido diminuiu em 37%.

Enquanto isso, a empresa fechou nove instalações, às vezes usando o processo de liquidação para recomprar ações. E esse padrão chamou minha atenção.

Comprei as primeiras ações da Berkshire para a BPL em dezembro de 1962, antecipando mais fechamentos e recompras. Na época, a ação estava sendo vendida por US$7,50, um grande desconto a partir do capital circulante por ação de US$10,25 e do valor contábil de US$20,20. Comprar a ação por aquele preço era como pegar uma guimba de cigarro do chão que oferecia uma última tragada. Embora a guimba estivesse feia e empapada, a tragada seria de graça. Porém, uma vez que aquele prazer momentâneo fosse experimentado, não dava para esperar mais nada.

Dali em diante, a Berkshire seguiu o script à risca: não demorou até que fechasse outras duas instalações e, na mudança de maio de 1964, iniciou a recompra de ações com os proventos dos

---

* Charlie Munger certa vez se referiu às empresas têxteis como "eletricidade congelada", então a mudança da produção para os estados mais ao sul do Vale do Tennessee era inevitável. Classicamente sutil, como de costume, ele concluiu que a empresa têxtil da Nova Inglaterra estava "totalmente condenada e que certamente faliria".

fechamentos. O preço que Stanton ofereceu estava 50% acima do custo de nossas compras originais. Aí estava — minha tragada gratuita, apenas me esperando, após a qual poderia ir atrás de outras guimbas descartadas.

Em vez disso, irritado pela tapeação de Stanton, ignorei sua oferta e comecei a comprar agressivamente mais ações da Berkshire.

Em abril de 1965, a BPL possuía 392.633 ações (das então 1.017.547 emitidas), e, durante uma reunião da diretoria no início de maio, formalmente assumimos o controle da empresa. Como resultado do comportamento infantil de Seabury e meu — afinal, o que era um oitavo de um ponto para nós? — ele perdeu o emprego e eu me vi com mais de 25% do capital da BPL investido em uma empresa terrível sobre a qual sabia muito pouco. Após correr atrás do vento, consegui alcançá-lo e não sabia o que fazer.

Por causa das perdas operacionais e das recompras de ações da Berkshire, seu patrimônio líquido no fim do exercício de 1964 havia caído de US$55 milhões na época da fusão de 1955 para US$22 milhões. Toda essa quantia de US$22 milhões era necessária para a operação têxtil: a empresa não tinha reservas e estava devendo US$2,5 milhões ao banco. Tive sorte por algum tempo: a Berkshire imediatamente teve dois anos de boas condições de operações. E ainda melhor, seus lucros nesses anos foram livres de imposto de renda porque a empresa tinha muitas perdas que haviam surgido dos resultados desastrosos de anos anteriores para serem lançadas retroativamente no próximo exercício.

Então, a lua de mel acabou. Durante os 18 anos seguintes após 1966, batalhamos incansavelmente no setor têxtil, mas foi tudo em vão. No entanto, a teimosia — idiotice? — tem seus limites. Em 1985, finalmente joguei a toalha e encerrei a operação."

Um Tutorial sobre a Alocação de Capital

Embora Buffett fique interrogando-se por que comprou uma empresa têxtil prestes a falir por pura raiva da tapeação de Stanton Seabury, achamos que, de fato, ele protesta demais.

Na verdade, as manobras de Buffett nos anos seguintes constituíram um exercício impressionante de realocação agressiva de capital.

Veja os números: em 1964, um ano antes de Buffett assumir, o valor contábil por ação da Berkshire ficou em US$19,46 com ganhos por ação de

US$0,15. *No fim do exercício de 1969, o valor contábil por ação da Berkshire era de US$43,18, um aumento de 120%, com ganhos por ação de US$8,07.*

Que diabos Buffett fez com aquela empresa têxtil moribunda para conseguir isso?

Vamos analisar.

Recompras

Na época da compra, a Berkshire estava submetendo-se a um programa radical de recompras.

Em 1964, a empresa comprou 469.602 ações, deixando 1.137.778 ações emitidas, uma diminuição de 29% de capitalização!

Além do mais, isso foi feito com um preço médio pago de US$11,32 por ação, muito abaixo do valor contábil.

Um valor substancial por ação estava sendo criado por diminuir a capitalização a preços muito baixos.

Sob o comando de Buffett, a Berkshire comprou outras 120.231 ações para diminuir a capitalização ainda mais. Somando-se tudo, a conta de ações da Berkshire saiu de 1.607.380 em 1964 para 1.017.547 em 1969, uma redução de 37%.*

Valor Oculto

Em 1964, a Berkshire tinha US$5 milhões de "perdas de imposto remanescentes".

Considerando-se as regras contábeis da época, esse ativo não foi incluído no cálculo do valor contábil. Além disso, o ativo poderia ser muito valioso na época, uma vez que o imposto máximo corporativo era de 48%.

Em nossas estimativas, esse ativo agregou mais de US$2 de valor por ação, uma vez que a Berkshire usou todas as perdas de imposto remanescente em alguns anos, protegendo uma porção significativa dos lucros dos impostos.

Investimentos

Buffett criou recursos para investimento por meio de vendas adicionais de ativos e reduções de inventário e de custos fixos.

Ele investiu em títulos que se valorizaram significativamente, liquidando o portfólio durante 1968 e 1969.

---

* Compare isso com apenas um pouco mais de 1,6 milhão de ações emitidas hoje. A Berkshire teve uma expansão de ações muito pequena durante os últimos 50 anos.

Ele declarou lucros líquidos por ação a partir dos ganhos com aquelas vendas de US$2,20 (US$1,49 a partir da matriz e US$0,71 das subsidiárias de seguros) em 1968 e US$4,16 (US$3,87 da matriz e US$0,29 das subsidiárias de seguros) em 1969, agregando um total de US$6,36 de valor após os impostos.

Aquisições

Em 1967, a Berkshire comprou a National Indemnity por US$8,4 milhões, que se tornou a base para a construção do império de seguros da Berkshire.

Na época do relatório de 1969, a empresa estava passando a ser fiadora, entrando nas compensações dos trabalhadores e nos resseguros.

Em 1969, a Berkshire comprou o Illinois National Bank and Trust Co. de Rockford, Illinois.

Lucros e Poder de Geração de Lucros

Com essas duas novas linhas de empresas, Buffett transformou o poder de geração de lucros da Berkshire.

Dos US$8,07 de lucros por ação em 1969, US$4,66 vieram das operações: US$0,79 da operação têxtil, US$2,31 das subsidiárias de seguro e US$1,56 das operações bancárias.[*]

O elemento-chave a ser observado aqui é que a maior parte *do poder de geração de lucros futuros da Berkshire não estava mais na operação têxtil, mas em operações de seguros, bancos e investimentos.*

Perceba que o valor contábil de US$43,18 em 1969 representava uma empresa muito melhor, mais diversificada, com maior poder de geração de lucros e melhores perspectivas de crescimento do que o valor contábil de US$19,46 de 1964, então o aumento em *valor intrínseco por ação* foi ainda maior que o aumento de 120% de valor contábil por ação.

Apesar de seu início no malfadado setor têxtil, a habilidade de Buffett para realocar recursos transformou a Berkshire Hathaway em uma potência dinamicamente crescente em apenas cinco anos.

---

[*] Novamente, US$4,16 desses lucros representavam ganhos não recorrentes a partir da liquidação do portfólio de investimentos.

APÊNDICE II:
O CRESCIMENTO
ESPETACULAR EM
POPULARIDADE

Assim como a fama e a riqueza de Buffett cresceram, também cresceu o frenesi quanto às suas reuniões, outrora humildes:

- Nos anos 1970, as reuniões anuais da Berkshire consistiam em meia dúzia de acionistas em um café local;

- Em 1980, havia apenas 13 pessoas na reunião;

- Em 1984, Corey, agora meu sócio, era recém-contratado do departamento de auditoria da Berkshire e se juntou a algumas dezenas de fiéis seguidores no Red Lion Inn;

- Minha primeira reunião foi em 1985. Ela foi transferida para o Museu de Arte Joslyn para acomodar a "multidão". Havia cerca de 300 participantes;

- Em 1989, o ano em que a reunião atrasou 15 minutos para que mil pessoas se acomodassem, Buffett comentou: "Mais pessoas aparecem para falar sobre seu dinheiro do que para observar quadros antigos.";

- Em 1994, a participação continuou a crescer, com três mil acionistas enchendo o Orpheum Theater. Buffett disse, reflexivo, que o único lugar grande o suficiente para sediar a reunião do ano seguinte talvez fosse a pista local de corridas, AK-SAR-BEN. Ele comentou que, ao sair de um templo da cultura (o Museu de Arte Joslyn) para um antigo teatro de variedades, e então para um antro de apostas, a Berkshire estava decaindo na escala cultural;

- Em 1997, uma turba de 7,7 mil acionistas encheu o auditório da AK-SAR-BEN;

- Em agosto de 2001, mais de 10 mil fãs participaram do então denominado CenturyLink Center;

- Chegando em 2003, a participação praticamente dobrou, com 19 mil pessoas abarrotando o local;

- Em maio de 2008, com 31 mil dos amigos mais próximos de Warren na cidade, ele agora havia tomado conta de Omaha;

- Maio de 2013 teve a maior participação até então: 45 mil dos amigos de Warren Buffett se juntaram a ele no CenturyLink Center;

- Em 2016, os professores Buffett e Munger presidiram a primeira reunião da Berkshire transmitida ao vivo por stream do Yahoo Finance, criando uma audiência global. A transmissão ao vivo diminuiu a participação em cerca de 10%.

APÊNDICE III: LIÇÕES DO SHOPPING BERKSHIRE

Um dos segredos da explosão de participação nas reuniões foi o evento festivo de compras que Buffett astutamente acrescentou durante os anos 1990.

Sempre empreendedor, ele percebeu o poder de compra de sua base de acionistas. O fim de semana começava transformando-se em uma bonança de varejo para o mercado direcionado das subsidiárias da Berkshire. Desde então, eles capitalizaram sobre o enorme número de participantes ao implementar o "Shopping Berkshire".

Atualmente, os acionistas da Berkshire se dirigem em massa ao andar térreo do CenturyLink Center. E lá lhes aguarda um minishopping com estandes das subsidiárias vendendo seus produtos.

O shopping descaradamente acrescenta o máximo de empreendimentos da Berkshire que cabem no local. Entre eles, estão:

- Benjamin Moore Paints
- Borsheim's Jewelry
- Clayton Homes
- Cort Business Furniture
- Dairy Queen
- Fruit of the Loom
- GEICO Seguros
- Ginsu Knives
- H.H. Brown Shoe
- Justin Boots

- Kirby vacuum cleaners
- Larson-Juhl custom framing
- M&T Bank
- Nebraska Furniture Mart
- Pampered Chef
- Quikut Knives
- See's Candy
- Shaw Carpets
- World Book

Se isso não fosse branding o suficiente, as compras e amostras são levadas para casa em sacolas com a logo da Coca-Cola estampada. Caricaturas de Buffett decoram a festa, aparecendo em quantos produtos seja possível — incluindo cuecas, camisetas e até potes de ketchup colecionáveis.

Isso não é apenas uma artimanha de vendas. É muito mais que isso.

Em 2008, a Nebraska Furniture Mart bateu um recorde de US$7,5 milhões em vendas durante o evento. Para muitos varejistas, uma quantia considerada um ano bom. Em 2012, Buffett orgulhosamente anunciou que os acionistas da Berkshire gastaram US$35 milhões em todos os produtos, de doces da See's Candy a joias da Borsheim's, uma média de US$1 mil por participante. E em 2014 a Nebraska Furniture Mart ganhou mais de US$40 milhões em vendas na semana da reunião — equivalente a 10% de suas vendas anuais.

Buffett não está apenas permitindo que os acionistas da Berkshire façam sua parte para aumentar as vendas da empresa, mas o shopping também funciona como um grande recurso de ensino. Ele educa os acionistas sobre como a Berkshire tornou-se uma grande fábrica de empresas operantes.

De forma não tão sutil, é como se Buffett estivesse tacitamente berrando ao público que a Berkshire cresceu esse tanto ao ser primariamente uma empresa de holding de investimento anos atrás.

APÊNDICE IV: DINHEIRO/BONDS/ ÍNDICES DE AÇÕES

Ano	Portfólio de Investimentos (em milhões)	Porcentagem de Alocação		
		Dinheiro e Equivalentes	Títulos com Maturidades Fixas	Ações e Outros Investimentos
1979	US$615	5%	30%	65%
1980	US$764	8%	24%	68%
1981	US$911	8%	22%	70%
1982	US$1.162	5%	16%	79%
1983	US$1.516	5%	14%	81%
1984	US$1.710	10%	18%	72%
1985*	US$2.676	38%	18%	44%
1986	US$3.288	9%	34%	57%
1987	US$4.666	5%	44%	51%
1988	US$5.639	5%	32%	63%
1989	US$8.263	2%	34%	64%

* Em 1985, o dinheiro aumentou devido, em grande parte, à compra feita de General Foods pela Philip Morris, e em 1998 a fusão da General Re Corporation alterou a porcentagem em ações de 76% para aproximadamente 55%.

Ano	Portfólio de Investimentos (em milhões)	Porcentagem de Alocação		
		Dinheiro e Equivalentes	Títulos com Maturidades Fixas	Ações e Outros Investimentos
1990	US$8.994	3%	34%	63%
1991	US$12.283	6%	19%	75%
1992	US$14.948	8%	14%	78%
1993	US$16.487	11%	13%	76%
1994	US$18.355	2%	15%	83%
1995	US$26.362	10%	6%	84%
1996	US$35.537	4%	18%	78%
1997	US$47.548	2%	22%	76%
1998	US$74.589	18%	29%	53%
1999	US$73.565	5%	41%	54%
2000	US$77.086	6%	43%	51%
2001	US$72.471	7%	51%	42%
2002	US$80.494	13%	50%	37%
2003	US$95.589	33%	27%	40%
2004	US$102.929	39%	22%	39%
2005	US$115.615	34%	23%	41%
2006	US$125.715	30%	20%	49%
2007	US$141.217	27%	20%	53%
2008	US$122.025	20%	22%	58%
2009	US$145.982	19%	22%	59%
2010	US$147.772	24%	23%	53%
2011	US$153.909	22%	20%	58%
2012	US$176.331	24%	18%	58%
2013	US$211.308	20%	13%	67%
2014	US$228.906	25%	12%	63%
2015	US$236.803	26%	11%	63%
2016	US$244.531	29%	9%	62%

APÊNDICE V:
SOBRE A CURADORIA
DESTE LIVRO

Embora este seja um documento histórico, os relatórios originais não estão reproduzidos aqui exatamente da mesma forma que foram enviados aos clientes. O que nós fizemos foi uma curadoria de destaques do texto original.

Isso foi feito porque nunca se idealizou que aqueles relatórios fossem reimpressos em um volume. Portanto, muitas redundâncias existem de um ano para o seguinte. Compreensivelmente, tal repetição seria cansativa para o leitor. Então, sempre que possível, elas foram removidas.

Além disso, os relatórios originais foram editados. Como esse é um documento original, preservei muitos erros de grafia. No entanto, à medida que Corey e eu organizávamos esta coletânea, alguns erros eram tão gritantes que acabamos tirando-os. Assim, houve uma leve edição. Mudanças estilísticas foram feitas.

Nada de especial foi omitido. Todas as informações são as mesmas.

ÍNDICE